PRIMER NIVEL
¡Ya verás!
SECOND EDITION

JOHN R. GUTIÉRREZ

The Pennsylvania State University

———

HARRY L. ROSSER

Boston College

———

MARTA ROSSO-O'LAUGHLIN

Tufts University

———

HH

Heinle & Heinle Publishers

An International Thomson Publishing Company • Boston, MA 02116 U.S.A.

I(T)P

The publication of ¡*Ya verás! Primer nivel* 2/e was directed by the members of the Heinle & Heinle School Publishing Team:

Editorial Director: Beth Kramer
Market Development Director: Pamela Warren
Production Editor: Mary McKeon
Developmental Editor: Regina McCarthy
Publisher/Team Leader: Stanley J. Galek
Director of Production/Team Leader: Elizabeth Holthaus

Also participating in the publication of this text were:

Manufacturing Coordinator: Barbara Stephan
Project Manager: Kristin Swanson
Interior Design: Susan Gerould/Perspectives
Composition: NovoMac Enterprises
Cover Art: Mark Schroder
Cover: Corey McPherson Nash
Photo/Video Specialist: Jonathan Stark

Gutiérrez, John R.
    Ya veras! primer nivel / John R. Gutiérrez, Harry L. Rosser,
Marta Rosso-O'Laughlin. — 2nd ed.
        p.   cm.
    ISBN 0-8384-6176-X
    1. Spanish language—Textbooks for foreign speakers—English.
I. Rosser, Harry L. II. Rosso-O'Laughlin, Marta. III. Title.
[PC4129.E5G88   1997]
468.2'421—dc20   95-40095
                                                       CIP
                                                        AC

Manufactured in the United States of America.

ISBN 0-8384-6176-X Student

To the Student

We are living in a world where the most advanced nations realize that they can no longer be ignorant of the languages and cultures of other peoples on this very small planet. Learning a new language is the first step to increasing your awareness of our world. It will open up cultures other than your own: different ways of living, thinking, and seeing. In fact, there is an old Spanish proverb that underscores the importance of knowing another language. It states: **El que sabe dos lenguas vale por dos**—the person who speaks two languages is worth two people.

You are about to begin an exciting and valuable experience. Today the Spanish language is spoken all over the world by more than 300 million people. Many of you will one day have the opportunity to visit a Spanish-speaking country. Your experience will be all the richer if you can enter into the cultures of those countries and interact with their people. However, even if you don't get to spend time in one of those countries, Spanish is very much alive right here in this country, for it is spoken every day by millions of Americans!

Have you ever been exposed to a Spanish speaker or to some element of Hispanic culture? We feel sure that you have. Perhaps you have sampled some Mexican food, turned on the television to find a Spanish news broadcast on the *Univisión* cable station, or seen *MTV Internacional.* Perhaps you have listened to Gloria Estefan or Rubén Blades or maybe seen a movie with Spanish subtitles. The possibilities are endless.

Once you begin to use the Spanish language in class, you will discover that you can interact with Spanish speakers or your classmates right away. It might help to persuade you of this to know that of over 80,000 words found in the Spanish language, the average speaker of Spanish uses only about 800 on a daily basis. Therefore, the most important task ahead of you is NOT to accumulate a large quantity of knowledge ABOUT Spanish grammar and vocabulary but rather to USE what you do know as effectively and creatively as you can.

Communication in a foreign language means understanding what others say and transmitting your messages in ways that avoid misunderstandings. As you learn to do this, you will make the kinds of errors that are necessary in language learning. DO NOT BE AFRAID TO MAKE MISTAKES! Instead, try to see errors as positive steps toward effective communication. They don't hold you back; they advance you in your efforts. Learning a language is hard work, but it can also be an enriching experience. We hope your experience with *¡Ya verás!* is both rewarding and enjoyable!

Acknowledgments

reating a secondary program is a long and complicated process which involves the dedication and hard work of a number of people. First of all, we would like to express our heartfelt thanks to our Editorial Director, Beth Kramer, whose expertise and support were crucial for guiding the project through its realization. We are also grateful to our Developmental Editor, Regina McCarthy, who worked closely with us to facilitate our work each step of the way. Our Production Editor, Mary McKeon, managed the many facets of the process with skill, timeliness, and good humor. Vivian Novo-MacDonald flawlessly handled her typesetting responsibilities. Kristin Swanson was a particularly effective Project Manager and we greatly appreciate her keen eye, poignant comments, and excellent suggestions at every phase of the process. We would like to thank many other people who played a role in the production of the program: Susan Gerould, Mary Lemire, María Silvina Persino, Camilla Ayers, Sharon Inglis, and Esther Marshall.

Our thanks also go to others at Heinle and Heinle who helped make this project possible: Charles Heinle and Stan Galek, for their special interest and support; Vincent DiBlasi and Erek Smith for their marketing and technical knowledge; and Jeannette Bragger and Donald Rice, authors of *On y va!* We also wish to express our appreciation to the people responsible for revising the fine set of supporting materials available with the *¡Ya verás!* program: Greg Harris, Workbook; Chris McIntyre and Jill Welch, Teacher Edition; Joe Wieczorek, Laboratory Tape Program; Kristen Warner, Testing Program; Susan Malik, Activity Guide for Middle School Teachers; Sharon Brown, Software; and Frank Domínguez, Ana Martínez-Lage and Jeff Morgenstein for creating the excellent *Mundos hispanos* multimedia program.

Finally, a very special word of acknowledgment goes to the authors' children:
— To Mía (age 12) and Stevan (age 9) who are always on their daddy's mind and whose cultural heritage is ever present throughout *¡Ya verás!*

— To Susan, Elizabeth, and Rebecca Rosser, whose enthusiasm and increasing interest in Spanish inspired their father to take part in this endeavor.

John R. Gutiérrez and Harry L. Rosser

The publisher and authors wish to thank the following writers for the contributions to *¡YA VERÁS!* second edition.

Critical Thinking Skills, Learning Strategies
Jane Harper
Tarrant County Junior College

Madeleine Lively
Tarrant County Junior College

Mary K. Williams
Tarrant County Junior College

Reading Strategies, Aquí leemos
Laura Martin
Cleveland State University

Interdisciplinary Lessons
Jessie Carduner
University of Pittsburgh

Charles Grove
University of Pittsburgh

Paul D. Toth
University of Pittsburgh

The publisher and authors wish to thank the following teachers who pilot-tested the *¡Ya verás!* program. They used the materials with their classes and made invaluable suggestions as our work progressed. Their feedback benefits all who use this final product. We are grateful to each one of them for their dedication and commitment to teaching with the program in a prepublication format.

Nola Baysore
Muncy JHS
Muncy, PA

Barbara Connell
Cape Elizabeth Middle School
Cape Elizabeth, ME

Frank Droney
Susan Digiandomenico
Wellesley Middle School
Wellesley, MA

Michael Dock
Shikellamy HS
Sunbury, PA

Jane Flood Clare
Somers HS
Lincolndale, NY

Nancy McMahon
Somers Middle School
Lincolndale, NY

Rebecca Gurnish
Ellet HS
Akron, OH

Peter Haggerty
Wellesley HS
Wellesley, MA

José M. Díaz
Hunter College HS
New York, NY

Claude Hawkins
Flora Mazzucco
Jerie Milici
Elena Fienga
Bohdan Kodiak
Greenwich HS
Greenwich, CT

Wally Lishkoff
Tomás Travieso
Carver Middle School
Miami, FL

Manuel M. Manderine
Canton McKinley HS
Canton, OH

Grace Angel Marion
South JHS
Lawrence, KS

Jean Barrett
St. Ignatius HS
Cleveland, OH

Gary Osman
McFarland HS
McFarland, WI

Deborah Decker
Honeoye Falls-Lima HS
Honeoye Falls, NY

Carrie Piepho
Arden JHS
Sacramento, CA

Rhonda Barley
Marshall JHS
Marshall, VA

Germana Shirmer
W. Springfield HS
Springfield, VA

John Boehner
Gibson City HS
Gibson City, IL

Margaret J. Hutchison
John H. Linton JHS
Penn Hills, PA

Edward G. Stafford
St. Andrew's-Sewanee School
St. Andrew's, TN

Irene Prendergast
Wayzata East JHS
Plymouth, MN

Tony DeLuca
Cranston West HS
Cranston, RI

Joe Wild-Crea
Wayzata Senior High School
Plymouth, MN

Katy Armagost
Manhattan HS
Manhattan, KS

William Lanza
Osbourn Park HS
Manassas, VA

Linda Kelley
Hopkinton HS
Contoocook, NH

John LeCuyer
Belleville HS West
Belleville, IL

Sue Bell
South Boston HS
Boston, MA

Wayne Murri
Mountain Crest HS
Hyrum, UT

Barbara Flynn
Summerfield Waldorf School
Santa Rosa, CA

The publisher and authors wish to thank the following people who reviewed the manuscript for the second edition of the *¡Ya verás!* program. Their comments were invaluable to the development of this edition.

Georgio Arias, Juan De León, Luís Martínez (McAllen ISD, McAllen, TX); **Katy Armagost** (Mt. Vernon High School, Mt. Vernon, WA); **Yolanda Bejar, Graciela Delgado, Bárbara V. Méndez, Mary Alice Mora** (El Paso ISD, El Paso, TX); **Linda Bigler** (Thomas Jefferson High School, Alexandria, VA); **John Boehner** (Gibson City High School, Gibson City, IL); **Kathleen Carroll** (Edinburgh ISD, Edinburgh, TX); **Louanne Grimes** (Richardson ISD, Richardson, TX); **Greg Harris** (Clay High School, South Bend, IN); **Diane Henderson** (Houston ISD, Houston, TX); **Maydell Jenks** (Katy ISD, Katy, TX); **Bartley Kirst** (Ironwood High School, Glendale, AZ); **Mala Levine** (St. Margaret's Episcopal School, San Juan Capistrano, CA); **Manuel Manderine** (Canton McKinley Sr. High School, Canton, OH); **Laura Martin** (Cleveland State University, Cleveland, OH); **Luís Millán** (Edina High School, Minneapolis, MN); **David Moffett, Karen Petmeckey, Pat Rossett, Nereida Zimic** (Austin ISD, Austin, TX); **Jeff Morgenstein** (Hudson High School, Hudson, FL); **Rosana Pérez, Jody Spoor** (Northside ISD, San Antonio, TX); **Susan Polansky** (Carnegie Mellon University, Pittsburgh, PA); **Alva Salinas** (San Antonio ISD, San Antonio, TX); **Patsy Shafchuk** (Hudson High School, Hudson, FL); **Terry A. Shafer** (Worthington Kilbourne High School, West Worthington, OH); **Courtenay Suárez** (Montwood High School, Socorro ISD, El Paso, TX); **Alvino Téllez, Jr.** (Edgewood ISD, San Antonio, TX); **Kristen Warner** (Piper High School, Sunrise, FL); **Nancy Wrobel** (Champlin Park High School, Champlin, MN)

Middle School Reviewers:

Larry Ling (Hunter College High School, New York, NY); **Susan Malik** (West Springfield High School, Springfield, VA); **Yvette Parks** (Norwood Junior High School, Norwood, MA)

CONTENTS

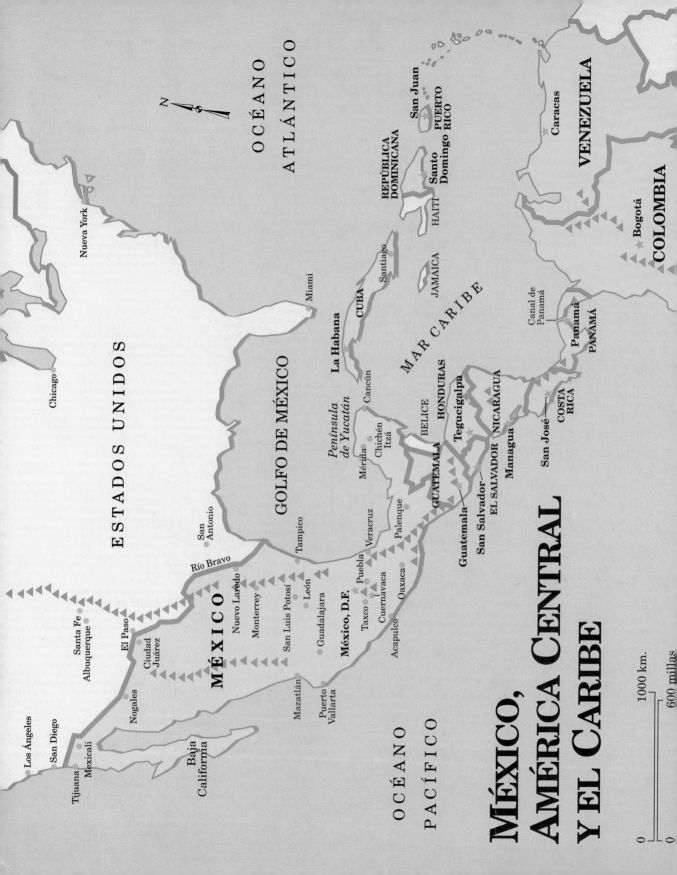

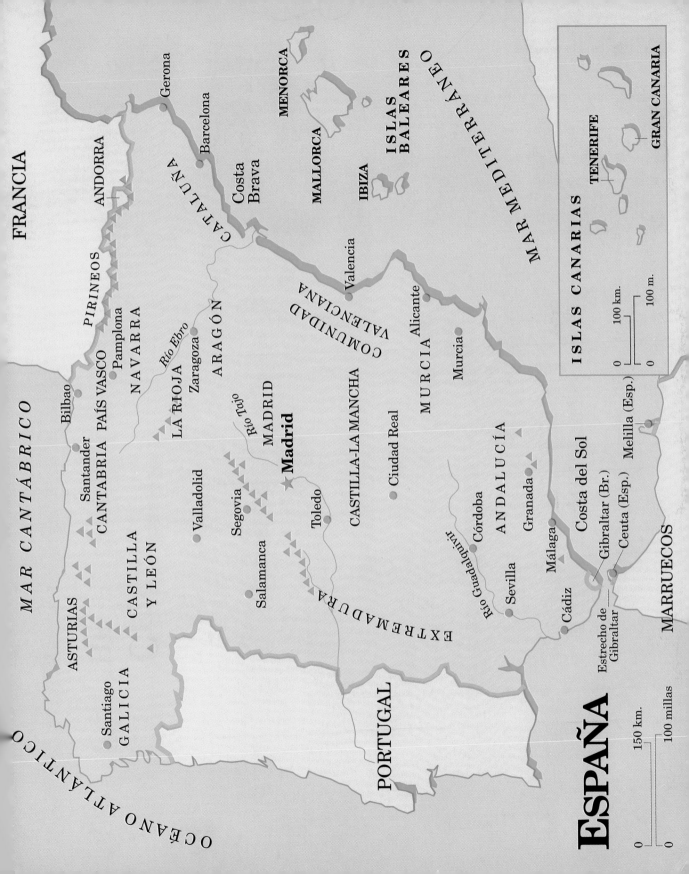

ESPAÑA

FRANCIA

OCÉANO ATLÁNTICO

MAR CANTÁBRICO

MAR MEDITERRÁNEO

PORTUGAL

MARRUECOS

ANDORRA

PIRINEOS

GALICIA

Santiago

ASTURIAS

CANTABRIA

Santander

Bilbao

PAÍS VASCO

CASTILLA Y LEÓN

NAVARRA

Pamplona

LA RIOJA

Río Ebro

Zaragoza

ARAGÓN

CATALUÑA

Gerona

Barcelona

Costa Brava

Valladolid

Segovia

Salamanca

Río Tajo

MADRID

Madrid

Toledo

CASTILLA-LA MANCHA

Ciudad Real

EXTREMADURA

COMUNIDAD VALENCIANA

Valencia

Alicante

MURCIA

Murcia

Río Guadalquivir

ANDALUCÍA

Córdoba

Granada

Sevilla

Málaga

Cádiz

Costa del Sol

Gibraltar (Br.)

Ceuta (Esp.)

Estrecho de Gibraltar

Melilla (Esp.)

MENORCA

MALLORCA

IBIZA

ISLAS BALEARES

ISLAS CANARIAS

TENERIFE

GRAN CANARIA

100 km.

100 m.

0

0

150 km.

100 millas

0

0

¿Qué ves?

>> Where are the people in these photographs?

>> What are they doing?

>> What kinds of beverages are they having?

>> Where do you like to go for something to eat or drink?

OBJECTIVES

IN THIS UNIT YOU WILL LEARN:

☐ To meet and greet people;

☐ To discuss and express your likes and dislikes about common activities;

☐ To get something to eat and drink;

☐ To read a café menu;

☐ To express how well or how often you do something;

☐ To identify and understand meal-time customs in the Hispanic world.

Capítulo uno: Vamos al café

Primera etapa: ¡Hola! ¿Qué tal?
Segunda etapa: ¡Un refresco, por favor!
Tercera etapa: ¡Vamos a comer algo!

Capítulo dos: ¡Vamos a un bar de tapas!

Primera etapa: Las tapas españolas
Segunda etapa: ¡Buenos días!… ¡Hasta luego!

Capítulo tres: ¿Te gusta la comida mexicana?

Primera etapa: ¡Vamos a un restaurante!
Segunda etapa: ¡Qué comida más rica!

UNIDAD

Vamos a tomar algo

Vamos a tomar algo:
Let's get something
(to eat or drink)

1

VAMOS AL CAFÉ

Vamos al café: Let's g
the café

—Yo quisiera un refresco.
—Entonces, vamos al café.

Objectives:

》》 **O**rdering food and drink

》》 **G**reeting, introducing, and leavetaking with friends

》》 **E**xpressing likes and dislikes

》》 **A**sking and answering yes/no questions

Strategies:

》》 **B**rainstorming

》》 **L**isting

》》 **P**redicting

PRIMERA ETAPA

Preparación

>> **W**hat do you think these people are saying to each other when they meet on the street or in a public place?

>> **W**hat gestures are the people making?

>> **W**hen you introduce a friend to someone, what do you usually do?

>> **W**hat are some expressions that you use in English when you meet people?

>> **W**hat do you say when you are about to leave?

Learning Strategies:

*Previewing,
brainstorming,
identifying culturally
relevant cues*

¡Hola! ¿Qué tal?

—¡Hola, Anita! ¿Qué tal?
—Muy bien, Laura. ¿Y tú?
—**Bien**, gracias.
  Anita, **te presento a** Juan. Juan, Anita.
—¡Hola!
—**Mucho gusto.**

—**Buenos días**, Teresa.
—Buenos días, Alba. **¿Cómo estás?**
—**Muy bien, gracias.**
  ¿Y tú?
—**Más o menos.**

¡Hola! ¿Qué tal?: Hello! How are you? / *Buenos días:* Good morning / *¿Cómo estás?:* How are you? / *Muy bien, gracias.:* Very well, thank you. / *¿Y tú?:* And you? / *Más o menos.:* So-so. / *Bien:* Well / *te presento a:* let me introduce you to / *Mucho gusto.:* Nice to meet you.

Respuestas: Answers / *Despedidas:* Farewells	*Saludos*	*Respuestas*	*Despedidas*	
Good-bye.	Buenos días.	Buenos días.	**Adiós.**	Adiós.
Good afternoon. / See you later. / Bye. / Good evening. / See you.	**Buenas tardes.**	Buenas tardes.	**Hasta luego.**	**Chao.**
	Buenas noches.	Buenas noches.	**Nos vemos.**	
	¡Hola!	¡Hola!		
	¿Qué tal?	Bien, gracias. ¿Y tú?		
	¿Cómo estás?	Muy bien, gracias. ¿Y tú?		
How is it going?	**¿Cómo te va?**	Más o menos. ¿Y tú?		
What's going on? / O.K.	**¿Qué pasó?**	**Regular.**		
What's new? / Pretty good.	**¿Qué hay?**	**Bastante bien.**		

¡Hola!

Hasta luego.

¿Qué tal?

¿Cómo estás?

¡Aquí te toca a ti!

A. *Saludos*   Answer these greetings appropriately.

1. ¡Hola!
2. Buenos días.
3. ¿Cómo estás?
4. ¿Qué tal?
5. Buenas tardes.
6. ¿Cómo te va?
7. Buenas noches.
8. ¿Qué pasó?
9. ¿Qué hay?

B. *¡Hola! ¿Qué tal?*   You are with a new student and you meet a friend in the hallway. You and your friend greet each other, you introduce the new student, and then say good-bye to each other. Divide into groups of three to act out the situation. Follow the model.

Modelo:

Tú:	*¡Hola! ¿Qué tal?*
Amigo(a):	*Bien, gracias, ¿y tú?*
Tú:	*Bien, gracias. Te presento a Marilú.*
Amigo(a):	*¡Hola!*
Marilú:	*Mucho gusto.*
Tú:	*Hasta luego.*
Amigo(a):	*Nos vemos.*
Marilú:	*Adiós.*

COMENTARIOS CULTURALES

Saludos y despedidas

In Hispanic culture, the body language that accompanies greetings and good-byes is different from American customs. In both situations, it is customary for men to shake hands formally or even exchange an abrazo by embracing and patting each other on the back. Among women, the custom is to kiss each other on both cheeks in Spain and on only one cheek in Latin America. When a young man and woman who know each other meet, they generally kiss on both cheeks. Older people will usually shake hands unless they know each other well.

In addition, when Spanish-speakers of any age greet each other or engage in conversation, they generally stand closer to each other than do speakers of English. Often, when greeting each other or saying good-bye, two men may exchange an abrazo, a brief embrace with a pat or two on the back.

Pronunciación: *The Spanish alphabet*

A good place to start your study of Spanish pronunciation is with the alphabet. Listed below are the letters of the Spanish alphabet along with their names.

a	a	j	jota	r	ere
b	be	k	ka	rr	erre
c	ce	l	ele	s	ese
ch	che[1]	ll	elle[1]	t	te
d	de	m	eme	u	u
e	e	n	ene	v	ve
f	efe	ñ	eñe	w	doble ve
g	ge	o	o	x	equis
h	hache	p	pe	y	i griega
i	i	q	cu	z	zeta

[1] As of 1994, the **ch** and the **ll** do not have their own separate headings in dictionaries but are listed under **c** and **l** respectively. This was viewed as a way to simplify dictionaries and make the language more internationally computer-compatible.

5

Práctica

C. Spell the following words using the Spanish alphabet.

1. pan
2. refresco
3. mantequilla
4. leche
5. aceitunas
6. bocadillo
7. naranja
8. limón
9. mermelada
10. calamares
11. sándwich
12. desayuno
13. jamón
14. pastel
15. tortilla

Now spell your first and last names.

ESTRUCTURA

Expressing likes and dislikes: *gustar + activities*

In order to express in Spanish what activities you like or do not like to do, the following structure can be used:

Gustar + infinitive*

Me gusta bailar.	*I like* to dance.
¿Te gusta cantar?	*Do you like* to sing?
No me gusta cantar. **Me gusta** escuchar música.	*I don't like* to sing. *I like* to listen to music.
¿Te gusta hablar español?	*Do you like* to speak Spanish?
Sí, pero **no me gusta** estudiar y practicar.	Yes, but *I don't like* to study and practice.

* An *infinitive* is a verb that is not conjugated (does not show a different ending for each person). For example, in English *to introduce* is an infinitive, and *she introduces* contains a conjugated verb.

Aquí practicamos

D. **¿Qué** (What) **te gusta?**   Answer the following questions, according to the model.

¿Te gusta estudiar?
Sí, me gusta estudiar.   o:
No, no me gusta estudiar.

1. ¿Te gusta bailar?
2. ¿Te gusta hablar español en clase?
3. ¿Te gusta cantar óperas?
4. ¿Te gusta escuchar música rock? ¿clásica?
5. ¿Te gusta estudiar matemáticas? ¿historia?
6. ¿Te gusta cantar?

Palabras útiles

Expressing likes and dislikes

Here are some words that can be used to express whether you like something very much or just a little.

mucho	a lot	**poco**	a little
muchísimo	very much	**muy poco**	very little

Me gusta **mucho** bailar.
Me gusta **muy poco** escuchar música clásica.

These words are called *adverbs* and they come after the verb **gustar**.

E. **¿Muchísimo o muy poco?** Say how much or how little you like these activities. Follow the model.

 Modelo: cantar
Me gusta mucho cantar.   o: *Me gusta muy poco cantar.*

1. bailar
2. hablar en clase
3. hablar español
4. escuchar música rock
5. escuchar música clásica
6. estudiar
7. cantar

Aquí escuchamos:
"Hola y adiós"

Antes de escuchar

Think of some of the common expressions, questions, and responses typically used in Spanish when you meet people on the street.

||.||.||.||.||.||.||.||.||
Critical Thinking Strategy:

Previewing

Now listen twice to the two brief exchanges between friends meeting on the street.

Después de escuchar

First conversation

1. What are the names of the two people in the conversation?
2. What does the boy respond when asked how he is?
3. Do they already know each other? How do you know?
4. What expression do they both use when they say good-bye?

Second conversation

1. What general time of day is it when the people meet?
2. What country is one of the speakers from?
3. Who makes a reference at the end to someone's family?

EJERCICIO ORAL

F. ¡Mucho gusto!   You and a friend are sitting in a café when another friend arrives. (1) Greet the arriving friend and (2) introduce him or her to the friend you are with. (3) Discuss which refreshments you want to order. (4) One of the two friends who have just met should ask the other a question about his or her likes or dislikes (**¿Te gusta escuchar música rock?**) and (5) the other should respond (**Sí, me gusta escuchar música rock. Me gusta cantar también.**). Finally, (6) after finishing your drink you get up and say good-bye to your two friends.

EJERCICIO ESCRITO

G. Una postal (A postcard)   Write a postcard to a friend. Make sure it includes a greeting, a list of three things you like to do, a question about your friend's activities, and a farewell.

SEGUNDA ETAPA

Preparación

>> **W**hat are the different beverages you can order at a restaurant or a café?

>> **T**hink about what you drink at different times during the day. What do you normally drink at breakfast time? At lunch? In the evening?

>> **W**hen you are really thirsty, what do you most like to drink?

¡Un refresco, por favor!

¡Un refresco, por favor!: A soft drink, please!

—Pst, **camarero.**
—Sí, señorita, **¿qué desea tomar?**
—Una limonada, por favor.
—Y usted, señorita, ¿qué desea?
—**Yo quisiera** un licuado de banana, por favor.

—**Aquí tienen ustedes.** Una limonada y un licuado de banana.
—**Muchas gracias,** señor.
—**De nada.**

camarero: waiter / *¿qué desea tomar?:* what do you want to drink? / *Yo quisiera:* I woud like / *Aquí tienen ustedes.:* Here you are. / *Muchas gracias:* Thank you very much / De nada.: You're welcome.

un té con limón

UNAS BEBIDAS CALIENTES   Hot drinks

un café con leche

un té con leche

un té

un chocolate

un café

UNAS BEBIDAS FRÍAS

Cold drinks

un jugo de naranja

una granadina con agua mineral

una limonada

un refresco

una botella de agua mineral
un vaso de agua con limón

un licuado de banana

¡Aquí te toca a ti!

A. *En el café* You are in a café and want to order the following drinks. Follow the model.

 un café con leche
—*¿Qué desea, señorita (señor)?*
—*Un café con leche, por favor.*

1. un refresco
2. un té con limón
3. una granadina con agua mineral
4. un chocolate
5. una botella de agua mineral
6. un licuado de banana

7. una limonada
8. un café
9. un té con leche
10. un jugo de naranja
11. un vaso de agua con limón
12. un té

B. *Camarero(a), por favor.* You need to get the waiter's (waitress's) attention and order the drink of your choice. Follow the model.

> **Modelo:**
> —Pst, camarero(a).
> —Sí, señor (señorita), ¿qué desea tomar?
> —Un licuado de banana, por favor.

C. *Aquí tienen.* Play the role of the waiter (waitress) or one of two students at a café. The students each order a drink, but the waiter (waitress) forgets who ordered what. Work in groups of three. Follow the model.

> **Modelo:**
>
> | | |
> |---|---|
> | **Camarero(a):** | ¿Qué desean tomar? |
> | **Estudiante 1:** | Una granadina con soda, por favor. |
> | **Camarero(a):** | ¿Y Ud., señor (señorita)? |
> | **Estudiante 2:** | Quisiera un refresco, por favor. |
> | | |
> | **Camarero(a):** | Aquí tienen. Un refresco para Ud.… |
> | **Estudiante 1:** | No, señor(a), una granadina. |
> | **Camarero(a):** | ¡Ah, perdón (sorry)! Una granadina para Ud., y un refresco para Ud. |
> | **Estudiante 2:** | Sí, gracias. |
> | **Camarero(a):** | De nada. |

Pronunciación: The vowel *a*

The sound of the vowel **a** in Spanish is pronounced like the *a* of the English word *father* except that the sound is shorter in Spanish. Listen as your teacher models the difference between the Spanish **a** and the English *a* of *father*.

Práctica

D. Listen and repeat as your teacher models the following words.

1. hola
2. va
3. pan
4. patatas
5. tapas
6. canta
7. habla
8. hasta
9. calamares
10. cacahuetes

Repaso

E. *Hola, te presento a…* The Spanish Club has organized a meeting for its new members to get to know each other. Select a partner and introduce each other to three new people.

ESTRUCTURA

The indefinite articles *un, unos, una, unas*

The singular (one person or thing) indefinite articles in Spanish are:

Masculino	*Femenino*
un refresco	**una** limonada
unos refrescos	**unas** limonadas

1. The English equivalent of **un, una** is *a* or *an*; **unos** and **unas** mean *some*.
2. Every noun in Spanish has a grammatical gender; that is, it is either masculine or feminine. The gender of a noun has nothing to do with what the word means.
3. If a noun is masculine, it often ends with the vowel **-o, un jugo.** If a noun is feminine, it often ends with the vowel **-a, una granadina.** But other words, like **té** or **café,** do not fall into these categories. For this reason, it is best to learn the noun with its corresponding article.
4. If a noun is plural it ends with an **-s,** whether it is masculine or feminine. Note that **uno** is always shortened to **un** when it comes before a noun.

Aquí practicamos

 ¿Un o unos? ¿Una o unas? Add the correct indefinite article to these nouns. Follow the model.

> **Modelo:** botella de agua mineral
> *una botella de agua mineral*

1. jugo de naranja
2. botellas de agua mineral
3. té
4. vaso de agua
5. refrescos
6. café con leche

 Yo quisiera... ¿Y tú? You and your friend are deciding what to have. Express what you want and then ask your friend. Follow the model.

> **Modelo:** café con leche
> *Yo quisiera un café con leche. ¿Y tú?*

1. chocolate
2. té
3. vaso de agua mineral
4. granadina con agua mineral
5. licuado de banana
6. té con leche

COMENTARIOS
CULTURALES

▪ *Los cafés*

In the Spanish-speaking world, young and old people enjoy meeting at a **café** for a drink and a snack at different times during the day. In every neighborhood of a town or city one can find cafés, each with its own particular clientele and atmosphere. In a café near a school or university, for example, it is possible to see groups of students sitting at tables discussing their studies and politics or just laughing and chatting with friends. Older people may prefer sitting in a quieter café where they can listen to music while they read the newspaper, play cards, or simply relax watching the passersby. In the summertime, tables are usually set outside for the enjoyment of the customers.

//-//-//-//-//-//-//-//

Learning Strategy:

Reading for cultural information

Aquí escuchamos:
"En un café"

Ana and her friends are having something to drink at a café. Listen to their conversation and do the following exercises.

Antes de escuchar

Based on the information you have learned in this chapter, answer the following questions.

1. **What are some beverages you expect Ana and her friends will order?**

2. **What do you say to order something in Spanish?**

START

//-//-//-//-//-//-//-//

Learning Strategy:

Previewing

Después de escuchar

Look at the following list and tell what Ana and her friends ordered.

limonada	licuado	café	agua mineral
té	leche	refresco	

//-//-//-//-//-//-//-//

Learning Strategy:

Listening for details

EJERCICIO ORAL

H. *¿Qué desean tomar?*   You and two friends are in a café. Decide what each person will order, call the waiter (waitress), and place your order. Work in groups of four and follow the model.

—*¿Qué desean tomar?*
—*Yo quisiera una limonada.*
—*Un café para mí* (for me).

—*Pst, camarero(a).*
—*Sí, señorita (señor), ¿qué desean?*
—*Una limonada, un café y un té con limón, por favor.*
—*Muy bien, señorita (señor).*

EJERCICIO ESCRITO

Cooperative Learning

Learning Strategy:

Listing

Critical Thinking Strategies:

Prioritizing, comparing and contrasting

I. *A mi me gusta...*   Working with a classmate, each of you (1) list six different beverages in the order in which you prefer them personally. Then (2) exchange lists and compare your preferences. Finally, (3) determine three beverages that both of you like (adding to your original lists, if necessary).

TERCERA ETAPA

Preparación

》》 **W**hat are some of the things you can order for breakfast in a restaurant?

》》 **W**hat is your favorite breakfast food?

》》 **W**hat do you generally like to eat for lunch?

》》 **W**hat do you have for a snack now and then?

Learning Strategies:

Brainstorming, previewing

¡Vamos a comer algo!

un pastel de fresas

un sándwich de jamón y queso

un bocadillo

una rebanada de pan

un pan dulce

mermelada

mantequilla

un pan tostado

un desayuno

un croissant (Spain)

DOS AMIGAS EN UN CAFÉ

Dos amigas: Two friends

Ana:	Quisiera tomar un café. ¿Y tú?	
Clara:	Yo quisiera **comer algo**.	to eat something
Ana:	En **este** café **tienen** bocadillos, sándwiches y pasteles.	this / they have
Clara:	**Pues, voy a comer** un pastel, mm… con un café con leche.	Then, I'm going to eat
Ana:	Y **para mí** un sándwich de jamón y queso.	for me

un bocadillo: sandwich made with a French roll; may have different fillings, such as cheese, ham, sausage, an omelette, etc.; most common in Spain

un pan dulce: any kind of sweet roll, cinnamon roll, danish, etc.; usually eaten with hot chocolate; this expression is commonly used in Mexico

¡Aquí te toca a ti!

A. *¿Vas* (Are you going) *a comer algo?*   You and a friend are in a snack bar. Using the items suggested, decide what snack you will have.

> *Modelo:*   un sándwich de queso / un sándwich de jamón
> —¿*Vas a comer algo tú?*
> — *Yo quisiera un sándwich de queso.*
> — *Yo voy a comer un sándwich de jamón.*

1. un bocadillo de jamón / un bocadillo de queso
2. un pastel de fresas / un pastel de banana
3. un croissant / un pan dulce
4. un sándwich de queso / un sándwich de jamón y queso
5. un pan tostado / una rebanada de pan
6. un licuado de banana / un pan con mantequilla
7. un pan con mermelada / un pan dulce
8. un sándwich de jamón / un sándwich de queso

B. *El desayuno*   You are having breakfast in a café in Condado, Puerto Rico. What would you like to order? Work with a partner and follow the model.

> *Modelo:*   **Camarero(a):**   *¿Qué desea, señor (señorita)?*
> **Tú:**   *Un café y un pan tostado, por favor.*

Pronunciación: The vowel e

The sound of the vowel **e** in Spanish is pronounced like the e of the English word *bet* except that the sound is shorter in Spanish. Listen as your teacher models the difference between the Spanish **e** and the English e of *bet*.

C. Listen and repeat as your teacher models the following words.

1. que
2. leche
3. Pepe
4. este
5. café
6. tres
7. nene
8. té
9. es
10. ese

Repaso

D. ***Después de clase*** (After class)   You are meeting a friend in a nearby café. She or he arrives with a person that you have never met before. (1) Greet your friend. (2) She or he introduces you to the new person, and the three of you sit down for a drink. (3) The waiter (waitress) comes and takes your orders. While you wait, (4) you ask the new person what things she or he likes to do. Work in groups of four, assigning each person the role of the first person, the friend, the new person, or the waiter (waitress).

ESTRUCTURA

The present tense of regular -ar verbs — first and second persons

Yo tomo un refresco.	*I am drinking* a soft drink.
Tú deseas un bocadillo.	*You want* a sandwich.
Ud. habla con los amigos.	*You are talking* with your friends.
Nosotros cantamos en el café.	*We sing* in the café.
Vosotros bailáis bien.	*You dance* well.
Uds. escuchan música.	*You are listening* to music.

Subject pronouns

Spanish	English
yo	*I*
tú	*you* (used when you are on a first-name basis)
usted (Ud.)	*you* (more formal, used with people you do not know very well, your superiors, and older people in general; it can be abbreviated to **Ud.**)
nosotros(as)	*we* (**nosotros** has a feminine form, **nosotras,** that is used when referring to a group of all women)
vosotros(as)	*you* (used with more than one person with whom you are on a first-name basis; like **nosotros,** it has a feminine form, **vosotras. Vosotros[as]** is used only in Spain.)
ustedes (Uds.)	*you* (used with more than one person; it can be abbreviated to **Uds.**)

1. Verbs consist of two parts: a *stem,* which carries the meaning, and an *ending,* which indicates the subject or person the verb refers to.

2. In English, verb endings seldom change (with the exception of the third-person singular in the present tense—*I read,* but *she reads*). In Spanish, verb endings are very important, since each verb ending must agree in *person* (first, second, or third) and *number* (singular or plural) with its subject.

3. There are three types of Spanish verbs. One type ends in **-ar**.

4. To conjugate a regular **-ar** verb, drop the **-ar** and add the appropriate endings for each person: for example, look at the following conjugation of **tomar**.

Subject	Stem	Ending	Conjugated verb form
yo	tom-	**-o**	tom**o**
tú		**-as**	tom**as**
Ud.		**-a**	tom**a**
nosotros(as)		**-amos**	tom**amos**
vosotros(as)		**-áis**	tom**áis**
Uds.		**-an**	tom**an**

Other verbs you already know that follow this form are: **bailar, cantar, desear, escuchar, estudiar, hablar, practicar,** and **tomar.** Two new **-ar** verbs are:

trabajar *(to work)*   **viajar** *(to travel)*

The present tense is used in Spanish as the equivalent of *I dance, I am dancing,* and *I do dance* in English.

Aquí practicamos

E. Replace the subjects in italics and make the necessary changes.

 Yo bailo mucho. (tú / usted / nosotros / vosotros)
Tú bailas mucho.
Usted baila mucho.
Nosotros bailamos mucho.
Vosotros bailáis mucho.

1. *Tú* cantas en el café. (usted / yo / nosotros / ustedes / vosotros)
2. *Nosotros* practicamos en la clase. (tú / usted / yo / ustedes / vosotras)
3. *Usted* habla español. (ustedes / yo / nosotras / tú / vosotras)
4. *Yo* viajo a México. (tú / usted / nosotros / ustedes / vosotros)
5. *Ustedes* estudian mucho. (yo / tú / usted / nosotras / vosotros)
6. *Nosotras* escuchamos música. (tú / yo / usted / ustedes / vosotras)

F. ¡Muy bien!   Say whether you do or do not do the following activities.

 Modelo: bailar bien
Yo no bailo bien. o:
Yo bailo bien.

1. cantar muy bien
2. hablar mucho
3. practicar el piano
4. trabajar mucho
5. escuchar música rock
6. hablar en clase
7. estudiar poco
8. viajar a España

Palabras útiles

Expressing frequency

The following words and phrases are used in Spanish to express how well or how often you do something.

bien	well	**todos los días**	every day
muy bien	very well	**siempre**	always
mal	poorly	**a veces**	sometimes

G. Hablo español todos los días.   Say how well or how often you engage in the following activities. Follow the model.

 Modelo: estudiar
Yo estudio todos los días.

1. hablar español
2. bailar
3. cantar en clase
4. estudiar
5. escuchar música popular
6. trabajar

H. Preguntas personales (Personal questions)   Answer the questions.

 Modelo: ¿Cantas bien?
No, canto mal. o:
Sí, canto bien.

1. ¿Bailas mucho?
2. ¿Hablas español muy bien?
3. ¿Trabajas después de *(after)* clase?
4. ¿Estudias mucho o poco?
5. ¿Viajas todos los días a Nueva York?
6. ¿Escuchas música popular? ¿rock? ¿clásica?
7. ¿Cantas todos los días?
8. ¿Practicas el tenis?

/ / . / / . / / . / / . / / . / / . / / . / / . / /

/ / . / / . / / . / / . / / . / / . / / . / / . / /

I. **Mi amigo(a) y yo**   Talk with a classmate about what you each do in a typical week, and compare these activities with what your parents do. Using **-ar** verbs that you know, think of at least three pairs of examples in all. Follow the model.

Modelos: —*Mi amigo y yo estudiamos mucho.*
—*Y nuestros padres trabajan mucho.*

—*Yo escucho música rock.*
—*Y mi madre escucha música clásica.*

COMENTARIOS
CULTURALES

Las comidas

In Spanish-speaking countries, there are usually cafés near schools and universities where students meet before or after class. It is very common to have a snack in the morning at about 11:00 and at about 6:00 or 7:00, because lunch and dinner are frequently served late. Lunch is around 2:00 in the afternoon, and dinner may be as late as 10:00 in the evening.

/ / . / / . / / . / / . / / . / / . / / . / / . / /

Aquí escuchamos:
"¡A comer!"

Luis and his friends are having a bite to eat at a café. Listen to their conversation and do the following exercises.

Antes de escuchar

Based on what you have learned about food in this chapter, answer the following questions.

1. What are some of the things you expect Luis and his friends will order?

2. What question does the waiter or waitress usually ask when first taking your order?

START

Después de escuchar

Take a moment to copy the following words on a separate sheet of paper. Indicate with a check mark what Luis and his friends ordered.

croissant	pan tostado	pastel
pan dulce	sándwich	agua mineral
bocadillo	jugo	café

EJERCICIO ORAL

J. La merienda (The snack)   You go to a café at about 11:00 in the morning for a snack and run into a classmate whom you recognize, but whom you don't know very well. (1) Greet each other; then (2) order something to eat. While waiting for your food, (3) ask each other questions in order to get acquainted. Suggestions: Find out if the other person likes to (**¿te gusta... ?**) travel, dance, and sing, how well and how frequently (**bien, mal, mucho, todos los días, a veces, poco**), if he or she works, how often, and if he or she likes to work or not, etc.

Learning Strategies:

Interviewing, listening for and providing information

Critical Thinking Strategy:

Comparing and contrasting

EJERCICIO ESCRITO

K. ¿Qué vamos a comer?   Work with another classmate and plan a lunch for your friends and family. Make a list of everything that you are going to have to eat and drink.

Learning Strategies:

Brainstorming, making plans

Vocabulario

The **Vocabulario** consists of all new words and expressions presented in the chapter. When reviewing or studying for a test, you can go through the list to see if you know the meaning of each item. In the glossary at the end of the book, you can check the words you do not remember.

Para charlar

Para saludar

Buenos días.
Buenas tardes.
Buenas noches.
¿Cómo estás?
¿Cómo te va?
¿Qué hay?
¿Qué pasó?
¿Qué tal?
¡Hola!

Para contestar

Buenos días.
Buenas tardes.
Buenas noches.
Bien, gracias. ¿Y tú?
Más o menos.
Muy bien, gracias.
Regular.
Bastante bien.
¡Hola!

Para despedirse

Adiós.
Chao.
Hasta luego.
Nos vemos.

Para expresar gustos

(No) Me gusta…
(No) Te gusta…

Para presentar

Te presento a…

Para contestar

Mucho gusto.
¡Hola!

Para hablar en un restaurante

¿Qué desea tomar?
¿Qué desean tomar?
Yo quisiera…
¿Y Ud.?
Voy a comer…
Aquí tienen.
Para mí…
¡Un refresco, por favor!
Vamos al café.
Vamos a tomar algo.

Temas y contextos

Bebidas

una botella de agua mineral
un café
un café con leche
un chocolate
una granadina (con
  agua mineral)
un jugo de naranja
un licuado de banana

una limonada
un refresco
un té
un té con leche
un té con limón
un vaso de agua
  (con limón)

Comidas

un bocadillo
un croissant
un desayuno
mantequilla
mermelada
un pan dulce

un pan tostado
un pastel de
  fresas
una rebanada
  de pan
un sándwich de
  jamón y queso

Vocabulario general

Adverbios	Pronombres	Sustantivos	Verbos
a veces	yo	un(a) camarero(a)	bailar
bien	tú	una merienda	cantar
después	usted (Ud.)	música	comer
mal	nosotros(as)	un señor	desear
muchísimo	vosotros(as)	una señora	escuchar
mucho	ustedes (Uds.)	una señorita	estudiar
muy			hablar
poco			practicar
siempre			tomar
todos los días			trabajar
			viajar

Otras palabras (words) y expresiones

algo
este
Gracias.
Muchas gracias.
pues

Lectura CULTURAL

DE AMÉRICA A EUROPA: EL MAÍZ, EL TOMATE, LA PAPA

Antes de leer

1. Look at the title of this brief reading and make a guess about its content.
2. Look at the pictures to help you confirm your guess.
3. What are the vegetables pictured?

Guía para la lectura

A. Now read the first paragraph quickly, skipping over any words you don't know, and answer the following questions.

    1. What are the main food items featured?
    2. How do you say them in Spanish?

B. Now read the second paragraph and list three countries that are mentioned.

C. Now write down on a piece of paper each vegetable and the country it came from.

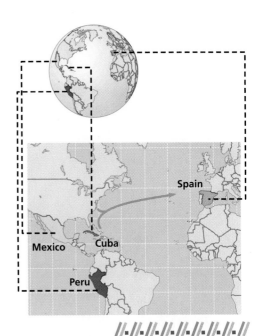

Spain

Mexico   Cuba

Peru

//-//-//-//-//-//-//-//-//

Learning Strategies:

Skimming for gist, scanning for specific details

De América a Europa: El maíz, el tomate, la papa

Las comidas de muchas de las naciones de Europa tienen ingredientes de origen americano. En Francia, Italia, Inglaterra y España, por ejemplo, preparan platos especiales con productos típicos de las Américas. Muchas personas comen el maíz, el tomate y la papa todos los días.

En 1492 los españoles exploran el interior de Cuba. Hablan con los nativos que usan el maíz. Después, cuando los españoles llegan a México en 1519, comen el tomate con los aztecas. Otra de las plantas importantes de América es la papa, que tiene su origen en Perú.

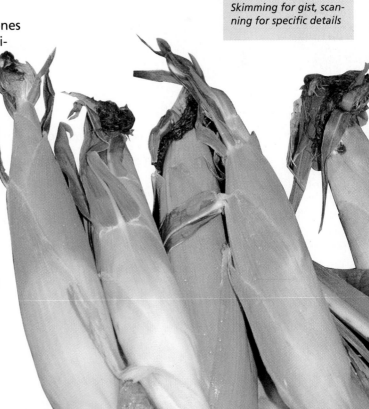

2

¡VAMOS A UN BAR DE TAPAS!

El bar de tapas es muy popular en España.

Objectives:

>>> **O**rdering something to eat

>>> **G**reeting, introducing, and leavetaking

Strategies:

>>> **R**eading for cultural information

>>> **A**ctive listening

>>> **O**rganizing notes in a chart

>>> **C**omparing and contrasting

PRIMERA ETAPA

Preparación

>> **A**s you noticed in **Capítulo uno,** people eat different kinds of food when it is time for a snack. Here are some typical snacks from Spain.

>> **T**ry to identify the different **tapas** in the picture. Do you recognize any of them?

>> **H**ave you ever had a **tapa**? Would you like to try this kind of snack? Why or why not?

Las tapas españolas

Las tapas españolas: Spanish snacks

pan con chorizo

calamares

aceitunas

queso

cacahuetes

patatas bravas

tortilla (de patatas)

patatas bravas: cooked potatoes diced and served in a spicy sauce

tortilla (de patatas): an omelette made with eggs, potatoes, and onions; served in small bite-sized pieces

¡Aquí te toca a ti!

A. *¡Camarero(a), más (more) aceitunas, por favor!* You are in a **bar de tapas** with your friends, and you want to order more **tapas.** Ask the waiter or waitress to bring you some.

> *Modelo:* aceitunas
> *Camarero(a), más aceitunas, por favor.*

1. cacahuetes
2. tortilla
3. patatas bravas
4. aceitunas

5. pan con chorizo
6. queso
7. calamares

B. *Pasa (Pass) las patatas, por favor.* The **tapas** that you want to eat are too far away from you. Ask your friend to pass them to you. Work in pairs and follow the model.

> *Modelo:* **Amigo(a):** ¿Deseas la tortilla? (las patatas)
> **Tú:** *No, pasa las patatas, por favor.*

1. ¿Deseas los cacahuetes? (las aceitunas)
2. ¿Deseas el queso? (el chorizo)
3. ¿Deseas la tortilla de patatas? (el pan)
4. ¿Deseas los calamares? (la tortilla)
5. ¿Deseas las aceitunas? (el queso)
6. ¿Deseas el chorizo? (las patatas bravas)
7. ¿Deseas el pan? (los calamares)

C. *¡Qué hambre! (I'm starving!)* You are very hungry and want something more to eat than **tapas.** What do you order? Work in groups of four. One person is the waiter or waitress and the others are customers. Take turns ordering something to eat. Use some of the vocabulary that you already know from **Capítulo uno.** Follow the model.

> *Modelo:* **Camarero(a):** ¿Qué desean comer?
> **Tú:** *Yo quisiera un sándwich de jamón y queso.*

Pronunciación: The vowel i

The sound of the vowel **i** in Spanish is pronounced like the *ee* of the English word *beet,* except it is shorter in Spanish. Listen as your teacher models the sound for you.

Práctica

D. Listen and repeat as your teacher models the following words for you.

1. sí	**4.** allí	**7.** hija	**10.** tiza
2. mi	**5.** y	**8.** mochila	**11.** Lili
3. silla	**6.** mira	**9.** ti	**12.** libro

COMENTARIOS CULTURALES

//-//-//-//-//-//-//-//

Learning Strategy:

Reading for cultural information

■ *Las tapas*

In Spain, one of the most popular meeting places for friends is the **bar de tapas.** Spaniards commonly stop in these places after work or before dinner for a snack and something to drink. These snacks are called **tapas** and include such things as peanuts, olives, cheese, and bite-sized pieces of **tortilla.** Sometimes these **tapas** are provided at no charge with each beverage order. More substantial food, such as **bocadillos** and different kinds of fried fish, can also be ordered. **La Chuleta** is one of the better-known **tapas** bars in Madrid.

Repaso

E. *Mis actividades* (My activities)   Say whether or not you do the following activities. If you do them, say how often or how well.

 Modelo: cantar
Yo no canto muy bien.

1. trabajar	**4.** cantar	**7.** hablar español
2. escuchar música	**5.** hablar inglés	**8.** estudiar
3. viajar	**6.** bailar	matemáticas

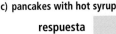 **¿Qué crees?**

In Spain, a typical breakfast would be:

a) bacon and eggs
b) coffee and toast
c) pancakes with hot syrup

respuesta

F. *Una conversación en un café*   You and two other students meet in a café for a snack. One of you should make introductions. Then place your order. While waiting for the waiter or waitress to bring your food and beverages, ask each other questions about the things you like to do. On a signal from your teacher, end your conversation and say good-bye.

ESTRUCTURA

The present tense of regular -ar verbs — third person

1. ¿Miguel? **Él viaja** mucho.

2. ¿Anita? **Ella habla** español muy bien.

3. ¿Jaime y Tomás? **Ellos cantan** bien.

4. ¿Paquita y Laura? **Ellas no estudian** mucho.

5. ¿Juan y Clara? **Ellos bailan.**

b

Subject pronouns

Spanish	English
él	*he*
ella	*she*
ellos	*they* (two or more males or a group of males and females)
ellas	*they* (two or more females)

1. To form the present tense of an **-ar** verb in the third person, add the appropriate ending to the stem. Remember, the stem is found by dropping the ending **(-ar)** from the infinitive **(estudiar — estudi-).**

2. You will notice that the endings for **él, ella, ellos,** and **ellas** are the same as those used for the formal second persons, **usted** and **ustedes.**

Subject	Ending	Conjugated verb form	
		trabajar	**escuchar**
		trabaj-	**escuch-**
él	**-a**	trabaj**a**	escuch**a**
ella	**-a**	trabaj**a**	escuch**a**
ellos	**-an**	trabaj**an**	escuch**an**
ellas	**-an**	trabaj**an**	escuch**an**

Some additional **-ar** verbs and expressions are:

ganar (dinero) (*to earn [money]*)
mirar (*to look at, to watch*)
tocar (*to touch, to play an instrument*)

Aquí practicamos

G. *Las actividades*   Describe the activities of the people in the left-hand column by forming sentences with phrases from the other two columns.

A	B	C
ellos	cantar	en un café
yo	hablar	una limonada
Juan y Alicia	trabajar	en clase
vosotras	escuchar	inglés
Carlos	mirar	dinero
Patricia y yo	bailar	música clásica
ustedes	tomar	todos los días
tú	viajar	en casa
ellos	desear	patatas bravas
el señor Suárez	estudiar	a Madrid
el (la) profesor(a)	practicar	la televisión
mis hermanos	necesitar	

H. *Mis amigos colombianos* (My Colombian friends)   Your Colombian friends have some questions for you and your classmates. Answer their questions using subject pronouns and the expressions in parentheses. Follow the model.

 Modelo: ¿John habla español mucho? (poco)
No, él habla español poco.

1. ¿Jack baila muy poco? (muchísimo)
2. ¿Nancy y Kay estudian poco? (mucho)
3. ¿Helen trabaja todos los días? (a veces)
4. ¿Julie y Tom viajan mucho? (poco)
5. ¿Ed y Andy escuchan música clásica todos los días? (a veces)
6. ¿Lisa gana mucho? (muy poco)

Palabras útiles

Asking and answering yes/no questions

¿Tú estudias mucho?   *Do you study* a lot?
Sí, yo estudio mucho.   *Yes, I study* a lot.

¿Hablan ustedes francés?	*Do you speak* French?
No, nosotros no hablamos francés.	*No, we don't speak* French.
Ella toca la guitarra, **¿verdad?**	*She plays* the guitar, *doesn't she?*
Sí, ella toca la guitarra.	*Yes, she plays* the guitar.
Ellos trabajan mucho, **¿no?**	*They work* a lot, *don't they?*
Sí, ellos trabajan mucho.	*Yes, they work* a lot.

A great many questions can be answered with *yes* or *no.* There are three basic ways to ask such questions in Spanish.

1. Make your voice rise at the end of a group of words:
¿Usted mira mucho la TV?

2. Invert the order of the subject and the verb:
¿Practican ellas español en clase?
  Verb   Subject

3. Add the words **¿verdad?** or **¿no?** after a statement:
Tú no ganas mucho, **¿verdad?**   Clara canta bien, **¿no?**

The questions **¿verdad?** or **¿no?** are the equivalent of *don't you?, isn't she?, isn't that right?,* etc., at the end of an English sentence.

To answer a yes/no question negatively, place no before the conjugated verb:
Yo **no viajo** mucho.

Aquí practicamos

I. Change each statement to a question by making your voice rise at the end of the sentence.

1. Usted desea un café.
2. Tú miras mucho la TV.
3. La señorita Ruiz gana mucho dinero.
4. Román trabaja poco.
5. Ustedes estudian mucho.
6. Éster toca el piano.
7. Nosotros viajamos a México.
8. Vosotros cantáis bien.

J. ¿Verdad? Now use **¿no?** or **¿verdad?** and make your voice rise to change the following statements into questions.

1. Paquita habla bien el alemán *(German).*
2. Ana y Rosa cantan muy mal.
3. Tú hablas español en el laboratorio.

4. Ella no estudia mucho.
5. Ellos trabajan poco.
6. Ustedes toman té.

7. Usted no gana mucho dinero.
8. Reynaldo toca el violín todos los días.

K. *Hagan las preguntas.* (Ask questions.) You want to find as many people as you can to participate in the following activities. Ask your classmates and your teacher questions based on the model. Make a chart like the one below on a separate sheet of paper. Keep track of who answers **sí** by writing their names in the blanks beside each activity. Be prepared to report the results of your poll.

Modelo: hablar francés
Tú hablas francés, ¿verdad?   o:
¿Señor (Señorita), habla usted francés?

1. cantar muy bien			
2. viajar mucho			
3. estudiar poco			
4. estudiar todos los días			
5. no tomar té			
6. hablar español en casa			
7. tocar un instrumento			
8. mirar la TV mucho			
9. trabajar a veces			
10. escuchar música clásica			
11. practicar el tenis			

Aquí escuchamos:
"En un bar de tapas"

Linda, Cristina, and Beatriz are at the **tapas** bar **La Chuleta.** It's 1:30 in the afternoon. Listen to their conversation and then do the exercises that follow.

Antes de escuchar

Look at the questions before you listen to the conversation. Think about the vocabulary you are about to hear by answering the following questions.

1. What do people eat as a mid-day snack in Spain?

2. What **tapas** would you order if you were at **La Chuleta**?

On a separate piece of paper write the following words in a column: **aceitunas, calamares, tortilla de patata, agua mineral, pan con chorizo, refresco.** As you listen to the conversation, put a check mark next to each word each time you hear it.

START

Después de escuchar

Based on the information in the conversation, match the names on the left with the food items on the right.

Linda

Beatriz

Cristina

agua mineral
tortilla
calamares
pan con chorizo
refresco

¡Adelante!

EJERCICIO ORAL

L. **Chismes** (Gossip)   Your friend knows the new student in the class better than you do. You want to find out more information about her; so you invite your friend to have a snack so you can ask some questions. Suggestions: Find out if she is a good singer and dancer, if she travels a great deal, if she watches TV a lot, if she works, etc. Don't forget to order something to eat and drink.

/I-/I-/I-/I-/I-/I-/I-/I-/I-/I
Cooperative Learning

Learning Strategy:
Interviewing

EJERCICIO ESCRITO

M. **Más actividades**   Working with a partner, ask each other questions (in Spanish) in order to write nine sentences describing nine different activities: three that you both do on a regular basis and three each that you both do but one of you does not do on a regular basis. Your first three sentences will begin **Nosotros...,** the next three will begin **Yo...,** and the last three will have your partner's name as the subject. Be prepared to report all the information to the class.

SEGUNDA ETAPA

Preparación

>> **I**n Spanish-speaking cultures courtesy is generally observed between people who meet for the first time. A certain degree of respectful formality by a younger person toward an older person is usually expected.

>> **H**ow would you address a person who is older than you, or someone you haven't met before or don't know very well?

>> **H**ow would you expect an older person who doesn't know you very well to address you in a public place?

>> **W**hen people meet on the street and introductions are in order, who should take the responsibility to make them as a courtesy?

Learning Strategy:

Reading for cultural information

¡Buenos días!... ¡Hasta luego!

At the café, Lucas Pereda and his friend Jaime Torres run into two friends of Lucas' parents, **el señor** and **la señora** García.

Mr. / Mrs.

Sr. y Sra. García:	Buenos días, Lucas.
Lucas:	¡Oh! Buenos días, señor García. Buenos días, señora.
	¿Cómo están ustedes?
Sra. García:	Muy bien, gracias. ¿Y tú?
Lucas:	**Estoy** muy bien, gracias. **Quisiera presentarles a mi amigo**
	Jaime Torres. El señor y la señora García.
Sr. y Sra. García:	Mucho gusto, Jaime.
Jaime:	**Encantado,** señora. Mucho gusto, señor.
Sr. García:	**¿Van a** tomar un café?
Lucas:	No, **acabamos de** tomar unos refrescos.
Sr. García:	¡Ah! Pues, hasta luego. **Saludos a tus padres.**
Lucas:	Gracias.
Lucas y Jaime:	Adiós, señor, señora.
Sr. y Sra. García:	Adiós.

How are you?

I am / I would like to introduce you to my friend

Delighted
Are you going to
we've just finished
Greetings to your parents.

Saludos

Buenos días.
¿Cómo están ustedes?
¿Cómo está usted?
(Estoy) Bien, gracias. ¿Y Ud.?

Presentación

Quisiera presentarles(le) a...
Encantado(a).

Presentación: Introduction

COMENTARIOS CULTURALES

Saludos informales y formales

When greeting people and making introductions, there are expressions that denote different degrees of formality or informality: **¡Hola!, ¿Qué tal?, ¿Cómo estás?, ¿Cómo te va?, Te presento a...** are used informally with people you know well and with peers. **¿Cómo está usted?, ¿Cómo están ustedes?, Quisiera presentarles(le) a...** are more formal and are used with older people or people you do not know very well. It is not uncommon for older people or superiors to speak informally to a younger person who addresses them as **usted,** as you saw in the conversation between Lucas, Jaime, and señor and señora García.

Learning Strategy:

Reading for cultural information

37

¡Aquí te toca a ti!

A. ¿Qué respondes? (What do you answer?)   Complete the conversation with an appropriate expression, and don't forget to address the person in parentheses by name. Follow the model.

> *Modelo:*   Buenos días, Alberto. (Sr. Pérez)
> *Buenos días, señor Pérez.*

1. ¿Cómo estás, Adela? (Sr. Carrillo)
2. ¡Hola, Lourdes! (Sra. Ramírez)
3. Quisiera presentarle a mi amigo Pepe. (Sra. Ruiz)
4. ¿Cómo están ustedes, señores? (Margarita)
5. Mucho gusto, Raquel. (Sra. Castillo)

B. Buenos días, señor (señora, señorita).   Greet and shake hands with your teacher, introduce a classmate to him or her, and then say good-bye.

Pronunciación: The vowel o

The sound of the vowel **o** in Spanish is pronounced like the *o* in the English word *open,* except it is much shorter in Spanish. Listen as your teacher models the difference between the English *o* and the Spanish **o.**

Práctica

C. Listen and repeat as your teacher models the following words.

1. ojo	4. chorizo	7. jugo	10. vaso
2. con	5. año	8. política	11. nosotros
3. algo	6. como	9. por	12. disco

Repaso

D. Escuchen bien. (Listen carefully.)   Play the roles of the following students and enact their conversation according to the model. Anita asks Marcos a question. After Marcos answers, Claudia asks Ada what he said. If Ada has been listening, she should be able to answer with no problem.

> hablar inglés
> **Anita:**   *Marcos, ¿tú hablas inglés?*

Marcos: *No, yo no hablo inglés.*
Claudia: *Ada, ¿habla inglés Marcos?*
Ada: *No, él no habla inglés.*

1. tocar la guitarra
2. tomar café con leche todos los días
3. viajar a Bolivia
4. bailar muy bien

5. mirar mucho la TV
6. estudiar francés *(French)*
7. cantar muy mal
8. trabajar muchísimo

E. Mi amigo(a)   In pairs, (1) ask questions of your partner in order to gather information about him or her. Then (2) create a profile of the two of you on a grid like the one below. Put an *X* under each activity that each of you does well or often. (3) Prepare to report on your similarities and differences. Copy the grid on a separate sheet of paper.

	hablar	estudiar	cantar	bailar	viajar	trabajar	tocar
yo							
mi amigo(a)							

—*Carmencita, cantas bien, ¿verdad?*
—*Sí, canto bien.*

Mi amiga Carmencita canta bien. Yo no canto bien, pero bailo muy bien.

ESTRUCTURA

The conjugated verb followed by an infinitive

Ellas necesitan estudiar mucho.   *They need to study a lot.*
¿Deseas trabajar?   *Do you want to work?*
¿Quisieras bailar?   *Would you like to dance?*

1. When there are two verbs in the same sentence or in the same part of a sentence, the first verb is conjugated (that is, made to agree with the subject), but the second verb remains in the infinitive form. This construction occurs frequently with some verbs and expressions you already know: **desear** and **yo quisiera,** for example. It also occurs with these new verbs and expressions:

acabar de *(to have just done something)*   **tú quisieras** *(you would like)*
necesitar *(to need)*

> **2.** The words **tampoco** *(neither)* and **también** *(also)* are often used to confirm what some-
> one has just said:
>
> —**Deseo bailar.**   —**No deseo estudiar.**
> —**Deseo bailar también.**   —**No deseo estudiar tampoco.**

Aquí practicamos

F. ¿Quisieras tú...?   At a party, you try to impress a boy or a girl whom you like by asking in Spanish if he or she would like to do certain things. Use the suggested expressions to form your questions. He or she can answer either affirmatively or negatively.

Modelo: comer algo *(something)*
—¿Quisieras comer algo?
—Sí, quisiera comer unas patatas bravas. o:
—No, quisiera bailar.

1. bailar
2. cantar
3. escuchar música española *(Spanish)*
4. tomar algo
5. hablar español
6. comer unas tapas

G. ¿Deseas o necesitas?   Copy the following grid on a separate sheet of paper. Then indicate whether you want or need to do the following activities. Mark your decisions by placing an *X* in each appropriate space for each *yes* response. Then check with your classmate to see if he or she wants or needs to do the same things. If your classmate gives the same positive response as you, he or she will add **también** to the answer. If your classmate gives the same negative response as you, he or she will add **tampoco.** Look at the models for examples. Be prepared to report (1) one activity you both want to do, (2) one you both need to do, (3) one that neither one of you wants to do, and (4) one that neither of you needs to do.

Modelos: **Gathering information:** estudiar
—Necesito estudiar.
—Yo necesito estudiar también.   o:
—No deseo estudiar.

—No necesito estudiar.
—Yo sí necesito estudiar.   o:
—Yo no deseo estudiar tampoco.

	Yo necesito…	Yo deseo…	Mi amigo(a) necesita…	Mi amigo(a) desea…
viajar a Sud *(South)* América				
hablar español				
tomar un refresco				
trabajar mucho				
tocar el piano				
mirar la TV				
estudiar mucho				
ganar mucho dinero				

 Reporting: *Mi amiga Ana y yo deseamos viajar a Sud América. Los (Las) dos* (The two of us) *no deseamos trabajar mucho.*

H. **Consejos** (Pieces of advice) Your mother tells you what you need to do but you have already done everything she mentions. Follow the model.

 estudiar matemáticas
—*Necesitas estudiar matemáticas.*
—*Pero* (But) *acabo de estudiar matemáticas.*

1. estudiar inglés
2. trabajar mucho
3. comer bien
4. hablar en español
5. ganar dinero
6. practicar el piano

Aquí escuchamos:
"El señor y la señora Jiménez"

Alicia and her friend Reynaldo meet some friends of her parents as they are walking through the park. Listen to the conversation and then do the exercises that follow.

////-//-//-//-//-//-//-//

Learning Strategy:

Listening for cultural information

Antes de escuchar

Review some of the set phrases you know in Spanish for greetings, introductions, and farewells, found on page 37. Now listen to the conversation, paying particular attention to the use of **usted** and **ustedes**.

Después de escuchar

1. Who uses the more formal **usted** form in the conversation? Why is this so?
2. Who uses the more informal **tú** form? Why?
3. What do the two couples decide to do?

4. What are some of the set courtesy phrases that you hear more than once in the conversation?

EJERCICIO ORAL

 Buenos días, señor (señora).   While walking with a friend, you run into a Spanish colleague of your parents, Sr. or Sra. Ruiz. Introduce your friend to him or her. Sr. or Sra. Ruiz will ask the two of you about what you like to do.

EJERCICIO ESCRITO

J. *Preferencias*   Write six different things that you prefer doing as opposed to other activities. Follow the model.

Modelo: *No deseo mirar la televisión, pero deseo escuchar música.*

Vocabulario

Para charlar

Para saludar

¿Cómo está Ud.?
¿Cómo están Uds.?
Buenos días.
Saludos a tus padres.

Para contestar

(Estoy) Bien, gracias. ¿Y Ud.?
Muy bien, gracias.

Para presentar

Quisiera presentarle(les) a…

Para contestar

Encantado(a).

Temas y contextos

Tapas españolas

unas aceitunas
unos cacahuetes
unos calamares
chorizo
pan
unas patatas bravas
queso
una tortilla (de patatas)

Vocabulario general

Pronombres

él
ella
ellas
ellos

Verbos

acabar de
ganar
mirar
necesitar
tocar

Otras palabras y expresiones

dinero
mi amigo(a)
el (la) señor(a)
la señorita
también

tampoco
van a…
¿verdad? / ¿no?

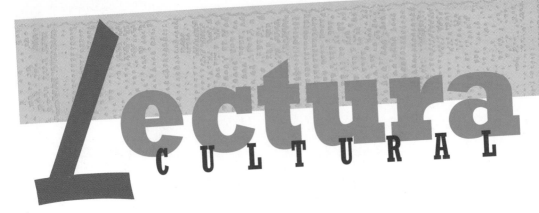

IR DE TAPAS

Antes de leer

1. Look at the photos and the title that go with this reading passage.
2. What do you think the reading is about?
3. Can you identify some of the items in the photos?

Guía para la lectura

A. After reading the first paragraph, decide which statement below best describes a **tapa.**

  a. a place where people meet to eat and chat
  b. a small helping of food served with bread

B. Now read the second paragraph and decide which of the following ingredients are used in a **tortilla española.**

  a. queso
  b. patatas
  c. chorizo
  d. cebolla
  e. jamón
  f. huevos

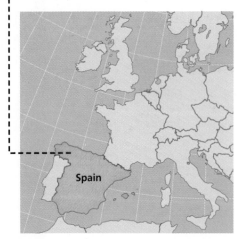

Spain

Ir de tapas

r de tapas" es una costumbre popular de España. Los españoles tienen la tradición de comer "tapas", o pequeñas porciones de comida, generalmente con pan. Muchas personas comen en bares de tapas todos los días. Es una manera tradicional de comer y hablar con los amigos y la familia.

Las tapas siempre son productos de las diferentes regiones de España. Las tapas típicas combinan varios quesos o tienen jamón o chorizo. La tapa más famosa de todas es la tortilla española. La tortilla española es fácil de preparar: patatas, cebolla, huevos y un excelente aceite de oliva.

El famoso restaurante "Casa Botín" en Madrid, España

¿TE GUSTA LA COMIDA MEXICANA?

la comida mexicana:
Mexican food

—Tengo hambre.
—¿Te gusta la comida mexicana?

Objectives:

>>> **O**rdering something to eat
>>> **F**inding out about people

Strategies:

>>> **I**nterviewing
>>> **M**aking associations
>>> **C**lassifying

PRIMERA ETAPA

Preparación

》》 **B**efore you start working on this **etapa,** consider what you already know about Mexican food. Given the popularity of Mexican food in the United States, it is likely that you are already familiar with some of the dishes you are going to learn about in this **etapa.** Make a list of all the Mexican dishes you know.

》》 **N**ow think of several features that you feel best describe or characterize this kind of food, for example, colors, spices, vegetables, meats, the kinds of dishes and utensils used for serving and eating them, etc.

Learning Strategies:

Brainstorming, previewing

¡Vamos a un restaurante!

Rafael y Pablo **están** en un restaurante en México.

Camarero: Buenos días, señores. **¿Qué van a pedir?**
Rafael: Yo quisiera comer un **taco de pollo** con **frijoles.**
Pablo: Para mí, una **enchilada de carne** con **arroz.**
Camarero: ¿Y para tomar?
Rafael: Un vaso de agua con limón.
Camarero: ¿Y para Ud., señor?
Pablo: Una limonada, **bien** fría, por favor.
Camarero: Muy bien.

están: are / *¿Qué van a pedir?:* What will you have? / *taco de pollo:* chicken taco / *frijoles:* beans / *enchilada de carne*: meat enchilada / *arroz:* rice / *bien:* very

enchilada: soft corn **tortilla** filled with cheese, meat, or chicken, and served with hot sauce

frijoles: pinto or black beans cooked until tender; served mashed, most often as a side dish

taco: a corn **tortilla** filled with meat, chicken, or other fillings, and topped with lettuce, tomato, grated cheese, and sauce

tortilla: made of corn meal and shaped like a pancake; in Mexico, the **tortilla** is served with all meals and takes the place of bread

¡Aquí te toca a ti!

A. ¿Qué va a pedir? You are in a Mexican restaurant. Look at the pictures below and decide what you are going to order.

  enchilada de queso
—¿Qué va a pedir?
—Yo quisiera comer una enchilada de queso.
—Muy bien.

1. enchilada de carne

2. enchilada de queso

3. tacos de pollo

4. tacos de carne

5. arroz con frijoles

6. frijoles

B. ¿En España o en México?   Are these people in Spain or in Mexico? Decide according to the food they are eating.

1. A mí me gusta mucho comer tapas con un refresco.
2. Yo quisiera un bocadillo de jamón, por favor.
3. Para mí una enchilada de carne con salsa, por favor.
4. Yo voy a tomar un chocolate.
5. Voy a comer un sándwich de jamón y queso.
6. Yo deseo un taco de pollo con frijoles.

C. ¿Vamos a comer algo?   When asked this question, the people pictured below all answered **sí,** but each had a different place in mind. Match each statement with the appropriate person on the basis of the clues in the drawings.

1.

2.

3.

4.

a. Yo quisiera comer unas tapas y tomar algo bien frío.
b. A mí me gusta la comida mexicana… . Mm…, ¡tacos y frijoles con arroz!
c. Yo deseo un café con leche y un sándwich.
d. Nosotros deseamos unos licuados de fresas con unos bocadillos.

Pronunciación: The vowel u

The sound of the vowel **u** in Spanish is pronounced like the *u* of the English word *rule*, except it is shorter in Spanish. Listen as your teacher models this sound for you.

Práctica

D. Listen and repeat as your teacher models the following words.

1. tú
2. lunes
3. Perú
4. un

5. gusta
6. saludos
7. Cuba
8. mucho

9. jugo
10. música

Repaso

E. **¡Hola! ¿Qué tal?**   Play the roles of the people indicated in each of the following situations. Pay attention to the level of language—whether it should be formal or informal. Follow the model.

Modelo:
—¡Hola, Cristina!
—¡Hola! ¿Qué tal, Silvia?
—Muy bien. ¿Y tú?
—Mm... más o menos.

Silvia   Cristina

1. Sr. González   Srta. Díaz

2. Enrique   Antonio

3. Héctor   Teresa   Samuel

4. Amalia   Clara   Sra.
Rivas

5. Aldo   Luis

6. Sra.   Gerardo
Mendoza   Mendoza

F. ¿Te gusta bailar?   For each item listed, survey three classmates about their attitudes around the activity. Make a grid like the one below to help you keep track of their answers. Follow the model.

 bailar
—*Luisa, ¿te gusta bailar?*
—*Sí, me gusta mucho bailar.*   o: —*Sí, yo bailo mucho.*

—*Tomás, ¿te gusta bailar?*
—*No, me gusta muy poco bailar.*   o: —*No, yo bailo muy poco.*

—*Rafael, ¿te gusta bailar?*
—*No, me gusta poco bailar.*

||-||-||-||-||-||-||-||-||
**Cooperative
Learning**

Learning Strategies:

Interviewing; organizing notes in a chart

	muy poco	poco	mucho	muchísimo
bailar	Tomás	Rafael	Luisa	
cantar				
estudiar				
hablar español				
tomar café				
mirar la TV				
viajar				
trabajar en clase				
ganar dinero				

ESTRUCTURA

The present tense of the verb ser

—¿De dónde **eres tú?**
—**Yo soy** de Perú.
—¿**Son ustedes** mexicanos?
—No, **nosotros somos** españoles.

—Where *are you* from?
—*I am* from Peru.
—*Are you* Mexican?
—No, *we are* Spanish.

—¡Hola! Yo soy Pablo Hernández.
 Y tú, ¿quién eres?
—Yo soy Tomás García.
—¿De dónde eres, Tomás?
—Soy de Bogotá, Colombia.
 ¿Y tú?

—¡Ah! Colombiano. ¡Qué bien!
 Yo soy peruano. Soy de Lima.
 Luisa y Raquel son de Lima
 también.
—¿Uds. también son estudiantes aquí?

—No, nosotras no somos
 estudiantes. Estamos aquí
 para visitar la ciudad.
—Pues, bienvenidas
 (welcome).

Some Spanish verbs are called irregular verbs because their conjugations do not follow a fixed pattern. One of the most frequently used irregular verbs is **ser** *(to be).*

ser			
yo	**soy**	nosotros(as)	**somos**
tú	**eres**	vosotros(as)	**sois**
él		ellos	
ella	**es**	ellas	**son**
Ud.		Uds.	

1. **Ser + de** followed by the name of a country or city is used to express place of origin.

   Yo **soy de** Los Ángeles.

2. The expression **¿de dónde + ser?** is used to inquire where someone or something is from.

   ¿De dónde es Ud.?

G. *Ellos no son de los Estados Unidos* (United States).

Even though a great number of Spanish-speaking people live in the United States, many were not born here. When you ask them if they are from the U.S., they tell you where they are from originally. Using the cues, ask and answer questions according to the model.

> **Modelo:** Julia / Cuba
> —*Julia, ¿eres de los Estados Unidos?*
> —*No, no soy de los Estados Unidos. Soy de Cuba.*

1. Jorge / México
2. Patricia / Ecuador
3. Ángela / Argentina
4. Mercedes / Colombia
5. Daniel / Paraguay
6. Luisa / Bolivia
7. Francisco / Venezuela

Otros países (Other countries)

España	*Spain*
Alemania	*Germany*
Canadá	*Canada*
China	*China*
Estados Unidos (EE.UU.)	*United States*
Francia	*France*
Inglaterra	*England*
Italia	*Italy*
Japón	*Japan*
Rusia	*Russia*

H. *¿De dónde eres?* Find out where five of your classmates are from (the place they were born). Then be prepared to report to the class.

—*Anita, ¿de dónde eres?*
—*Soy de Nueva York.*
—*Anita es de Nueva York.*

Aquí escuchamos:
"En un restaurante mexicano"

Carolina and her friends are at a Mexican restaurant. Listen to their conversation and complete the exercises that follow.

Antes de escuchar

Look at the questions before you listen to the conversation. Think about the vocabulary you might hear by answering the following questions.

1. What do people usually eat for lunch or dinner in Mexico?

2. What Mexican dishes would you order if you were in Guadalajara?

Después de escuchar

1. What time of day does the conversation take place?
2. Name one of the drinks you heard ordered.
3. Does Pepe order something to eat or drink?
4. Does Pepe like hot and spicy food?
5. What nationalities are represented in the group?

¡Adelante!

EJERCICIO ORAL

I. *Intercambio* (Exchange)   Ask a classmate the following questions. After answering them, he or she will ask you the same set of questions.

1. ¿De dónde eres tú?
2. ¿Quisieras viajar a México?
3. ¿Te gusta la comida mexicana?
4. ¿Deseas comer en un restaurante mexicano?
5. ¿Qué quisieras comer?

EJERCICIO ESCRITO

J. *Mis actividades*   Write a list of six different activities that you like to do. Be prepared to report them back to the class.

SEGUNDA ETAPA

Preparación

>> **C**an you describe the difference between an **enchilada** and a **taco**?

>> **D**o you like **salsa de chile**? Do you prefer **salsa** that is hot, medium, or mild?

>> **H**ave you ever had **flan** for dessert? If so, do you like it? Why or why not?

¡Qué comida más rica!

¡Qué comida más rica!:
  What delicious food!

What	**Sara:**	Mm... . ¡Qué comida más rica! **¿Qué** es?
hot pepper sauce	**Señora:**	Son enchiladas con **salsa de chile**.
How hot (spicy)!	**Carlos:**	¡Ay!... . **¡Qué picante!** No me gusta. Es muy picante para mí.
Here is another	**Señor:**	**Aquí hay otra** enchilada que no es picante.
This one	**Carlos:**	Mm... . ¡Sí! **¡Ésta** es **riquísima!**
delicious	**Sara:**	Carlos, el **flan** es delicioso también.
custard		
good	**Carlos:**	Sí. ¡Qué **bueno!**
	Sara:	Me gusta mucho la comida mexicana. Es muy diferente de la comida **norteamericana**.
North American		

chile: a pepper ranging from mild to very hot; used to make sauces

flan: very common dessert in all Hispanic countries; baked custard topped with caramel sauce

¡Aquí te toca a ti!

A. ¿Qué tal es? Complete the sentences according to your preferences in food. If the noun is masculine, use the ending -**o** for the adjective; if it is feminine, use the ending -**a**.

> *Modelo:* *El flan es* delicios*o*.

1. _____ riquísimo(a).
2. _____ rico(a).
3. _____ malo(a) *(bad)*.

4. _____ horrible.
5. _____ bueno(a).
6. _____ picante.

B. ¿Cómo (How) son? What is your opinion of the following foods?

> *Modelo:* un taco con salsa
> *Un taco con salsa es muy picante. No me gusta.*

1. una hamburguesa *(hamburger)*
2. un pastel de fresas
3. una enchilada de queso

4. un croissant
5. un flan
6. un bocadillo de jamón

Repaso

C. ¿De dónde son estas comidas? Ask a classmate where these foods come from. Follow the model.

> *Modelo:* la salsa de chile
> —*¿De dónde es la salsa de chile?*
> —*Es de México.*

1. las medialunas
2. la tortilla de patatas
3. el croissant

4. las hamburguesas
5. las patatas bravas

ESTRUCTURA

Adjectives of nationality

Ricardo es **peruano**.	Ricardo is *Peruvian*.
Alfredo y Paco también son **peruanos**.	Alfredo and Paco also are *Peruvians*.
Mirta es **peruana**.	Mirta is *Peruvian*.
Ada y Alejandra también son **peruanas**.	Ada and Alejandra also are *Peruvians*.

In Spanish, adjectives agree in gender *(masculine or feminine)* and number *(singular or plural)* with the person or thing to which they refer.

1. Adjectives that end in **-o** are *masculine.* Change the **-o** to **-a** to obtain the *feminine* form.

Él es **argentino.**	Ella es **argentina.**
Él es **chino.**	Ella es **china.**
Él es **italiano.**	Ella es **italiana.**
Él es **ruso** *(Russian).*	Ella es **rusa.**

2. Adjectives that end in a consonant **(-l, -n, -s)** form the *feminine* by adding an **-a.**

Él es **español** *(Spanish).*	Ella es **española.**
Él es **inglés** *(English).*	Ella es **inglesa.**
Él es **francés** *(French).*	Ella es **francesa.**
Él es **japonés** *(Japanese).*	Ella es **japonesa.**
Él es **alemán** *(German).*	Ella es **alemana.**

3. Some adjectives have identical *masculine* and *feminine* forms.

Él es **estadounidense.**	Ella es **estadounidense.**
Él es **canadiense.**	Ella es **canadiense.**

4. To form the plural of the adjectives that end in a vowel, simply add **-s** to the masculine or feminine singular forms. If the singular form ends in a consonant, add **-es** for masculine adjectives and **-as** for feminine adjectives.

Ellos son **mexicanos.**	Ellas son **mexicanas.**
Ellos son **españoles.**	Ellas son **españolas.**
Ellos son **canadienses.**	Ellas son **canadienses.**
Ellos son **alemanes.**	Ellas son **alemanas.**

País	Adjetivo	País	Adjetivo
Argentina	argentino(a)	Honduras	hondureño(a)
Bolivia	boliviano(a)	México	mexicano(a)
Colombia	colombiano(a)	Nicaragua	nicaragüense
Costa Rica	costarricense	Panamá	panameño(a)
Cuba	cubano(a)	Paraguay	paraguayo(a)
Chile	chileno(a)	Perú	peruano(a)
Ecuador	ecuatoriano(a)	Puerto Rico	puertorriqueño(a)
El Salvador	salvadoreño(a)	La República Dominicana	dominicano(a)
España	español(a)	Uruguay	uruguayo(a)
Guatemala	guatemalteco(a)	Venezuela	venezolano(a)

Aquí practicamos

D. **¿Y David?**   Answer the questions according to the model. In the first four items, the first person is female and the second is male.

 Modelo: Alicia es venezolana. ¿Y Alberto?
Él es venezolano también.

1. Gladis es colombiana. ¿Y Fernando?
2. Éster es cubana. ¿Y José?
3. Adelita es peruana. ¿Y Pepito?
4. Marilú es española. ¿Y Paco?

Now the first person is male and the second person is female.

 Modelo: Pancho es boliviano. ¿Y Marta?
Ella es boliviana también.

5. Luis es costarricense. ¿Y Clara?
6. Pedro es argentino. ¿Y Luisa?
7. Miguel es panameño. ¿Y Teresa?
8. Tomás es puertorriqueño. ¿Y Elena?

Más adjetivos de nacionalidad

País	Adjetivo	País	Adjetivo
Alemania	alemán (alemana)	Inglaterra	inglés (inglesa)
Canadá	canadiense	Italia	italiano(a)
China	chino(a)	Japón	japonés (japonesa)
Estados Unidos	estadounidense	Rusia	ruso(a)
Francia	francés (francesa)		

E. *Las nacionalidades*   You are with a group of young people from all over the world. Find out their nationalities by making the assumptions indicated and then correcting your mistakes. Follow the model.

 Modelo: Margarita — argentina / Nueva York
—*¿Margarita es argentina?*
—*No, ella es de Nueva York.*
—*Ah, ella es estadounidense entonces* (then).
—*Claro, es estadounidense.*

1. Lin-Tao (m.) — japonés / Beijing
2. Sofía — mexicana / Roma
3. Jean-Pierre — francés / Québec
4. Jill — canadiense / Londres
5. Hilda y Lorena — colombianas / Berlín
6. Olga y Nicolás — venezolanos / Moscú

Nota gramatical

Nouns of profession

Most nouns that refer to work or occupation follow the same patterns as adjectives of nationality.

1. If the masculine ends in **-o,** the feminine form changes **-o** to **-a.**

Él es **abogado** *(lawyer).*	Ella es **abogada.**
Él es **secretario** *(secretary).*	Ella es **secretaria.**
Él es **ingeniero** *(engineer).*	Ella es **ingeniera.**
Él es **enfermero** *(nurse).*	Ella es **enfermera.**
Él es **médico** *(doctor).*	Ella es **médica.**

2. Nouns that end in the consonant **-r** form the feminine by adding **-a** to the end of the word.

Él es **contador** *(accountant).*	Ella es **contadora.**

3. Nouns that end in the vowel **-e,** as well as those that end in **-ista,** have the same masculine and feminine forms.

Él es **estudiante.**	Ella es **estudiante.**
Él es **periodista** *(journalist).*	Ella es **periodista.**

4. Nouns of profession form their plural in the same way as the adjectives of nationality. Add **-s** to the masculine or feminine singular form if the noun ends in a vowel. If the singular form ends in a consonant, add **-es** or **-as.**

Ellos son **abogados.**	Ellas son **abogadas.**
Ellos son **estudiantes.**	Ellas son **estudiantes.**
Ellos son **profesores.**	Ellas son **profesoras.**

Aquí practicamos

F. *¿El señor Martínez? Él es...*

You and a friend are attending a function with your parents. You point out to your friend various acquaintances of your parents and state their professions.

 Modelos: Sr. Martínez / abogado
¿El señor Martínez? Él es abogado.
Sr. y Sra. Martínez / ingeniero
¿El señor y la señora Martínez? Ellos son ingenieros.

1. Sr. y Sra. Herrera / médico
2. Sr. Pérez / profesor
3. Sr. y Sra. López / abogado
4. Sra. Quintana / secretario
5. Sra. Dávila / ingeniero
6. Sr. y Sra. Valdés / profesor
7. Patricio / estudiante de universidad
8. Sra. González / contador
9. Roberta / estudiante de colegio
10. Sr. y Sra. Chávez / periodista

¿Qué crees?

Approximately how many people of Spanish-speaking origin are in the United States?

a) fewer than 10 million
b) 15 million
c) more than 20 million

respuesta

G. *Yo quisiera ser abogado(a).*

From the following list, choose several careers or jobs that you would like and several that you would not like. Which of these careers or jobs would you most like to have? Why? Which of these careers or jobs would you not want to have? Why?

Modelo: *Yo quisiera ser médico(a), pero yo no quisiera ser abogado(a).*

periodista	hombre (mujer) de negocios	médico(a)
dentista	*(businessman, businesswoman)*	ingeniero(a)
profesor(a)	abogado(a)	enfermero(a)
secretario(a)	camarero(a)	contador(a)

Critical Thinking Strategy:

Evaluating

Aquí escuchamos:
"Descripción personal"

María Victoria Rodríguez is a Mexican-American. Listen to what she says about herself before doing the exercises that follow.

Antes de escuchar

Before you listen to the personal description, think about the sort of information that you would expect to hear. To help you prepare for what you are about to hear, first read the true/false statements in the *Después de escuchar* section to give you a better idea of the content.

START

Learning Strategy:

Listening for details

Después de escuchar

Listen to María Victoria's description once more before indicating whether the statements below are true or false. If something is false, provide the correct information in English.

c

1. María Victoria is from New Mexico.
2. María Victoria's parents are originally from Mexico.
3. Playing the guitar is one of María Victoria's favorite activities.
4. Studying is an important part of María Victoria's routine.
5. Someday María Victoria would like to be an actress.
6. María Victoria is concerned about the needs of other people.

¡Adelante!

Critical Thinking Strategy:

Making associations

EJERCICIO ORAL

H. *En la feria de la comida* You and your friend are walking through an international food fair. (1) You each name three foods that you wish to sample, describing each one. Choose foods from at least two different booths, representing two different countries. (2) Each of you then points out someone from another country whom you have met at the fair, telling the person's name, nationality, profession, and two things that the person likes to do that make him or her interesting to you.

Modelo: *Allí está Juan. Él es cubano. Él es fotógrafo. Juan canta y baila bien.*

EJERCICIO ESCRITO

I. *Mini-descripción* Write a brief personal description (four to six sentences) in Spanish about an adult you interviewed. Include basic information about the person, such as his or her interests, activities, and profession. Be prepared to report back to the class about what you learned about this person.

Vocabulario

Para charlar

Para comentar sobre la comida

¡Qué bueno(a)!
¡Qué comida más rica!
¡Qué picante!
¡Es riquísimo(a)!
¡Es delicioso(a)!

Temas y contextos

Las nacionalidades

alemán (alemana)
argentino(a)
boliviano(a)
canadiense
chileno(a)
chino(a)
colombiano(a)
costarricense
cubano(a)
dominicano(a)
ecuatoriano(a)
español(a)
estadounidense
francés (francesa)
guatemalteco(a)

hondureño(a)
inglés (inglesa)
italiano(a)
japonés (japonesa)
mexicano(a)
nicaragüense
norteamericano(a)
panameño(a)
paraguayo(a)
peruano(a)
puertorriqueño(a)
ruso(a)
salvadoreño(a)
uruguayo(a)
venezolano(a)

Las profesiones

un(a) abogado(a)
un(a) contador(a)
un(a) dentista
un(a) enfermero(a)
un(a) estudiante
un hombre (una mujer) de negocios
un(a) ingeniero(a)
un(a) médico(a)
un(a) periodista
un(a) profesor(a)
un(a) secretario(a)

La comida mexicana

arroz
carne
chile
una enchilada
flan
unos frijoles
una hamburguesa
pollo
salsa
un taco
una tortilla

Los países

Alemania
Argentina
Bolivia
Canadá
Chile
China
Colombia
Costa Rica
Cuba
Ecuador
El Salvador
España
Estados Unidos
Francia
Guatemala

Honduras
Inglaterra
Italia
Japón
México
Nicaragua
Panamá
Paraguay
Perú
Puerto Rico
La República Dominicana
Rusia
Uruguay
Venezuela

Vocabulario general

Verbos

ser

Otras palabras y expresiones

Allí está…
Aquí hay otro(a)…
¿De dónde es (eres)?
ésta
¡Mira!
¿Qué es?
¿Qué van a pedir?
¿quién?
ser de

Lectura
CULTURAL

MAGIA Y COLOR EN LOS ÁNGELES

Antes de leer

1. Look at the picture that accompanies the text.
2. What does the picture let you know about the content of the reading?
3. Now look at the title, "Magia y color en Los Ángeles." To what location (city/area) will the content of the article be related?

Guía para la lectura

A. Notice that **combina** and **técnica** are similar to the English words *combine* and *technique.* Words that look alike in different languages are called *cognates.* Now read the first paragraph and find as many cognates as you can. How many did you spot? Compare your list with another classmate's list.

B. Some of the cognates look more alike than others, for example, **combina, popular,** and **americano.** Can you guess these cognates that are not so similar to their English counterparts?
- **celebrados**
- **delicadeza**
- **sirven**

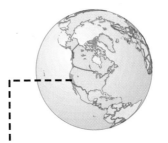

California

Los Angeles

C. Now read the second paragraph and look for more cognates.

D. Answer the folowing questions

1. Why is Santa Fe mentioned?
2. What Mexican dishes are listed in the text?

Magia y color en Los Ángeles

ohn Sedlar, dueño de "St. Estèphe" en Los Ángeles y uno de los chefs más celebrados del país, combina la técnica de la "nouvelle cuisine" francesa con la cocina popular del suroeste americano. Sedlar nació en Santa Fe y uno de sus recuerdos más vivos es la comida de su abuela, Eloísa Rivera, cuyas recetas para empanaditas y bizcochitos se sirven hoy día en el elegante comedor "St. Estèphe".

Tacos, tamales, enchiladas y chiles rellenos se transforman en platos de una delicadeza extraordinaria. Para que sus platos también agraden a la vista, Sedlar se inspira en los colores y texturas del suroeste. "El suroeste", explica, "es un espíritu intenso que uno siente en la luz viva de Nuevo México, sus desiertos quemados por el sol, sus paisajes rústicos y su comida vital y robusta."

John Sedlar

Sedlar se inspira en la cocina popular de Nuevo México

Aqui leemos

Estrategia para la lectura

It is not necessary to know every word in order to read and understand many kinds of writing in Spanish. A lot of information is carried by the layout or format of the passage. By thinking in advance about the information you expect to find in a passage and by looking for familiar words, you can often read as much as you need to.

Antes de leer

Before looking at the reading in this section, answer these questions about restaurant menus:

>> **W**hat categories are usually included on restaurant menus?

>> **W**hat information is essential on a menu?

>> **W**hat headings do you expect to see on a menu?

Use your experience with menus as well as layout and familiar-looking words to help you understand the menu from a Mexican restaurant on page 68. Try to guess words you do not know.

the menu from a Mexican restaurant on page 68

Actividades

A. You are at the restaurant with a friend who does not speak much Spanish. She tells you what she would like to eat or drink, and you tell her (in English, of course!) what she should order and how much it will cost. For example, if she says, "I've always wanted to try Mexican sausage. Do they have it here?," you could suggest she try the **sándwich de chorizo,** which costs 22 **pesos.**

1. I'm not very hungry. All I want is a cup of coffee.
2. I don't eat meat. Maybe I could get something with cheese.
3. I'm really thirsty. I'd like something cold to drink.
4. I'm in the mood for something sweet.
5. I'm hungry! I feel like having chicken.

Reading Strategies:

Be aware of the context of the reading.
Examine format and layout for clues to content.
Decide what you expect the content to be.
Look for words you know or can guess.

Restaurante "La Estancia"

Entradas

Enchiladas de queso con guacamole	$30
Enchiladas de carne	$35
Tacos con frijoles	$25
Tacos de pollo con salsa picante	$27
Pollo en mole	$35
Huevos rancheros	$20
Tostada de pollo	$22

Sándwiches

Sándwich de queso	$15
Sándwich de jamón	$20
Sándwich de chorizo	$22

Postres

Flan	$15
Fruta	$10
Pastel de fresas	$20
Helados	$15

Bebidas

Té	$10
Café	$10
Refrescos varios	$15
Agua mineral	$15

Todos los platos se acompañan con arroz y frijoles.

B. What do you tell the waiter she wants? Match these orders to your friend's wishes in Activity A. One answer is left over. Which of the orders could it apply to?

___ a. Sólo quiere un agua mineral, bien fría.
___ b. No come carne. Va a probar los tacos con frijoles.
___ c. Para ella, las enchiladas de queso con guacamole.
___ d. Quiere los tacos de pollo con salsa picante.
___ e. Va a tomar un café, no más.
___ f. El pastel de fresas, por favor.

C. You are traveling in Mexico with your family. They are not very familiar with Mexican food. Using the photographs on p. 48, describe these dishes in English.

1. arroz con frijoles
2. tacos de pollo
3. enchilada de queso
4. enchilada de carne

D. List all the words you know (or can guess from the readings) that you could use to describe in Spanish the dishes in Activity C.

Ya llegamos

Actividades orales

Learning Strategies:

Interviewing, listening for and providing information, selecting information, participating in culturally appropriate social interactions

Critical Thinking Strategies:

Sequencing, evaluating information to share, comparing and contrasting

A. En el café Scene 1, Take 1: You and a friend meet at a café after school. You (1) greet each other and (2) order something to eat and/or drink (perhaps from an imaginary waiter). Then another friend arrives. (3) Introduce him or her to your first friend. To help the two people who have just met get to know each other better, (4) mention two interesting facts that you know about each person to the other friend. Consider their likes and dislikes and what they do particularly well.

Scene 1, Take 2: Now replay the scene, expanding on your conversation. This time, after doing the first part, the new friends should go on to (1) comment on an interest or activity they have in common or would like to develop. They should then (2) ask each other questions about their nationalities or family origin, (3) inquire about what languages they speak or would like to speak, and then (4) add one other interesting detail about themselves or their family. Don't forget to have the third person (5) order something as well.

Learning Strategies:

Negotiating, persuading, supporting opinion, participating in culturally appropriate social interactions

Critical Thinking Strategies:

Evaluating, prioritizing, decision-making

B. ¿Dónde desean comer? While downtown on a Saturday afternoon, you and a friend run into two or three other classmates. You decide that you are hungry. Each member of the group (1) suggests a type of place to go for something to eat (café, **bar de tapas,** restaurant). (2) Support your suggestion by mentioning the appealing features of your choice. (Be convincing; you want your suggestion to win out!) (3) As each suggestion is offered, say what you do or do not like about that place and its menu. (4) Reach an agreement with your group members, and when you have decided, (5) go to that place together and order your food. (If you can't all agree, split into smaller groups, say good-bye, and go off to the place of your choice for ordering.)

¡Vamos a conocernos!

¡Vamos a conocernos!:
Let's get to know
each other!

CAPÍTULO

4

¿DE QUIÉN ES?

¿De quién es?:
Whose is it?

—¿Cuántos discos compactos
tienes?
—Tengo veinte. Éste es mi
favorito.

Objectives:

>>> **I**dentifying personal possessions

>>> **G**etting information about other people

Strategies:

>>> **P**olling

>>> **L**istening for details

>>> **C**omparing and contrasting

PRIMERA ETAPA

Preparación

>> **A**s you get ready to begin this **etapa,** think about the items you take to school. Make a list of at least five items that you usually take to school.

>> **I**n this **etapa** you will also learn to say that something belongs to someone else. If you have borrowed a calculator from a friend, how would you say, in English, whose calculator it is?

//-//-//-//-//-//-//-//

Learning Strategies:

Previewing, listing

¿Qué llevas a la escuela?

¿Qué llevas a la escuela?: What do you take to school?

mochila

cuaderno   lápiz

borrador

libro

sacapuntas

cartera

bolígrafo

pluma

calculadora

llave

portafolio

¡Aquí te toca a ti!

A. ¿Qué es? Identify the objects in the numbered drawings.

Modelo: *Es un lápiz.*

1.  2.   3.  4.

5.  6.   7.  8.

B. No es... Correct the initial assumption on the basis of the numbered drawings in the previous exercise.

Modelo: ¿Es un libro?
No es un libro. Es un lápiz.

1. ¿Es un bolígrafo?   5. ¿Es un sacapuntas?
2. ¿Es una cartera?   6. ¿Es un borrador?
3. ¿Es un cuaderno?   7. ¿Es un portafolio?
4. ¿Es un lápiz?   8. ¿Es una llave?

C. ¿Qué llevas tú a la escuela? Indicate what each person takes to school. Follow the model.

Modelo: Juan
Juan lleva un libro a la escuela.

1. Julia   2. Jaime   3. tú   4. nosotros

5. yo   **6.** él   **7.** ella   **8.** Ud.

Pronunciación: *The consonant p*

The sound of the consonant **p** is similar to the sound of *p* in English, but is pronounced without the puff of air that accompanies the English sound. Put your hand in front of your mouth and note the puff of air that is produced when you pronounce the English word *pan* and the absence of this puff of air when you say *speak*. The Spanish **p** is more like the *p* in the English word *speak*.

Práctica

D. Listen and repeat as your teacher models the following words.

1. papa	**5.** problema	**8.** pluma
2. política	**6.** póster	**9.** lápiz
3. pájaro	**7.** pronto	**10.** sacapuntas
4. pintura		

ESTRUCTURA

The definite article

el libro, **el** bolígrafo, **el** portafolio	*the* book, *the* pen, *the* briefcase
la mochila, **la** calculadora, **la** pluma	*the* knapsack, *the* calculator, *the* pen
los libros, **los** bolígrafos, **los** portafolios	*the* books, *the* pens, *the* briefcases
las mochilas, **las** calculadoras, **las** plumas	*the* knapsacks, *the* calculators, *the* pens

In Spanish, the definite article has two singular forms and two plural forms. The English equivalent of these four forms is simply *the.*

el	**los**	**la**	**las**

1. One of the two main uses of the definite article is to designate a noun in a general or collective sense:

El café es una bebida popular aquí.   *Coffee* is a popular drink here.
La leche tiene vitamina D.   *Milk* has vitamin D.

Notice how Spanish uses the article when talking about these nouns in a general sense while English does not.

2. The other main use of the definite article is to designate a noun in a specific sense. **Necesito los libros** means I need the specific books that have already been mentioned. **La mochila de Juan** refers to the particular knapsack that belongs to Juan.

3. The definite article is also used in Spanish with such titles as **Sr., Sra., Srta., Dr., Dra.,** etc.

El señor Herrera come en un café.   *Mr. Herrera* eats in a café.
La señora Martínez lleva un libro a   *Mrs. Martínez* takes a book to school.
la escuela.

You will note that English does not use the article with these titles.

Aquí practicamos

E.   Replace the indefinite article with the appropriate definite article (**el, la, los, las**).

 un cuaderno   *el cuaderno*
unos libros   *los libros*

1. un café
2. una estudiante
3. un sándwich
4. una mochila
5. unas bebidas
6. unos médicos
7. un bolígrafo
8. una cartera
9. unos refrescos
10. un jugo
11. una profesora
12. unos estudiantes
13. una llave
14. una calculadora
15. un borrador
16. un sacapuntas

F. ¿Qué necesita cada persona (each person)**?** Copy the chart below on a separate sheet of paper. Based on the activities and people mentioned in Column A, decide which items on the list in Column B the people need. Follow the models to write your responses. You may want to use some items in Column B more than once.

Modelos: Yo quisiera leer.   Tina va a casa
            Tú necesitas un libro.   *Ella necesita la llave.*

A	B
1. Ana estudia matemáticas.	bolígrafo(s)
2. Nosotros vamos a escribir.	calculadora(s)
3. Juan lleva muchos cuadernos a la escuela.	cuaderno
4. Miguel y María quisieran leer.	llave(s)
5. Tú vas a escribir mucho con un lápiz.	libro(s)
6. Ustedes estudian mucho las matemáticas.	mochila
	sacapuntas

Nota gramatical

Expressing possession with de

Spanish uses the preposition **de** to show possession. Notice that Spanish shows possession by changing the word order, not by using an apostrophe with the person's name, as in English:

el libro **de Juan**   *John's* book
los cuadernos **de Marta**   *Martha's* notebooks
la calculadora **de Ana**   *Ann's* calculator
las llaves **de Jorge**   *George's* keys

To ask to whom something belongs, you would use **¿De quién es… ?** if there is one item, and **¿De quién son… ?** if there is more than one item, as in the examples:

¿De quién es el libro?   *Whose* book *is* it?
¿De quién son los libros?   *Whose* books *are* they?

G. **Es de...**   When you and a friend stay after class one day, you notice that your other classmates have left behind several of their belongings. You show these objects to your friend, who identifies the owners. With a singular noun, use **es**. With a plural noun, use **son**.

 Modelos: un libro (Beatriz)   unos libros (Juan)
Es el libro de Beatriz   *Son los libros de Juan.*

1. un cuaderno (Vicente)
2. una mochila (Marcos)
3. una calculadora (Bárbara)
4. una llave (Victoria)
5. unos bolígrafos (María)
6. unas llaves (Pedro)
7. unos cuadernos (José)
8. unos lápices (Juanita)

H. **¿De quién es...?**   You are trying to sort out to whom a number of items that have been left on a table in the classroom belong. Ask a question and have a classmate answer according to the model.

 Modelo: —¿De quién es el lápiz?   Carlos
—Es de Carlos.

1. Enrique   2. Patricio   3. Miguel

4. Anita   5. Emilia   6. Mercedes

Aquí escuchamos:
"¿Qué llevas a la escuela?"

Antes de escuchar

Think about what you take to school every day. Before you listen to Carmen's short monologue, think about what items you think she might take to school every day. Before your instructor plays the tape, take a moment to make a chart like the one that follows.

START

Después de escuchar

Listen to the tape again, and check the appropriate column to show how often Carmen takes these things to school. Do not check any items that she does not mention.

	Todos los días	A veces
bolígrafo		
calculadora		
cartera		
cuaderno		
libro		
mochila		

¡Adelante!

EJERCICIO ORAL

I. **Yo llevo...**   Make a list of five items that you usually take to school with you. Then interview three classmates to find out what they have on their lists. Keep track of their answers so that you can report whose list is most like yours and whose list is most different.

EJERCICIO ESCRITO

J. **¿Qué llevas tú a la escuela?**   Write a short paragraph telling about what you take to school with you. Mention (1) something that you sometimes take, (2) something that you take every day, (3) something that you like to take **(me gusta llevar),** and (4) something that you do not like to take. For at least one of the items you mention, offer an explanation; for example: **Siempre llevo el libro de español porque estudio el español todos los días.**

Learning Strategies:

Polling, reporting

Critical Thinking Strategy:

Comparing and contrasting

Learning Strategies:

Organizing ideas in a paragraph, supporting choices

Critical Thinking Strategy:

Analyzing

SEGUNDA ETAPA

Preparación

//-/-//-/-//-/-//-/-//-/-//

Learning Strategies:

Previewing, listing

>> **A**s you get ready to begin this **etapa,** think about what you have in your room at home.

>> **M**ake a list of at least eight items you have in your room.

¿Qué hay en tu casa?

¿Qué hay en tu casa?:
  What is in your house?
students

My name is Marta.
In my room there is/are . . .

Me llamo Marta.
En mi cuarto hay…

Marta Gómez y Jorge de Vargas son **alumnos** en una escuela en Quito, Ecuador.

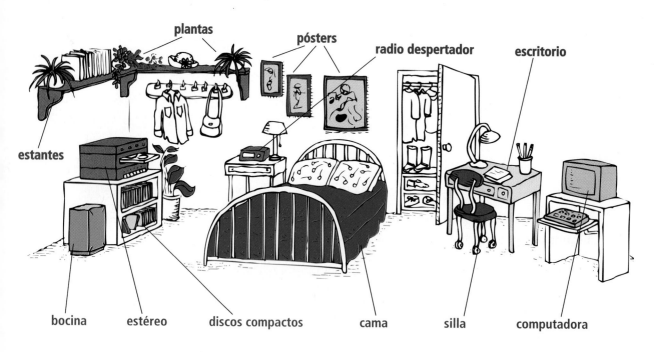

plantas

pósters

radio despertador

escritorio

estantes

bocina   estéreo   discos compactos   cama   silla   computadora

Me llamo Jorge.
En mi cuarto hay...

cómoda   cámara   cintas   grabadora televisor estantes

cama   alfombra   silla   máquina de   escritorio
                                                 escribir

¡Aquí te toca a ti!

A. ¿Dónde hay...? (Where is/are there . . . ?)   Based on the pictures, answer the following questions about Marta's and Jorge's rooms.

 Modelos: ¿un televisor?
En el cuarto de Jorge hay un televisor.

¿una cama?
En el cuarto de Marta hay una cama y en el cuarto de Jorge hay una cama también.

1. ¿una computadora?
2. ¿una grabadora?
3. ¿un radio despertador?
4. ¿una cama?
5. ¿un estéreo?
6. ¿unos pósters?
7. ¿una máquina de escribir?
8. ¿una cámara?
9. ¿unas cintas?
10. ¿unos discos compactos?
11. ¿unas plantas?
12. ¿unos estantes?
13. ¿una silla?
14. ¿una alfombra?

B. ¿Y tú?   Indicate what you have and do not have in your room at home.

 Modelo: *En mi cuarto, hay una cama y una cómoda, pero no hay un escritorio. También hay pósters en la pared* (on the wall).

Learning Strategies:

Collecting information, reporting

Pronunciación: The consonant t

The sound of **t** in Spanish is produced by placing the tip of the tongue behind the back of the upper front teeth, while *t* in English is pronounced by placing the tip of the tongue on the gum ridge behind the upper front teeth. Pronounce the English word *tea* and note where the tip of your tongue is. Now pronounce the Spanish word **ti** being careful to place the tip of the tongue on the back of the upper front teeth.

Práctica

C. Listen and repeat as your teacher models the following words.

1. tú	**4.** taza	**7.** tonto	**9.** fútbol
2. tomo	**5.** tipo	**8.** política	**10.** cinta
3. tapas	**6.** tenis		

Repaso

D. **¿Qué llevan a la escuela?** Look at the drawings below and tell what each person takes to school.

Martín   Julio

Palabras útiles

Numbers from 0 to 20

cero	0	tres	3	seis	6
uno	1	cuatro	4	siete	7
dos	2	cinco	5	ocho	8

nueve	9	trece	13	diecisiete	17
diez	10	catorce	14	dieciocho	18
once	11	quince	15	diecinueve	19
doce	12	dieciséis	16	veinte	20

Aquí practicamos

E. Follow the directions in Spanish.

1. Cuenta *(Count)* de 0 a 10. Cuenta de 11 a 20.
2. Cuenta los números pares *(even):* 0, 2, 4, 6, 8, 10, 12, 14, 16, 18, 20.
3. Cuenta los números impares *(odd):* 1, 3, 5, 7, 9, 11, 13, 15, 17, 19.

F. *Sumando y restando* (Adding and subtracting) Make a complete sentence out of the following problems in addition and subtraction by solving them. Follow the model.

 Modelos: $2 + 1 =$
Dos más uno son tres.

$3 - 1 =$
Tres menos uno son dos.

1. $2 + 5 =$	**5.** $4 - 1 =$	**9.** $7 + 13 =$	**13.** $3 + 5 =$
2. $6 - 3 =$	**6.** $0 + 4 =$	**10.** $18 - 2 =$	**14.** $1 + 2 =$
3. $6 + 10 =$	**7.** $5 + 4 =$	**11.** $8 - 3 =$	**15.** $9 - 4 =$
4. $17 - 2 =$	**8.** $19 - 6 =$	**12.** $12 + 5 =$	**16.** $19 - 8 =$

Palabras útiles

Hay + noun

Hay un libro en mi cuarto.	*There is* a book in my room.
Hay tres libros en mi cuarto.	*There are* three books in my room.

As you have already seen in this **etapa**, the Spanish word **hay** means either *there is* or *there are*. Note that **hay** does not change and combines with both *singular* and *plural* nouns. **Hay** can be combined with nouns that are preceded by an indefinite article **(un, una, unos, unas)** or any number.

Learning Strategy:

Collecting information

G. *El cuarto de Marta*   Indicate whether each item is or is not found in the room pictured on page 84.

 Modelos: una cama   una grabadora
                    Hay una cama.   *No hay una grabadora.*

1. unos pósters   6. un estéreo   11. unas plantas
2. una silla   7. unos libros   12. una máquina de escribir
3. unas cintas   8. unos lápices   13. unos cuadernos
4. una computadora   9. unos bolígrafos
5. un televisor   10. un escritorio

H. *Hay...*   Working with another student, take turns pointing out items in the room on page 85. Each of you should also point out one item that does not appear in the room. Stop when each of you has discussed five items.

Modelo: *Hay una cama allí* (there).

Aquí escuchamos:
"¿Qué hay en tu cuarto?"

Critical Thinking Strategy:

Predicting

Antes de escuchar

Think about what you have in your room at home. Before you listen to Carmen's short monologue, think about the items you think she might have in her room. Before your instructor plays the tape, take a moment and copy onto a separate sheet of paper the list of words that follows:

START

estantes	escritorio	silla	discos compactos
plantas	computadora	grabadora	póster
estéreo	cama	cintas	

Learning Strategy:

Listening for details

Después de escuchar

Listen to the tape again and this time check off on your list the items that Carmen has in her room.

EJERCICIO ORAL

I. ¿Qué hay? Find out from several of your classmates what they have and do not have in their rooms at home. Then tell them what you have and do not have in your own room.

 —¿Qué hay en tu cuarto?
—En mi cuarto hay dos plantas, una cama...

EJERCICIO ESCRITO

J. Cosas importantes Your school has just received a foreign exchange student. The couple with no children who live across the street from the school has agreed to host the student. They have asked for help in furnishing their guest's room appropriately for a teen. With a partner, decide on the six most important items to include.

TERCERA ETAPA

Preparación

>> **A**s you get ready to begin this **etapa,** think about where you and your friends and relatives live (house, apartment, condominium, etc.); what you have where you live; and how you get around town.

>> **M**ake a list with house, apartment, condominium and/or townhouse on it; then list one to three acquaintances under each heading who lives in that type of residence.

>> **B**y each name, list three different items of interest that you and those friends or relatives have at their home.

>> **T**hen name the different modes of transportation that each of you uses to get to school, go shopping, and to go to a friend's house.

//-//-//-//-//-//-//-//
Learning Strategies:

Contextualizing, previewing, listing

En nuestra casa

En nuestra casa: In our house

I live in . . .

Vivo en...

una casa

un apartamento

Allí hay…

There

un estéreo

un vídeo

un televisor a colores

Para ir al centro, voy en…

To go downtown, I go in…

coche

(bici) bicicleta

(moto) motocicleta

autobús

¡Aquí te toca a ti!

A. Nuestra casa   Answer the following questions about where you live.

1. ¿Vives tú *(Do you live)* en una casa o en un apartamento?
   Vivo…
2. ¿Hay un estéreo en tu casa? ¿un televisor? ¿una computadora? ¿un vídeo?
3. ¿Cómo vas *(How do you go)* al centro? ¿En coche? ¿En moto? ¿En bicicleta? ¿En autobús?
   Yo voy…

B. *María, Antonio y Cristina*   On the basis of the drawings, complete each person's description of where he or she lives.

1. Me llamo María González. Vivo en… Allí hay…, pero no hay…
Para ir al centro, voy en…

2. Me llamo Antonio Martínez. Yo vivo en… Allí hay… y… Para ir al centro, voy en…

3. Me llamo Cristina Sánchez. Yo vivo en… Allí hay…, pero no hay…
Para ir al centro, voy en…

Pronunciación: The sound of /k/

In Spanish the sound of /k/ can be spelled with a **c** before the vowels **a, o, u,** as in **caso, cosa, culpa,** or before the consonants **l** and **r** as in **clase** and **cruz.** It can also be spelled with **qu** as in **Quito** and **queso;** in this combination, the **u** is always silent. A few Spanish words that have been borrowed from other languages are spelled with the letter **k,** for example, **koala, kimono,** and **kilómetro.** In all of these cases the sound of /k/ in Spanish is identical to the sound of /k/ in English.

Práctica

C. Listen and repeat as your teacher models the following words.

1. casa
2. cómoda
3. cama
4. computadora
5. calculadora
6. que
7. quien
8. queso
9. pequeño
10. kilómetro

Repaso

D. Ask the following questions of a classmate, who will answer them.

1. En tu cuarto, ¿hay libros? ¿plantas? ¿pósters en la pared?
2. ¿Hay un estéreo en tu casa? ¿unos discos compactos? ¿unos discos compactos de jazz? ¿de rock? ¿de música clásica?
3. ¿Hay un radio despertador en tu cuarto? ¿un estéreo? ¿unas cintas?
4. En tu casa, ¿hay una máquina de escribir? ¿una computadora? ¿una cámara?

ESTRUCTURA

Possessive adjectives—first and second persons

—¿Tú necesitas **tu** libro?
—Sí, yo necesito **mi** libro.

Do you need *your* book?
Yes, I need *my* book.

—¿Dónde está **su** cuarto?
—Allí está **nuestro** cuarto.

Where is *your* room?
There is *our* room.

—¿Dónde están **mis** llaves?
—Allí están **tus** llaves.

Where are *my* keys?
There are *your* keys.

Like articles, possessive adjectives in Spanish agree in gender and number with the noun they modify. Consequently, Spanish has two forms for *my* and *your* and four forms for *our*. The following chart summarizes the first- and second-person possessive adjectives.

Subject	Masc. singular	Fem. singular	Masc. plural	Fem. plural	English
yo	mi	mi	mis	mis	*my*
tú	tu	tu	tus	tus	*your*
usted	su	su	sus	sus	*your*
nosotros	nuestro	nuestra	nuestros	nuestras	*our*
ustedes	su	su	sus	sus	*your*

Aquí practicamos

E. Replace the nouns in italics and make the necessary changes.

1. Es mi *libro*. (lápiz / apartamento / bolígrafo)
2. Es mi *casa*. (calculadora / cámara / máquina de escribir)
3. Son mis *discos compactos*. (llaves / amigos / plantas)
4. ¿Dónde está tu *casa*? (apartamento / cuaderno / cámara)
5. ¿Dónde están tus *discos compactos*? (cintas / pósters / plantas)
6. Nosotros necesitamos nuestros *libros*. (cuadernos / calculadoras / computadora)
7. ¿Es su *coche*? (cuarto / mochila / calculadora)
8. ¿Son sus *libros*? (cintas / amigos / llaves)
9. Es nuestra *escuela*. (disco compacto / llave / televisor)
10. Llevamos nuestros *libros* a clase. (calculadoras / cuadernos / mochilas)

F. ***¡Qué confusión!*** All of a sudden everyone seems confused about what belongs to whom. First, a stranger tries to take your school possessions, but you politely set him or her straight. Remember to use **es** with a singular noun and **son** with a plural noun.

 —Ah, mi lápiz.
—*Perdón* (Excuse me). *No es su lápiz. Es mi lápiz.*

1. Ah, mi cuaderno.
2. Ah, mi mochila.

3. Ah, mi calculadora.
4. Ah, mi borrador.

 —Ah, mis libros.
—*Perdón. No son sus libros. Son mis libros.*

5. Ah, mis cintas.
6. Ah, mis llaves.

7. Ah, mis cuadernos.
8. Ah, mis discos compactos.

Now your neighbors get confused about what belongs to them and what belongs to your family.

 —¿Es nuestro coche?
—*No, no es su coche. Es nuestro coche.*

9. ¿Es nuestro televisor a colores?
10. ¿Es nuestro radio despertador?

11. ¿Es nuestra cámara?
12. ¿Es nuestra computadora?

 —¿Son nuestras plantas?
—*No, no son sus plantas. Son nuestras plantas.*

13. ¿Son nuestros discos compactos?
14. ¿Son nuestras bicicletas?

15. ¿Son nuestras llaves?
16. ¿Son nuestras cintas?

Finally, your friend thinks your possessions belong to him or her.

 —Dame *(Give me)* mi llave.
—*Perdón. No es tu llave. Es mi llave.*

17. Dame mi cuaderno.
18. Dame mi cinta.

19. Dame mi borrador.
20. Dame mi mochila.

 —Dame mis libros.
—*Perdón. No son tus libros.
Son mis libros.*

21. Dame mis pósters.
22. Dame mis discos compactos.

23. Dame mis llaves.
24. Dame mis cuadernos.

¿Qué crees?

Spanish television often features *telenovelas,* both here in the United States and in other parts of the Spanish-speaking world. *Telenovelas* are:

a) TV plays
b) novels read on TV
c) soap operas
d) game shows

respuesta

G. *No, no. No es mi libro.*   Now you're confused! When you point out the following items and ask a classmate if they belong to him or her, your classmate responds negatively.

Modelos: —¿Es tu cámara?
—No, no es mi cámara.

c

—¿Son tus plantas?
—No, no son mis plantas.

1.

2.

3.

4.

5.

6.

7.

8.

9.

10.

11.

12.

13.

14.

15.

"¿Dónde vives?"

Antes de escuchar

Think about (1) where you live, (2) what items you have there, and (3) how you get around town. Before you listen to Carmen's short monologue, think about (4) where you think she lives, (5) what she has there, and (6) how she gets around town. Before your instructor plays the tape, take a moment and look at the list that follows.

casa	vídeo	televisor	motocicleta
apartamento	pósters	plantas	bicicleta
estéreo	libros	coche	

START

Después de escuchar

Listen to the tape again and this time write down on a separate sheet of paper what Carmen has to say about where she lives, what she has there, and how she gets around.

¡Adelante!

EJERCICIO ORAL

H. **Mi casa y tu casa**   Share information with your partner about your home and belongings. (1) Ask what he or she has: **¿Qué hay en tu casa?** and (2) describe your own home, **En mi casa hay… .** While listening to your partner's description, (3) point out something he or she has that you also have at home: **Hay un coche americano y un coche japonés en mi casa también.** (4) Also listen for something that is at your partner's home but not at yours and comment on it: **No hay moto en mi casa, pero hay tres bicicletas.** Finally, prepare a report together in

which you identify (1) a few items that are in both of your homes: **En
nuestras casas hay...**, (2) other items that are either only in your home:
En *mi* casa hay..., pero no hay... en *su* casa, and those that are only in
his/hers: **En *su* casa hay..., pero no hay... en *mi* casa.**

EJERCICIO ESCRITO

I. Mi vida...   Prepare your own personal picture strip story describing
your own home, what you have in it, and how you travel when you go
out, based on the models in Activity B on page 92. In your writing,
include things you have in your home or room and mention what you
like to do with those things. You may wish to start out with: **En mi casa
(or cuarto) hay...** (Example: **En mi cuarto hay un estéreo y muchos
discos compactos. Mis discos compactos son de música rock. Me
gusta escuchar música cuando estudio. Hay un teléfono también en
mi cuarto. Me gusta mucho hablar con mis amigos. También me
gusta visitar en casa de mis amigos. A veces voy a casa de mis amigos
en bicicleta.**) Don't forget to include in your description things you do
not have at home (**En mi casa no hay...**).

En mi cuarto hay muñecas por todas partes.

Vocabulario

Para charlar

Para expresar posesión

¿De quién es…?	mi(s)
¿De quién son…?	tu(s)
Es de…	su(s)
Son de…	nuestro(s)
	nuestra(s)

Temas y contextos

En la escuela

un(a) alumno(a)
un bolígrafo
una bolsa
un borrador
una calculadora
un cuaderno
un lápiz
un libro
una mochila
una pluma
un portafolio
un sacapuntas

En mi cuarto

una alfombra
una cama
una cámara
una cartera
una cinta
una cómoda
una computadora
un disco compacto
un escritorio
un estante

un estéreo
una grabadora
una llave
una máquina de escribir
una planta
un póster
un radio despertador
una silla
un televisor (a colores)
un vídeo

Los medios de transporte

un autobús
una bicicleta
un coche
una motocicleta

Las viviendas

un apartamento
una casa
un cuarto

Vocabulario general

Definite articles

el
la
los
las

Verbos

llevar

Otras palabras y expresiones

allí
¿Cuántos hay?
¿Dónde hay?
Me llamo…
Para ir al centro, voy en…
¿Qué llevas tú a la escuela?
Vivo en…

Lectura CULTURAL

¡VIVA LA BICICLETA!

Antes de leer

1. Among the things that you own, do you have a bicycle? If so, what kind?
2. Look at the pictures that accompany this reading. What do you think the reading may tell you about bicycles?
3. Look at the title. What does it suggest to you? HINT: Notice the exclamation marks.

Guía para la lectura

A. Read the first paragraph and identify three cognates.

B. Which one of the following ideas does the writer emphasize in this paragraph?

1. There are many bicycle lanes in Spanish cities.
2. Lots of Spanish young people like to ride their bikes in the city parks.
3. Bicycling is a preferred activity among young people in Spain.

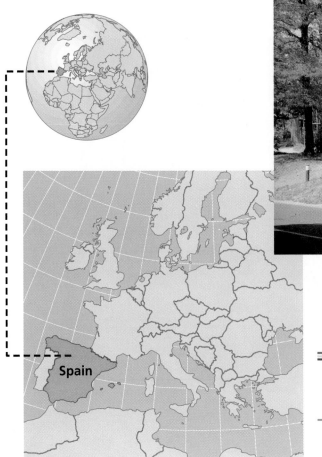

C. Now read the second paragraph. Can you guess the English equivalents for some of the following reasons (in Spanish) for the mountain bike's popularity?

Spanish	English
1. No contamina el aire.	
2. Es un buen ejercicio.	
3. No gasta petróleo.	

¡Viva la bicicleta!

I ciclismo es un deporte que cada día es más popular en España. Más y más estudiantes van a la escuela en bicicleta a pesar de que no hay carriles-bici en las ciudades. Cada fin de semana, los chicos españoles cambian los libros y los bolígrafos por las bicicletas.

La "mountain bike" también es muy popular entre los jóvenes. Los jóvenes que montan sus bicicletas en el campo piensan que es menos aburrido y peligroso que pedalear en la ciudad. También prefieren la "mountain bike" por razones ecológicas. No contamina el aire. No hace ruido. No gasta petróleo. Es buen ejercicio y ayuda a estar en forma. ¡Viva la bicicleta!

5

ME GUSTA MUCHO...

—¿Te gusta la música?
—Claro. Me gusta mucho la música.

Objectives:

>>> **T**alking about preferences

>>> **G**etting information about other people

Strategies:

>>> **S**ummarizing

>>> **R**eporting

>>> **P**rioritizing

PRIMERA ETAPA

Preparación

>> **A**s you get ready to begin this **etapa,** think about your likes and dislikes. On a sheet of paper, make headings for two lists: (1) *I like . . .* and (2) *I don't like . . . .*

>> **W**rite each of the following interests under the appropriate heading to express your personal tastes: music, animals, sports, nature, art, certain classes (science, history, foreign language, math).

Learning Strategies:
Previewing, listing

Mis gustos

Mis gustos: My tastes

Buenos días. Me llamo José. Ésta es Ana. Es mi **novia,** pero nuestros gustos   girlfriend
son muy diferentes.

José: No me gusta la música.
Ana: Me gusta la música.

José: Me gustan los animales.
Ana: No me gustan los animales.

sports / nature

José: Me gustan los **deportes.**
Ana: No me gustan los deportes.

José: Me gusta la **naturaleza.**
Ana: No me gusta la naturaleza.

languages

José: No me gusta el arte.
Ana: Me gusta el arte.

José: Me gustan las **lenguas.**
Ana: No me gustan las lenguas.

sciences
chemistry

José: No me gustan las **ciencias...**
no me gusta la **química.**
Ana: Me gustan las ciencias...
me gusta la química.

José: No me gusta la biología.
Ana: Me gusta la biología.

¡Aquí te toca a ti!

A. ¡(No) Me gusta!   Indicate how you feel about each activity pictured below.

> **Modelo:**   —*Me gusta la música.*   o:
> —*No me gusta la música.*

1.

2.

3.

4.

5.

6.

B. ¿Y tú?   Ask a classmate whether he or she likes the activities pictured in the previous exercise.

> **Modelo:**   —*¿Te gusta la música?*
> —*No, no me gusta la música.*

ESTRUCTURA

The verb gustar

Me gusta el disco compacto.	*I like* the compact disc.
Te gusta la cinta.	*You like* the tape.
Me gustan las cintas.	*I like* the tapes.
Te gustan los discos compactos.	*You like* the compact discs.
Me gusta estudiar.	*I like* to study.
Te gusta trabajar.	*You like* to work.

The Spanish verb for *to like* is **gustar.** You have already learned one way to use **gustar,** so you know it is different from other verbs in that it does not use the subject pronouns you learned in Chapter 1. Instead, to say *I like* and *you like,* you use the pronouns **me** and **te.** Only two forms of **gustar** are used. These are the singular form **gusta** and the plural form **gustan.** Use **gusta** if what is liked is a singular noun and **gustan** if what is liked is a plural noun.

Remember that you learned in Unit 1 to use the singular form **gusta** with infinitive verbs to express activities you like and dislike. Infinitive verbs are always treated as a singular item with **gustar.**

Aquí practicamos

C. Create a sentence by combining an element from Column A, one from Column B, and one from Column C.

Modelo: *Me gustan los licuados.*

A	B	C
me	gusta	el sándwich
te	gustan	los licuados
		los refrescos
		el póster
		el disco compacto
		los deportes
		la música clásica
		las ciencias
		las lenguas
		los animales

D. *¡Me gustan muchísimo los deportes!* An exchange student from Peru will be living with your family for the next six months. You are getting to know each other and he or she is asking you about your likes and dislikes. Be as specific as possible in your answers.

Modelo: ¿Te gustan los deportes?
¡Sí, me gustan muchísimo los deportes!   o:
No, no me gustan los deportes.

1. ¿Te gusta estudiar?
2. ¿Te gusta bailar?
3. ¿Te gusta la química?
4. ¿Te gustan las lenguas?
5. ¿Te gustan los animales?
6. ¿Te gusta la música?

E. *Me gustan los deportes, pero no me gusta la política.*

You and your friends are talking about what you like and dislike. In each case, say that the person indicated likes the first activity or item but dislikes the second.

> **Modelo:** me / deportes / política
> —*Me gustan los deportes, pero no me gusta la política.*

1. me / naturaleza / animales   **4.** me / lenguas / ciencias
2. te / música / arte   **5.** te / política / matemáticas
3. me / lenguas / literatura   **6.** te / música / deportes

Pronunciación: The consonant *d*

In Spanish, when **d** follows a pause (for example when it is the first letter of a word or comes after **l** or **n**) it is produced by placing the tip of the tongue behind the back of the upper front teeth. In English, *d* is pronounced by placing the tip of the tongue on the gum ridge behind the upper front teeth. Pronounce the English word *dee* and note where the tip of your tongue is. Now pronounce the Spanish word **di** being careful to place the tip of the tongue on the back of the upper front teeth.

Práctica

F. Listen and repeat as your teacher models the following words.

1. disco   **4.** dos   **7.** aprender   **9.** Aldo
2. de   **5.** diez   **8.** Donaldo   **10.** donde
3. domingo   **6.** grande

Repaso

G. *¿Cuántos hay?* Tell how many objects are in each of the drawings below.

> **Modelo:** *Hay dos lápices.*

1.

2.

3.

4.

5.  6.  7.  8.

H. Nosotros llevamos...   Make a list of five things you take to school every day. Compare your list with those of several other people in class. When you find that an item on your list is also on someone else's list, put a check mark beside it to show how many other people take it to school. Keep a careful record of the information so that you can count the marks and report which items are most and least popular.

Nota gramatical

Ser + de for possession

El libro **es de Juan.**	The book *is John's.*
La calculadora **es de María.**	The calculator *is Mary's.*
Los lápices **son de él.**	The pencils *are his.*
Las mochilas **son de ellos.**	The knapsacks *are theirs.*

In Chapter 4 you learned to talk about possession using **de** plus a noun or the possessive adjectives **(mi, tu, su, nuestro).** You can use the verb **ser** with **de** and a noun or a pronoun to show possession. Remember that Spanish uses the preposition **de** and not the apostrophe to show possession, as in English.

I. El libro es de...   Look at the drawings and indicate to whom the items belong, according to the models.

Modelos: *El cuaderno es de José.*   *Los libros son de Bárbara.*

José   Bárbara

1. Anita

2. Elena

3. Juan

4. ella

5. Tomás

6. Julián

7. él

8. Carmen

9. Alicia y Susana

10. ellos

J. *¿De quién es?* Indicate to whom each of the following items belongs, using **ser + de.**

Modelos: *¿De quién es la mochila?* *¿De quién son los cuadernos?*
La mochila es de María. *Los cuadernos son de José.*

María

José

1. Juan

2. ella

3. Catarina

4. Alicia

5. Miguel

6. él

7. Anita

8. Lorenzo

Aquí escuchamos:
"Mis gustos"

Antes de escuchar

Think about your likes and dislikes. Before listening to Carmen's short monologue, think about (1) how she will say that she likes something, (2) how she will say that she doesn't like something, and (3) how the words **también, tampoco, y,** and **pero** relate ideas to each other.

Después de escuchar

Before your teacher plays the tape, take a moment to copy the following chart onto a separate sheet of paper. While you listen, check the appropriate column to show which courses Carmen likes and which she doesn't like. Do not check the courses that she does not mention.

	She likes	She doesn't like
animales		
arte		
biología		
lenguas		
literatura		
matemáticas		
música		
química		

Based on this monologue, which subject area is most likely Carmen's favorite: liberal arts, science, or technology?

EJERCICIO ORAL

K. *Los gustos de la clase*   Prepare a profile of a classmate's likes and dislikes. Begin by making a list like the one that follows. Then interview your partner, writing the appropriate number by each item. Use the following scale to record your partner's responses.

> **no = 0**   **mucho = 3**
> **poco = 1**   **muchísimo = 4**
> **bastante** *(okay, pretty well)* **= 2**

Modelo: —*¿Te gusta mucho la biología?*
—*No, me gusta la biología muy poco. (1 la biología)*   o:
—*No, pero me gusta la biología bastante. (2 la biología)*

___ la biología	___ la música clásica	___ los animales
___ la química	___ el jazz	___ los deportes
___ las ciencias	___ el arte moderno	___ la comida italiana
___ la historia	___ el arte clásico	___ la comida vietnamita
___ la literatura	___ los pósters	___ bailar
___ las lenguas	___ la política	___ viajar
___ la música rock	___ la naturaleza	___ cantar

Learning Strategies:

Polling, recording information on a chart

Critical Thinking Strategy:

Prioritizing

EJERCICIO ESCRITO

L. *Entrevista*   Using the list in the previous exercise, along with other Spanish vocabulary you have learned, write a brief description of your likes and dislikes. Mention (1) at least three things you like a lot and (2) at least two that you don't like very much. Among them, (3) mention something that you do well **(muy bien),** (4) something that you do every day, and (5) something else that you do occasionally (a total of at least five items). Don't forget to use **también, tampoco, y,** and **pero** to connect your ideas. Compare your paragraph with that of a classmate. What are the similarities? What are the differences?

Learning Strategy:

Linking ideas in a paragraph

Critical Thinking Strategy:

Comparing and contrasting

SEGUNDA ETAPA

Preparación

In this **etapa** you will continue to learn to talk about your likes and dislikes. Before you begin, think more specifically about the things you like and dislike. For example:

>> **V**arious sports

>> **K**inds of movies

>> **T**ypes of art

>> **T**ypes of animals

>> **K**inds of music

>> **Y**our school subjects

¿Qué te gusta más?:
   What do you like better?

¿Qué te gusta más?

—Me gustan las películas.
—¿Qué te gustan más —las películas cómicas, las películas de horror, las películas de aventura o las películas de ciencia ficción?
—Me gustan más las películas de horror.

Capítulo cinco **Me gusta mucho...**

—Me gusta el arte.
—¿Qué te gusta más —la pintura
o la escultura?
—Me gusta más la escultura.

—Me gustan los animales.
—¿Qué te gustan más —los **perros,** los **gatos**
o los **pájaros?**
—Me gustan más los pájaros.

—Me gustan los deportes.
—¿Qué te gusta más —el **fútbol,** el fútbol
americano, el básquetbol, el béisbol
o el vólibol?
—Me gusta más el béisbol.

—Me gusta mucho la música.
—¿Qué te gusta más —la música rock, el jazz
o la música clásica?
—Me gusta más la música rock.

perros: dogs / *gatos:* cats / *pájaros:* birds / *fútbol:* soccer

¡Aquí te toca a ti!

A. ¿Qué te gusta más? Of the following items, indicate which you like more.

 el fútbol o el básquetbol
—*Me gusta más el básquetbol.*

1. el fútbol americano o el béisbol
2. los perros o los gatos
3. la pintura o la escultura
4. las películas de ciencia ficción o las películas cómicas
5. la música clásica o la música rock
6. la biología o la química
7. las lenguas o las matemáticas
8. la historia o el español

B. Me gusta más... Ask two of your classmates to choose from the following sets of items.

 la música clásica, el jazz, la música rock
—*¿Qué te gusta más —la música clásica, el jazz o la música rock?*
—*Me gusta más la música clásica.*
—*¿Y tú?*
—*Me gusta más la música rock.*

1. el fútbol, el fútbol americano, el básquetbol
2. la pintura, la escultura, la arquitectura
3. la música, el baile *(dance)*, las películas
4. la música rock, el jazz, la música clásica
5. las hamburguesas, los sándwiches de jamón, las hamburguesas con queso
6. las películas de horror, las películas de aventura, las películas cómicas
7. el tenis, el golf, la natación *(swimming)*
8. la historia, las lenguas, las ciencias
9. el español, el francés, el inglés
10. la biología, la química, la física

Pronunciación: The consonant d (continued)

The consonant **d** also has a sound that is similar to *th* in the English words *these, them, the, those*, etc. When you say these words note that the tip of the tongue touches the upper teeth. In Spanish, **d** is pronounced this way when it is between vowels or after any consonant except **l** or **n** or when it is the last letter in a word.

Práctica

C. Listen and repeat as your teacher models the following words.

1. todo
2. cada
3. madre
4. apellido
5. cuaderno
6. gordo
7. padre
8. universidad
9. verdad
10. usted

¿Qué crees?

In Spanish, the sport *el fútbol* refers to:

a) jogging
b) football
c) cricket
d) soccer

respuesta

Repaso

D. *¿De quién es?* Identify each item. When someone asks you to whom each belongs, respond with the name of the person indicated.

Modelos: —Es un coche.
—¿De quién es?
—El coche es de María.

—Son unos lápices.
—¿De quién son?
—Los lápices son de Felipe.

María

Felipe

1. Juan

2. Jaime

3. Rosa

4. Marta

5. Mario

6. Susana

7. Ana

8. José

ESTRUCTURA

-er and -ir verbs

Yo como en la cafetería.
¿**Vives tú** aquí?
Él lee siempre.
Nosotros comprendemos inglés.
Uds. no **escriben** francés.

I eat in the cafeteria.
Do you live here?
He always *reads.*
We understand English.
You do not *write* French.

1. In Chapter 1, pages 17–18, we looked at Spanish verbs that end in **-ar**. Spanish verbs may also end in **-er** or **-ir,** and they are conjugated as follows.

		Conjugated verb forms	
Subject	Endings	correr *(to run)*	vivir *(to live)*
yo	**-o**	corr**o**	viv**o**
tú	**-es**	corr**es**	viv**es**
él ella Ud.	**-e**	corr**e**	viv**e**
nosotros(as)	**-emos / -imos**	corr**emos**	viv**imos**
vosotros(as)	**-éis / -ís**	corr**éis**	viv**ís**
ellas ellos Uds.	**-en**	corr**en**	viv**en**

2. You will note that except for the **nosotros** and **vosotros** forms, the endings are exactly the same for both types of verbs.

3. Some common **-er** verbs are:

aprender *(to learn)*
beber *(to drink)*
comer *(to eat)*
comprender *(to understand)*
correr *(to run)*
leer *(to read)*
vender *(to sell)*

Some common **-ir** verbs are:

compartir *(to share)*
escribir *(to write)*
recibir *(to receive)*
vivir *(to live)*

Aquí practicamos

E. Create original sentences using words from each column.

A	B	C
Raúl	comer	en la cafetería
Teresa y Sara	vivir	en un apartamento
yo	comprender	español
nosotros	compartir	un cuarto
Uds.		
tú		

F. Tell what you and your friends do and don't do during the summer. Write five sentences, one sentence about each of five of your classmates, using the words in Columns A, B, and C. Use a different verb from Column B in each sentence. Follow the model.

 John corre todos los días.   o:
John no corre todos los días.

A	B	C
(no)	comer	en la cafetería
	correr	todos los días
	leer	muchos libros
	beber	muchas cartas *(letters)*
	recibir	en España
	vivir	leche cada mañana
	escribir	en un restaurante

G. **¿Qué hacen?** (What are they doing?)   Look at the drawings below and on the following page and indicate what these people are doing.

1. Miguel

2. Rogelio y Lilia

3. Adela y Nívea

117

4. Leo   **5.** nosotros   **6.** Antonio

Aquí escuchamos:
"¿Qué te gusta más?"

Antes de escuchar

Think about your likes and dislikes again. Before you listen to
Carmen and José's short conversation, think about how they
will say that they like something, and how they will say that
they don't like something.

Después de escuchar

Now listen to the tape again and write down on a separate sheet
of paper what Carmen and José say they like and don't like.

	José	Carmen
animales		
películas		
de horror		
de aventura		
de ciencia ficción		

	José	Carmen
deportes		
tenis		
fútbol americano		
béisbol		
básquetbol		
música		

¡Adelante!

EJERCICIO ORAL

H. Yo me llamo...   Imagine this is your first day in an international school where the common language is Spanish. Go up to another student and (1) introduce yourself. (2) Tell where you are from. (3) Ask his (her) name and (4) where he (she) is from. Then try to get better acquainted by sharing information about yourselves. (5) Indicate at least three things that you like and (6) one thing that you do not like.

Learning Strategies:

Organizing, providing information

EJERCICIO ESCRITO

I. Mi familia y yo   Write a short paragraph in which you describe where you and your family live and what you have in your home. Mention (1) where you are from if you do not live in your birthplace, (2) whether you live in a house or apartment, (3) at least three items in your home, and (4) the mode of transportation that each family member uses to go to the office or school.

Learning Strategies:

Summarizing, reporting, providing information

 Modelo: —*Mi familia y yo somos de Nueva York, pero vivimos en Pennsylvania. Vivimos en una casa. En nuestra casa hay un estéreo, un televisor y una grabadora. No hay una computadora. Yo voy al centro en bicicleta, pero mis padres van al centro en coche.*

Vocabulario

Temas y contextos

Los animales

un gato
un pájaro
un perro

El arte

la escultura
la pintura

Las ciencias

la biología
la química

Los deportes

el básquetbol
el béisbol
el fútbol
el fútbol americano
el tenis
el vólibol

La música

el jazz
la música clásica
la música rock

Las películas

cómicas
de aventura
de ciencia ficción
de horror

Vocabulario general

Verbos

aprender
beber
compartir
comprender
correr
escribir
leer
recibir
vender
vivir

Otras palabras y expresiones

¡Claro!
Me gusta más…
las lenguas
la naturaleza
una novia
un novio
la política
¿Qué te gusta más?

Lectura CULTURAL

LAS TORTUGAS DE LAS ISLAS GALÁPAGOS

Antes de leer

//-//-//-//-//-//-//

Critical Thinking
Strategy:

Predicting

1. Look at the picture and title of this reading. Can you find the Spanish word for this reptile?
2. Have you ever seen a turtle this size?
3. What do you know about turtles?

//-//-//-//-//-//-//-//

Guía para la lectura

A. Read the first paragraph and list three things that it says about turtles.

B. In the second paragraph, what two reasons are given for why turtles are in danger of extinction.

C. In the third paragraph, according to the reading, what country is working hard to protect turtles and how?

Las tortugas de las Islas Galápagos

La tortuga, un animal inofensivo y simpático, no ha cambiado desde hace millones de años. Hoy en día existen casi 300 especies de tortugas, distribuidas por todas partes del mundo, menos en las regiones muy frías. Pero muchas de estas tortugas están en peligro de extinción.

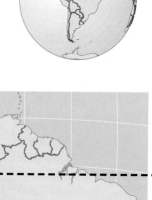

Las tortugas son perseguidas por muchas razones. En algunas regiones es por su carne, en otras por su caparazón que se usa para hacer peines, gafas y otros objetos. A pesar de ser protegidas, hay cada vez menos tortugas en el mundo.

En las Islas Galápagos, que son parte del Ecuador, hay un proyecto para proteger a estos animales en una reserva especial. El dinero que pagan los turistas para visitar las Islas se usa para mantener el santuario para las magníficas tortugas.

Galapagos Islands

Ecuador

6

¡ÉSTA ES MI FAMILIA!

Ésta es mi familia: mi madre, mi hermano y mi hermana con su marido.

Objectives:

>>> Talking about one's family

>>> Getting information about other people

Strategies:

>>> Interviewing

>>> Reading a chart

>>> Seeing cause-and-effect relationships

PRIMERA ETAPA

Preparación

As you get ready to begin this **etapa,** think about the various members of your immediate family.

〉〉 **D**o you have a traditional family?

〉〉 **D**o you have stepparents?

〉〉 **D**o you have brothers and sisters?

〉〉 **D**o you have stepbrothers or stepsisters?

madre   padre   hermano   hermana

abuelo   abuela

first name

last name / I have / father / mother / brother / sister / My father's name is

Mexico City / grandfather / grandmother

Buenos días. Me llamo Ernesto Torres. Ernesto es mi **nombre** y Torres es mi **apellido.** Hay siete personas en mi familia. **Tengo** un **padre,** una **madre,** un **hermano** y una **hermana. Mi padre se llama** Alberto, y mi madre se llama Catalina. Mi hermano se llama Patricio, y mi hermana se llama Marta. Vivimos en una casa en **la ciudad de México** con mi **abuelo** y mi **abuela.**

¡Aquí te toca a ti!

Vocabulary Expansion

padrastro	*stepfather*
madrastra	*stepmother*
hermanastro	*stepbrother*
hermanastra	*stepsister*

A. *Tú y tu familia*   First complete the following sentences with information about you and your family.

1. Me llamo…
2. Mi nombre es…
3. Mi apellido es…
4. Hay… personas en mi familia.
5. Mi padre se llama…
6. Mi madre se llama…
7. Tengo… hermanos.
   (o: No tengo hermanos.)
8. Ellos se llaman…
9. Tengo… hermanas.
   (o: No tengo hermanas.)
10. Ellas se llaman…
11. Vivo con mis abuelos.
    (o: No vivo con mis abuelos.)

B. *La familia de un(a) compañero(a)* (a classmate)   Now ask one of your classmates the following questions about himself or herself and his or her family.

1. ¿Cómo te llamas?
   (What's your name?)
2. ¿Cuál *(What)* es tu nombre?
3. ¿Cuál es tu apellido?
4. ¿Cuántas *(How many)* personas hay en tu familia? (Hay…)
5. ¿Cómo se llama tu padre?
6. ¿Cómo se llama tu madre?
7. ¿Cuántos hermanos tienes?
8. ¿Cómo se llaman?
9. ¿Cuántas hermanas tienes?
10. ¿Cómo se llaman?
11. ¿Cuántos abuelos tienes?

Learning Strategy:

Interviewing

COMENTARIOS CULTURALES

Learning Strategy:

Reading for cultural information

■ *Los apellidos*

Perhaps you have noticed that Hispanics often use more than one last name. This is because many use their mother's maiden name along with their father's last name. For example, Mario González Cruz would use the last name of his father first (González), followed by his mother's (Cruz). Mario might also use the initial instead of the complete second name (Mario González C.). When addressing someone, you use the first of the two last names (Mario González). What would be your complete name if we had this tradition here in the United States?

Pronunciación: The sound of /b/

In Spanish the sound of **/b/** can be spelled with the letter **b** or **v.** It is pronounced like the *b* in *Bill* when it follows a pause (for example, when it is the first letter of a word or comes after *n* or *m.*)

Práctica

C. Listen and repeat as your teacher models the following words.

1. bueno	**4.** vaso	**7.** un vídeo	**9.** también
2. bien	**5.** vamos	**8.** un beso	**10.** hambre
3. bocadillo	**6.** hombre		

Repaso

D. **¿Qué hacen?**   Describe what the people in the drawings are doing.

1. Alicia y Carlos

2. Ana

3. Alberto

4. Marirrosa y Juan

5. el Sr. García

6. Sofía

E. *¿Qué te gusta más?*   From the choices below, ask a classmate what he or she likes more.

1. el fútbol, el fútbol americano, el básquetbol
2. la música, el baile *(dance)*, las películas
3. la música rock, el jazz, la música clásica
4. las hamburguesas, los sándwiches de jamón, las hamburguesas con queso
5. las películas de horror, las películas de aventura, las películas cómicas
6. la historia, las lenguas, las ciencias

¿Qué crees?

When a woman marries she usually adds *de* plus her husband's last name to her own name. If María Pérez Clemente married José Román Caño, what would her name be?

a) María Clemente de Caño
b) María Pérez de Román
c) María Clemente de Román
d) María Pérez de Caño

respuesta

ESTRUCTURA

The verb *tener*

Yo tengo dos hermanas.	*I have* two sisters.
¿Tienes tú un hermano?	*Do you have* a brother?
Nosotros tenemos dos gatos.	*We have* two cats.
Ellos no tienen un perro.	*They don't have* a dog.
Él tiene un abuelo en Miami.	*He has* a grandfather in Miami.

In Spanish the verb **tener** can be used to talk about possessions.

The verb **tener** *(to have)* is irregular. Here are its conjugated forms.

tener			
yo	**tengo**	nosotros(as)	**tenemos**
tú	**tienes**	vosotros(as)	**tenéis**
él		ellos	
ella	**tiene**	ellas	**tienen**
Ud.		Uds.	

Aquí practicamos

F. Tell what your friends have and don't have, using words from Columns A, B, C, and D.

A	B	C	D
José	(no)	tener	dos hermanos
yo			una hermana
nosotros			un gato
Juan y Catarina			dos perros
tú			un pájaro
Uds.			

b

G. *¿Qué tienen Ana y Esteban?*   Look at the drawings below and tell what Ana and Esteban have and don't have. Follow the model.

 Modelo: *Ana tiene una cámara, pero Esteban no tiene una cámara.*   o:
Ellos tienen unos lápices.

Palabras útiles

Tener + que + infinitive

Yo tengo que comer.	*I have to* eat.
Tú tienes que estudiar.	*You have to* study.
Él tiene que escribir la lección.	*He has to* write the lesson.

In Spanish, when you want to say that you have to do something, you do so by using the verb **tener** followed by **que** followed by the *infinitive* form of the verb that expresses what must be done.

H. Replace the words in italics and make the necessary changes.

1. Yo tengo que *comer*. (trabajar / estudiar / correr)
2. *Ellos* no tienen que estudiar. (Juan / Bárbara y Alicia / tú / vosotros)
3. ¿Tienes *tú* que trabajar hoy? (Julio y Santiago / Elena / Uds.)

I. Tell what you and your friends have to do, using words from Columns A, B, C, and D.

A	B	C	D
yo	tener que	trabajar después *(after)* de la escuela	hoy
nosotras		estudiar para un examen	mañana
Jaime		hablar con un(a) amigo(a)	el viernes
tú		comprar un disco compacto	esta noche
Uds.		hacer un mandado para su padre (madre)	

Aquí escuchamos:
"Mi familia"

Antes de escuchar

Carmen is going to provide some basic information about her family. What information about her family do you expect her to include in her short monologue?

129

Before your instructor plays the tape, take a moment to copy the list that follows on a separate sheet of paper.

START

Después de escuchar

Now listen to the tape again and circle the choices that match what Carmen says about her family.

familia	padre	madre	un hermano
grande	contador	enfermera	dos hermanos
pequeña	ingeniero	periodista	animales
	mecánico	profesora	gatos
			perros

Esta semana tengo que estudiar para un examen, ir al cine y jugar al fútbol con mis amigos. Y tú, ¿qué tienes que hacer?

¡Adelante!

EJERCICIO ORAL

J. *Esta semana* (This week) *tengo que...*   Make a list of at least three things that you have to do this week. Then circulate around the room and ask several classmates what they have to do this week. When someone mentions an activity that is not on your list, add it to a second list labeled **Mis compañeros tienen que...** .

EJERCICIO ESCRITO

K. *¿Qué tienes en tu casa? Tengo...*   Write a paragraph about your family and their activities, interests, and possessions. Begin by telling (1) how many people are in your family and (2) their relationship to you. Tell (3) something that each person does or likes, and (4) something each person has or would like to have that relates to their activities or interests.

Modelo: *Hay cuatro personas en mi familia: mi padre, mi madre y mi hermano. Mi padre es contador y tiene una calculadora. Mi madre es abogada y escribe mucho. Ella tiene una computadora en su oficina, pero quisiera una computadora en casa también. Mi hermano tiene muchas cintas porque le gusta mucho la música. Me gusta la música también. Yo quisiera una grabadora.*

Use **le gusta(n)** for *he* or *she likes* and **les gusta(n)** for *they like.*

SEGUNDA ETAPA

Preparación

〉〉 **A**s you begin this **etapa**, think about your extended family.

〉〉 **D**o you have grandparents? Uncles? Aunts? Cousins?

Tengo una familia grande

Juan — Elena — María Catarina — Sergio — Guadalupe — Teresa

Rosa   Fernando   Diana   Jaime

Yo me llamo Jaime y ésta es mi familia. Mi abuelo se llama Sergio y mi abuela se llama Guadalupe. Mi abuela es la **esposa** de mi abuelo. Mis abuelos tienen un **hijo** y una **hija.** La hija se llama Rosa y el hijo se llama Juan. Rosa es mi madre y **está casada con** mi padre. Él se llama Fernando. Mi hermana se llama Diana. Juan, el hermano de mi madre, es mi **tío.** Él está casado con mi **tía.** Ella se llama Elena. Mi tío Juan y mi tía Elena tienen dos hijas que se llaman Teresa y María Catarina. Ellas son mis **primas. Cada domingo** nosotros vamos a la casa de mis abuelos.

wife
son / daughter
is married to
uncle
aunt
cousins
female cousins / Every Sunday

132

¡Aquí te toca a ti!

A. ¿Quién es? Fill in the blanks to express the correct family relationships based on the information on page 132.

based on the information on page 132.

Modelo: María Catarina es *la hija* de Juan.

1. Rosa es _____ de Juan.
2. Fernando es _____ de Jaime.
3. Juan es _____ de Jaime.
4. Teresa es _____ de Juan.
5. Guadalupe es _____ de Rosa.
6. Sergio es _____ de Juan.
7. Sergio es _____ de Jaime.
8. Elena es _____ de Juan.
9. Guadalupe es _____ de María Catarina.
10. Fernando es _____ de Rosa.

Learning Strategy:

Reading a chart

B. Mi familia Draw a family tree of your own family. (Use the one on page 132 as a model.) Using your family tree as a reference, tell your partner the name and relationship to you of each member on your family tree.

page 132 as a model.)

Learning Strategies:

Creating and reading a chart, providing information

Pronunciación: The sound of /b/ (continued)

When the letter **b** or **v** is between vowels or after any consonant except **n** or **m,** it is pronounced with the lips coming together but not allowing the lips to stop the passage of air.

Práctica

C. Listen and repeat as your teacher models the following words.

1. favor
2. acabar
3. ¡Qué bueno!
4. jueves
5. a veces
6. una botella
7. abogado
8. noviembre
9. el vaso

COMENTARIOS
CULTURALES

■ La familia

When Hispanics talk about their families, they do not just mean their parents, brothers, and sisters as we do in the United States. Hispanic families are very close and include grandparents, uncles and aunts, cousins, godparents, and even in-laws. Sometimes one set of grandparents will live in the same house with one of their children and their grandchildren. This is becoming less common, especially in modern cities, but families generally remain very close.

Repaso

D. ***Quisiera..., pero tengo que...***   Make a list of five things you would like to do but can't because you have to do something else. Compare your list with a classmate's.

Modelo: —*Quisiera mirar la TV, pero tengo que estudiar.*

ESTRUCTURA

Information questions with: dónde, cuántos, cuántas, quién, qué, por qué

You have already learned how to ask questions that take *yes* or *no* for an answer. Frequently, however, you ask a question because you seek specific information. In Chapter 4 you will recall you learned to ask to whom something belongs, using **¿De quién es?** and **¿De quién son?** The following words are the most commonly used in Spanish when seeking information.

1. To find out *where* something is or someone is located, use **¿dónde?**

¿Dónde vive tu hermano?	*Where* does your brother live?
Él vive en Pittsburgh.	He lives in Pittsburgh.
¿Dónde está mi libro?	*Where* is my book?
Tu libro está en la mesa.	Your book is on the table.

2. To ask *how many* there are, you use **¿cuántos?** if what you are asking about is masculine.

¿Cuántos hermanos tienes?	*How many* brothers do you have?
Tengo dos.	I have two.
¿Cuántos perros tienes?	*How many* dogs do you have?
Tengo uno.	I have one.

To ask *how many* there are, you use **¿cuántas?** if what you are asking about is feminine.

¿Cuántas hermanas tiene él?	*How many* sisters does he have?
Él tiene seis.	He has six.
¿Cuántas cintas tienes?	*How many* tapes do you have?
Tengo diez.	I have ten.
Tengo una.	I have one.

3. To find out *who* does something, use **¿quién?**

¿Quién come en la cafetería?	*Who* eats in the cafeteria?
Bárbara come en la cafetería.	Bárbara eats in the cafeteria.
¿Quién estudia en la biblioteca?	*Who* studies in the library?
Roberto estudia en la biblioteca.	Roberto studies in the library.

Remember, the words that you use to ask an information question always take a written accent.

4. To find out *what* someone wants or is seeking, use **¿qué?**

¿Qué buscan ellos?	*What* are they looking for?
Ellos buscan la casa de Marta.	They are looking for Martha's house.
¿Qué compran ellos?	*What* are they buying?
Ellos compran una mochila.	They are buying a knapsack.

5. To ask *why,* use **¿por qué?** The answer to a question that includes **¿por qué?** may sometimes include **porque** *(because).*

¿Por qué estudias?	*Why* are you studying?
Porque tengo un examen mañana.	*Because* I have a test tomorrow.
¿Por qué comes pizza?	*Why* do you eat pizza?
Porque me gusta.	*Because* I like it.

Me llamo Lourdes. Ahora estoy en los Estados Unidos pero vivo en Bogotá, Colombia. Tengo dos hermanos y una hermana. Mis hermanos trabajan en Cartagena y mi hermana es estudiante de escuela secundaria. ¿Cuántos hermanos tienes tú? ¿Qué hacen?

Aquí practicamos

E. Create original questions using words from each column.

A	B	C
dónde	trabajar	Josefina
qué	tener	tu padre
por qué	buscar	tú
quién	estudiar	Juan y Pablo
cuándo	comer	ellas
	vivir	Uds.
	correr	

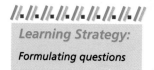

Learning Strategy:

Formulating questions

F. *Más detalles* (More details) Conversation depends on the listener paying attention to the speaker's comments and reacting to them. You are talking with some of the Hispanic exchange students in your school. After a student makes a statement, ask a logical follow-up question.

 Esteban Candelaria:
—No vivo en Valencia.
—*¿Dónde vives?*

Esteban Candelaria

1. Tengo hermanos, pero no tengo hermanas.
2. Mis hermanos no viven con nosotros.
3. Ellos no estudian ciencias.

Bárbara Martínez

4. Mi padre y mi madre trabajan.
5. Mi hermana estudia muchas horas todos los días.
6. Mi hermano tiene muchos discos compactos.

Carlos López

7. No tengo una clase de química.
8. Como en la cafetería.
9. No vivo aquí.

¿Dónde vives?   Ask a classmate questions in order to get the following information. Do not translate word for word. Instead, find a Spanish expression that will get the information for you. Your classmate will answer your questions. Follow the model.

Modelos: where he or she lives
—*¿Dónde vives?*
—*Vivo en Los Ángeles.*

where his or her father and mother work
—*¿Dónde trabajan tu padre y tu madre?*
—*Mi padre trabaja en First National Bank of Los Ángeles, y mi madre trabaja en City Hospital.*

1. where his or her grandparents live
2. how many brothers and sisters he or she has
3. how many pets (dogs, cats, birds) he or she has
4. what he or she is studying

ESTRUCTURA

Ser + adjective

Ser plus an adjective can be used to describe someone or something.

Él es **alto**.	He is *tall*.
Ella es **alta**.	She is *tall*.
Juan y José son **altos**.	Juan and José are *tall*.
María y Carmen son **altas**.	María and Carmen are *tall*.

1. Adjectives that end in **-o** in the masculine singular have four different forms—masculine singular, masculine plural, feminine singular, and feminine plural—and must agree in number and gender with the nouns they modify, as you saw with the adjective **alto.** Here are some adjectives used to describe people and things:

aburrido *(boring)*   **bajo** *(short)*
alto *(tall)*   **bonito** *(pretty)*
antipático *(disagreeable)* **bueno** *(good)*

delgado *(thin)*
divertido *(fun, amusing)*
feo *(plain, ugly)*
gordo *(fat)*
guapo *(handsome)*
malo *(bad)*
moreno *(dark haired, brunet)*

pelirrojo *(red haired)*
pequeño *(small)*
rubio *(blond)*
serio *(serious)*
simpático *(nice)*
tonto *(stupid, foolish)*

pelirroja   **moreno**   **rubia**

2. Adjectives that end in **-e** have only two forms, one singular and one plural, and must agree in number with the nouns they modify.

Some common adjectives that have only a singular and a plural form are:

inteligente   **interesante**   **grande**

Él es **inteligente.**   He is *intelligent.*
Ella es **inteligente.**   She is *intelligent.*
Juan y José son **inteligentes.**   Juan and José are *intelligent.*
María y Bárbara son **inteligentes.** María and Bárbara are *intelligent.*

El libro es muy interesante.

¿Cómo es...?/¿Cómo son...?

In Spanish, to ask what someone or something is like, you use **¿Cómo es...?** or **¿Cómo son...?**

¿Cómo es Juan?	*What is* Juan *like?*
Juan es inteligente.	Juan is intelligent.
¿Cómo es el libro?	*What is* the book *like?*
El libro es aburrido.	The book is boring.
¿Cómo son María y Bárbara?	*What are* María and Bárbara *like?*
María y Bárbara son simpáticas.	María and Bárbara are nice.

H. ¿Cómo son?   Describe the following people, using words from Columns A, B, and C.

> **Modelo:**
>
> *Él es alto.*   o: *Él no es alto.*

A	B	C
él	(no) ser	alto
tú		inteligente
Elizabeth		bajo
Linda y Paula		rubio
Javier y Roberto		moreno
nosotros		pelirrojo
		aburrido
		tonto
		antipático
		bueno

//-//-//-//-//-//-//-//-//

Critical Thinking Strategy:

Contrasting

I. No, no es..., es...   Someone asks you about a quality of one of your friends and you respond with the opposite. Follow the model.

> **Modelo:** alto / María
> —*¿Es María alta?*
> —*No, no es alta, es baja.*

1. gordo / Juan
2. rubio / Anita
3. inteligente / David
4. divertido / Marina
5. simpático / Antonio
6. feo / Miguel y Luis
7. bajo / Éster y Marisa
8. simpático / ellos
9. aburrido / ellas
10. bueno / los hijos

Aquí escuchamos:
"La familia de Isabel"

Antes de escuchar

Isabel, a friend of Carmen's, is going to provide some basic information about her family. Given what you have learned in this **etapa,** what information about her family do you expect her to include in her short monologue?

Before your instructor plays the tape, take a moment and copy the list that follows onto a separate sheet of paper.

familia
  grande
  pequeña
padre
  contador
  ingeniero
  mecánico
madre
  enfermera
  periodista
  profesora

un hermano
dos hermanos
animales
  gatos
  perros
  pájaros

START

Después de escuchar

Now listen to the tape again and circle the items that match what Isabel says about her family.

EJERCICIO ORAL

J. *Una fiesta*   Describe as many people as you can in the picture below.

EJERCICIO ESCRITO

K. *Tu familia*   Choose three members of your family (mother, father, brother, sister, grandfather, grandmother, uncle, aunt, or cousin) and write a description of each that includes at least three adjectives.

Vocabulario

Para charlar

Para preguntar

¿Cuántas?	¿Por qué?	¿Quién?
¿Cuántos?	¿Qué?	¿Cómo es? / ¿Cómo son?
¿Dónde?		

Temas y contextos

La familia

una abuela	una hermana	una madre	una tía
un abuelo	un hermano	un padre	un tío
una esposa	una hija	una prima	
un esposo	un hijo	un primo	

Vocabulario general

Adjetivos

aburrido(a)	delgado(a)	inteligente	pequeño(a)
alto(a)	divertido(a)	interesante	rubio(a)
antipático(a)	feo(a)	malo(a)	serio(a)
bajo(a)	gordo(a)	moreno(a)	simpático(a)
bonito(a)	guapo(a)	pelirrojo(a)	tonto(a)
bueno(a)			

Sustantivos

- un apellido
- una ciudad
- un nombre
- unas personas

Verbos

- tener
- tener que

Otras expresiones

- cada domingo
- Está casado(a) con…
- Se llama(n)…

Lectura CULTURAL

LA FAMILIA REAL DE ESPAÑA

In this chapter you have been talking about your family and family members. Look at the family tree below. What kind of family do you think this is? Who is the father? Who is the mother? Who are the children?

Juan Carlos   Sofía

Elena   Cristina   Felipe

Antes de leer

1. Look at the pictures of this family tree and the title of the reading. Where is this family from?
2. What are the names of the parents?
3. What are the children's names?

Guía para la lectura

A. Which child is talked about in the first paragraph?

B. What words in this paragraph suggest to you that this is a very important family in Spain?

C. Read the second paragraph to find out what his friends say about Felipe.

D. What is Felipe's favorite sport? Look at the photo to help you determine what **vela** means.

La familia real de España

os hijos del rey y la reina son como los otros jóvenes. Por ejemplo, la princesa Elena de España es gran aficionada a la música moderna. Sus cantantes preferidos son la cubana Gloria Estefan y el inglés Sting. Recientemente, después de un concierto, Elena habló con Gloria Estefan. Gloria dice que Elena es como los otros jóvenes.

El príncipe Felipe también es como los otros jóvenes, pero sus amigos dicen que estudia mucho. En su tiempo libre es un gran deportista. El deporte que más prefiere es la vela. Él participó en las Olimpiadas de Barcelona en 1992 en el equipo de vela de España.

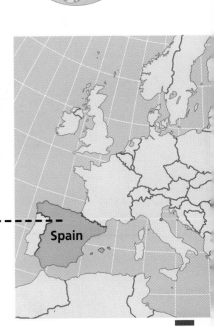

Spain

El príncipe Felipe de España

Aqui leemos

Estrategia para la lectura

Your ability to read in Spanish develops more rapidly than the skills of speaking, listening, or writing. There are several reasons. First, you already know how to read and can apply that knowledge to reading in Spanish. Next, reading passages are usually part of a known background or context, that you can make predictions about. Finally, many words in Spanish look like English words with similar meanings. These words are called *cognates*, and you can use them to get a general idea of what a reading is about.

Antes de leer

This reading is a series of autobiographical statements with photographs. Before looking at them, answer these questions.

>> **W**hen people talk about themselves, what information do they usually mention?

>> **W**hat kinds of words do you use to describe yourself? Words for your relatives? Names of occupations? Personal adjectives? Body-part words? Lists of your possessions? Animals? Sports? Others?

>> **W**hat kinds of verb forms would you expect in an autobiographical statement?

Now look at the photographs and try to guess the identity of each person.

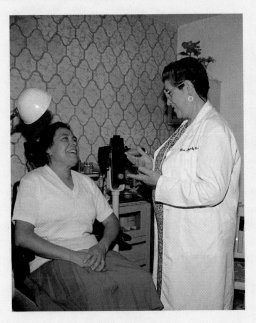

Yo soy médica y madre de familia. Trabajo en el Hospital Santa Ana en Guadalajara. Mi esposo es profesor. Él está mucho en casa con los niños. Tenemos un hijo y tres hijas. **Durante** el **fin de semana pasamos tiempo** con nuestros hijos. **A veces vamos de campamento** o a un **partido** de fútbol. A veces vamos a las montañas. Me gusta el arte, y a veces mi esposo y yo vamos a los museos de arte. Llevamos a nuestros hijos con nosotros porque mi hijo **quiere** ser arquitecto, y una de mis hijas quiere estudiar pintura en la universidad.

During
weekend / we spend time
Sometimes we go
camping / game

wants

Yo soy estudiante en la Escuela Secundaria de Santa Fe, Nuevo México. Estudio lenguas modernas —el francés y el español— porque me gusta mucho la literatura y también porque **quiero** viajar a Europa y a América Latina **algún día.** Mis padres están divorciados. Vivo con mi madre. Ella trabaja en un banco. Mi padre es ingeniero; vive en Albuquerque. Tengo un hermano **menor** que se llama Alejandro. No tengo hermanas. No tenemos mucho dinero.

I want
some day

younger

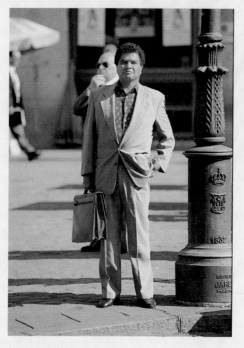

Yo soy presidente de una compañía grande. Tengo una casa grande, tres televisores a color y dos coches en el garaje. Mi esposa y yo viajamos mucho. Tenemos un condominio en Puerto Rico y un apartamento en Madrid. Mis hijos no viven en casa y **asisten** a una escuela privada. Contribuimos mucho dinero a diferentes instituciones **benéficas** cada año. Tenemos una **vida** muy **cómoda.**

attend

charitable
life / comfortable

retired / died

Yo estoy **jubilado.** Mi esposa **murió** en 1985. Vivo con mi hijo en Quito, Ecuador. Él es dentista y está casado. Su esposa se llama Cecilia. Ellos tienen dos hijos. Yo no trabajo. Me gusta la naturaleza y me gusta mucho **caminar** en el parque. **Por la noche,** como con la familia y **después de** comer miro la televisión. Mi vida es muy tranquila y agradable.

to walk / At night
after

148

Actividades

A. Go back over the readings and make a list of all the cognates you can find.

B. Reread each passage to decide whether each of the following statements is true or false for the person indicated. Support your decisions with relevant information from the paragraphs.

1. la médica
   a. Tengo cuatro hijas.
   b. Mi esposo trabaja todos los días en una oficina.
   c. Me gusta la naturaleza.
   d. Paso mucho tiempo con mis hijos.

2. la estudiante
   a. Vivo con mi padre y mi madre en Santa Fe, Nuevo México.
   b. Hablo alemán y español.
   c. Tengo una familia pequeña.
   d. Soy rica.

3. el presidente de la compañía
   a. No me gustan mucho las cosas materiales.
   b. Tengo un apartamento en Madrid.
   c. Contribuyo mucho dinero a las causas benéficas.
   d. Paso mucho tiempo con mis hijos.

4. el hombre jubilado
   a. Vivo con la familia de mi hijo en Quito.
   b. A veces camino en el parque con mi esposa.
   c. Por la noche, siempre como solo.
   d. Por la noche, me gusta mirar la televisión.

C. Outline your own autobiographical statement in Spanish, using the paragraphs you just read as models. Exchange statements with a partner who will compose questions similar to those in Activity B. Pass your statement and the questions to a third student, who will select the right statements to describe you.

Ya llegamos

Actividades orales

A. Vamos a conocernos. **Scene 1:** Get to know another student better by exchanging personal information. Find out from your partner:

1. his or her name,
2. where he or she currently lives,
3. where he or she is from,
4. the size of his or her family,
5. his or her relationship to family members who live with the family.

Your partner will ask you for the same information about yourself and your family. You may want to bring family photographs to class for this activity.

Scene 2: Now continue to find out more things about your friend and his or her interests. Ask him or her to tell you:

1. three activities that he or she likes,
2. three activities that he or she does not like,
3. three of his or her possessions that are usually in his (her) room at home.

Your partner will ask you for the same information about yourself.

B. Comemos en un café. You go to a café for lunch with a person whom you've just met. When you arrive, you see a friend of yours. Along with two other members of the class, play the roles of the students in this situation. During the conversation, make introductions, order lunch, and find out as much as possible about each other.

C. Un diálogo de contrarios **Scene 1:** Imagine that you and your partner have a relationship similar to that of the two people at the beginning of Chapter 5 (Review their differences on pages 103–104). The two of you are friends, despite great differences in your lives. Invent the details of your two imaginary lives, creating opposites or differences in such factors as:

1. where you are from,
2. where you live,
3. the size of your family,
4. the family members who live at your home,
5. your parents' occupations.

Scene 2: You and your partner are fascinated by the lack of similarity between you. So you continue to explore your differences in other factors such as:

1. what you have in your room at home,
2. what you carry to class,
3. how you get to school,
4. your interests in school subjects,
5. your interests in music,
6. your interests in sports.

Present the details of your greatly different lives to the class in the form of a dialog of opposites.

Actividades escritas

D. *Yo soy...* Using the Spanish you've learned so far, write a short paragraph in which you give as much information as you can about yourself: your family, your interests, your activities, and the things you own.

E. *Mis gustos* You are filling out an application for a summer school in Spain. In order to match you with a compatible roommate, employees at the school want to know what your likes and dislikes are. Create a list with as much information as possible about what you like and don't like.

F. *El árbol genealógico* Construct your family tree as far back as your grandparents. Provide several bits of information for each living person: (1) where he or she lives, (2) what he or she does and has, and (3) what he or she likes and dislikes. If possible bring photos to class.

Me llamo Carmen Candelaria. Me gusta la música rock y los deportes. En mi cuarto tengo una raqueta de tenis, un póster de Gloria Estefán y muchos discos compactos.

Conexión

La familia en nuestra sociedad

AL EMPEZAR

Hay muchos tipos de familias diferentes. Algunas familias son grandes y algunas son pequeñas. Nuestra **sociedad** es interesante y diversa porque todos tenemos familias diferentes.

society

ACTIVIDAD A

¿Con quién vives? Go over the following list of people. Write down relatives you live with and how many of each you have in your family.

nephew

madre	tía	hermanastro
padre	primo	hijo
hermano	prima	hija
hermana	padrastro	**sobrino**
abuelo	madrastra	sobrina
abuela	hermanastra	otros: _____
tío		
		Tengo _____ personas en mi familia.

TIPOS DE FAMILIAS

La familia nuclear: La familia nuclear es el tipo de familia más común del mundo. En esta familia, hay dos esposos que viven con sus hijos o **hijastros**. Otros **parientes** no viven con ellos.

Las familia extendida: Cuando otros parientes viven con dos esposos y sus hijos, es una familia extendida. En muchas familias extendidas, los abuelos, los primos o los tíos viven en la misma casa. Hay muchas familias extendidas en Latinoamérica.

La familia monoparental: En una familia monoparental, hay **sólo** una madre o un padre que vive con los hijos o hijastros. No hay dos padres. A veces la madre o el padre está divorciado y a veces la madre o el padre es **viudo**.

---

hijastros stepchildren / *parientes* relatives / *sólo* only / *viudo(a)* widower (widow)

ACTIVIDAD B

Now complete the chart below using your knowledge from the reading to identify the kinds of families that the following people have.

persona	vive con	tipo de familia
Carmen	su madre y padre, sus hermanos y hermanas	
Luis	sus abuelos, padres y hermanos	
Elena	su esposo y su hijo	
Carlos	su hijo	
Mónica	su hijo y sus dos hijas	
Yo	¿?	¿?

El siguiente gráfico tiene información **sobre** el número de padres y madres   about
en las familias de los Estados Unidos.

ACTIVIDAD C

Answer **verdad** or **falso** based on the information in the pie graph.

1. En esta gráfica, hay información sobre personas solteras.
2. La gráfica tiene información sobre las familias extendidas.
3. 12% de las personas viven con su madre, pero no con su padre.
4. 15% de las personas viven en familias monoparentales.
5. La sección azul *(blue)* representa las familias nucleares.

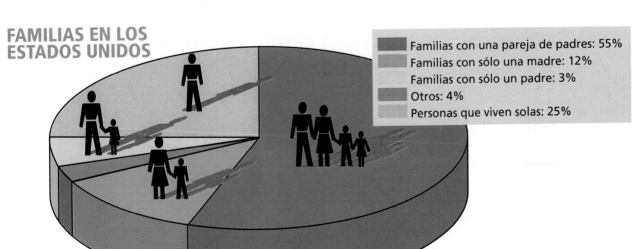

FAMILIAS EN LOS ESTADOS UNIDOS

Familias con una pareja de padres: 55%
Familias con sólo una madre: 12%
Familias con sólo un padre: 3%
Otros: 4%
Personas que viven solas: 25%

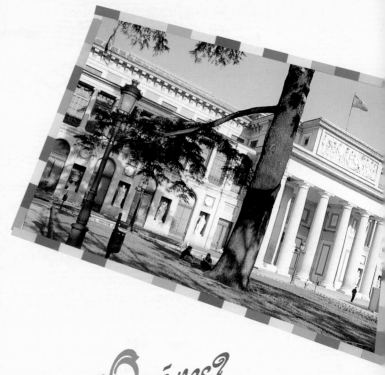

¿Qué ves?

>> Where are the people in the photo at right?

>> What kind of store do you think is in the photo at right?

>> What public buildings do you see these photos?

OBJECTIVES

IN THIS UNIT YOU WILL LEARN:

To identify and locate places in a city;

To express your desires and preferences;

To talk about age;

To ask and give directions;

To give orders and suggest activities;

To tell time;

To talk about the way you or someone else feels.

154

UNIDAD tres

¿Dónde y a qué hora?

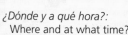

¿Dónde y a qué hora?:
Where and at what time?

¿ADÓNDE VAMOS?

¿Adónde vamos?:
Where are we
going?

José Rivas

Objectives:

》》 **I**dentifying places in a city

》》 **I**dentifying public buildings

Strategies:

》》 **R**eading a map

》》 **A**sking questions

》》 **A**nalyzing

PRIMERA ETAPA

Preparación

》》 **W**hat are some typical buildings that can be found in any city or town?

》》 **W**hat does the word **plaza** make you think of?

》》 **W**here are most of the public buildings located in your city or town?

》》 **W**hich public buildings are within walking distance from where you live?

//-//-//-//-//-//-//-//-//-//

Learning Strategy:

Previewing

Los edificios públicos

Los edificios públicos: Public buildings

En nuestra ciudad hay:

un aeropuerto	una catedral	una **biblioteca**	library
una estación de trenes	una **iglesia**	una **oficina de correos**	church / post office
una estación de autobuses	una universidad	una estación de policía	
una plaza	un **mercado**	un hospital	market
una **escuela secundaria**	un **colegio**		secondary (high) school / school

//-//-//-//-//-//-//-//-//

Learning Strategy:

Reading for cultural information

COMENTARIOS CULTURALES

■ *La ciudad típica*

Many cities in the Spanish-speaking world are built in the same pattern. There is usually a plaza in the middle of town with several important buildings facing into it: the cathedral or main church at one end; the main government building and a police station at the other; and shops, banks, hotels, and cafés on the two sides in between. Families as well as young people gather at the central plaza on weekends and summer evenings to take a walk, see their friends, and have a drink or a meal. Walking around a city and its plaza is considered one of life's pleasures by people in all sectors of Spanish-speaking societies. The streets are full of life, movement, and music.

¡Aquí te toca a ti!

A. ¿Qué es? Identify each building or place in the drawings that follow. Follow the model.

 Modelo: *Es una catedral.*

1.   2.   3.

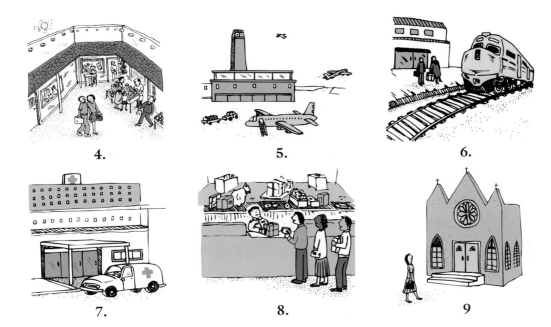

4.   5.   6.

7.   8.   9

B.   ¿Dónde está... ? (Where is . . . ?)   You have just arrived in town and are looking at a map. Using the appropriate form of the definite article (**el, la**), ask where each building or place is located. Follow the model.

> *Modelo:*   oficina de correos
> *¿Dónde está la oficina de correos?*

1. estación de trenes
2. aeropuerto
3. iglesia
4. estación de autobuses
5. universidad
6. plaza
7. escuela secundaria
8. biblioteca
9. catedral
10. oficina de correos
11. estación de policía
12. hospital
13. mercado
14. colegio

C.   ¡Allí está! (There it is!)   Now that you are familiar with the map of the town, other newcomers ask you where certain buildings and places are. Using the expression **Allí está,** indicate the various locations on the map.

> *Modelo:*   la plaza
> —*¿Dónde está la plaza?*
> —*¿La plaza? Allí está.*

1. la catedral
2. la oficina de correos
3. la universidad
4. la biblioteca
5. la estación de trenes
6. la escuela secundaria
7. el aeropuerto
8. la estación de policía
9. la iglesia
10. el hospital
11. la estación de autobuses
12. el colegio

Pronunciación: The consonant g

In Spanish, **g** is pronounced like the *g* in the English word *goal* when it is before the vowels **a**, **o**, and **u**, as in **gato**, **gota**, and **gusta** or before the consonants **l** and **r** as in **globo** or **grupo**. It also has this sound before **ue** and **ui** as in **guerra** and **guitarra**, in which cases the **u** is silent. The letter **g** is pronounced like this when it is the first letter of a word or follows the consonant **n**.

Práctica

D. Listen and repeat as your teacher models the following words.

1. gato	**4.** ganas	**7.** Gustavo	**9.** un gato
2. grupo	**5.** gracias	**8.** tengo	**10.** un globo
3. gordo	**6.** globo		

ESTRUCTURA

The present tense of the verb *ir*

¿Adónde **vamos?**   Where *are we going*?
Alicia **va** al centro.   Alicia *is going* downtown.
Ellos **no van** al colegio. They *don't go* to school.

Vamos al mercado central.

The present-tense forms of the verb **ir** *(to go)* are:

ir			
yo	**voy**	nosotros(as)	**vamos**
tú	**vas**	vosotros(as)	**vais**
él		ellos	
ella	} **va**	ellas	} **van**
Ud.		Uds.	

Aquí practicamos

E. Pick an activity from the first column, then choose the place associated with it from the second column. Form a sentence, following the model.

Modelo: Me gusta viajar.   el aeropuerto
           Me gusta viajar; por eso voy al aeropuerto.

1. Tienes que ver al médico.   la biblioteca
2. Necesitamos más libros.   el banco
3. Quisieran comprar fruta.   el museo
4. Me gusta caminar.   la oficina de correos
5. Usted necesita dinero.   la estación de policía
6. Ellos tienen que aprender.   el hospital
7. Me gusta el arte moderno.   la iglesia
8. Tengo que mandar una carta.   la escuela
9. Quiero hablar con un policía.   el mercado
10. Desean escuchar música religiosa. el aeropuerto
                                      el parque

F. En la estación de trenes You are at the railroad station with a group of friends who are all leaving to visit different Spanish cities. Each time you ask if someone is going to a certain city, you find out that you are wrong. Ask and answer questions following the model.

Modelo: Raquel / Salamanca / Cádiz
           —*¿Va Raquel a Salamanca?*
           —*No, Raquel no va a Salamanca. Ella va a Cádiz.*

1. Teresita / León / Burgos   5. Miguel / Pamplona / Ávila
2. Carlos / Valencia / Granada   6. Mariquita / Barcelona / Valencia
3. Antonio / Málaga / Córdoba   7. Juan / Córdoba / Segovia
4. Carmencita / Sevilla / Toledo

Palabras útiles

Expressions of frequency

Here are some more phrases used in Spanish to say how often you do something.

rara vez rarely   **a menudo** frequently, often
nunca never   **de vez en cuando** from time to time

Nunca usually precedes the verb. The other adverbs may be placed at the beginning or end of a sentence.

Nunca vamos a la estación de policía.	We *never* go to the police station.
Rara vez voy al hospital.	I *rarely* go to the hospital.
Andrés va a la biblioteca **a menudo**.	Andrés goes to the library *often*.

G. ***Una encuesta*** (A survey)   Ask three other students the questions below and note their answers. They do not need to answer with complete sentences. (Remember the other expressions of frequency you have already learned: **siempre**, **todos los días**, **a veces**.) Follow the model.

 ¿Vas al aeropuerto a menudo?
—*¿Vas al aeropuerto a menudo?*
—*Muy rara vez.*   o:
—*Sí, a menudo.*   o:
—*No, nunca.*

1. ¿Vas a la iglesia a menudo?
2. ¿Vas a la catedral a menudo?
3. ¿Vas a la plaza a menudo?

4. ¿Vas al mercado a menudo?
5. ¿Vas a la biblioteca a menudo?
6. ¿Vas al hospital a menudo?

Learning Strategy:

Reporting

H. ***Los resultados*** (The results)   Now report your findings from Activity G to other members of your class. This time use complete sentences.

 Josh nunca va a la biblioteca. Linda va a la biblioteca de vez en cuando y Denise va a menudo.

Aquí escuchamos:
"El autobús"

Listen to the information about the route the city bus takes on a typical day.

Antes de escuchar

Learning Strategy:

Previewing

Review the names of the public buildings in a typical city or town to prepare you for what you are going to hear about where the bus stops.

Después de escuchar

Listen to the announcement again. This time make a list of the stops the bus makes (in the order in which they are given) as it goes around the city.

EJERCICIO ORAL

I. *En la calle* (In the street)   You run into a classmate in the street. (1) Greet each other. (2) Then ask where your classmate is going, (3) what he or she is going to do there, and (4) whether he or she goes there often.

Student 1:	*¡Hola! ¿Qué tal?*
Student 2:	*Muy bien, ¿y tú?*
Student 1:	*Bien, gracias. ¿Adónde vas?*
Student 2:	*Voy a la biblioteca.*
Student 1:	*¿Qué vas a hacer?*
Student 2:	*Voy a estudiar.*
Student 1:	*¿Vas a menudo a la biblioteca?*
Student 2:	*Sí, todos los días.* o:
	No, voy de vez en cuando.

EJERCICIO ESCRITO

J. *¿Cuándo?*   Write a list of sentences using each of the following expressions (**rara vez, nunca, siempre, a menudo, de vez en cuando, todos los días, a veces**) to indicate the frequency with which you go to certain public buildings in your town or city.

SEGUNDA ETAPA

Preparación

>> **W**hat other public buildings or public places can you think of that are meant for leisure-time activities, recreation, or entertainment?

>> **W**hat is your favorite place for recreation in your city or town?

>> **W**hat do you wish your town had for recreation that it currently does not have?

¿Quieres ir al cine?

¿Quieres ir al cine?: Do you want to go to the movies?

Una conversación telefónica
—¡Hola! ¿Celia?
—Sí. ¿Quién habla?
—Habla Isabel.
—Hola, Isabel. ¿Qué tal?
—Muy bien. Delia y yo vamos al cine esta tarde. **¿Quieres venir** con nosotras?
—Mm..., **lo siento,** pero no es posible porque voy al **museo** con Marcos, y esta noche vamos a la discoteca.
—Bueno, **en otra oportunidad.**
—Gracias, Isabel. Hasta luego.
—De nada. Adiós.

Do you want to come
I'm sorry / museum

some other time

lugares: places

Otros lugares en la ciudad:

un teatro	un parque	un **estadio**
una **piscina**	un club	un café

stadium
swimming pool

COMENTARIOS CULTURALES

El teléfono

There are different ways of answering the phone in Spanish, depending on the country. **Bueno** is used in Mexico, **hola** is used in several South American countries, and **diga** or **dígame** is used in Spain.

¡Aquí te toca a ti!

A. *¿Qué lugares son?* Identify each building or place below.

1.

2.

3.

4.

5.

6.

B. *¿Hay un(a)... en el barrio* (neighborhood)? Ask a passerby if the places on page 166 are in the area. The passerby will answer affirmatively and indicate the street where each can be found. Act this out in pairs.

Modelo: restaurante / en la Calle *(street)* San Martín
—*Perdón, señor (señorita). ¿Hay un restaurante en el barrio?*
—*Sí, hay un restaurante en la Calle San Martín.*

//-//-//-//-//-//-//-//

Cooperative Learning

Learning Strategies:

Reading a map, listing, negotiating

Critical Thinking Strategy:

Analyzing

1. parque / en la Calle Libertad
2. discoteca / en la Calle Tucumán
3. teatro / en la Avenida 9 de Julio
4. museo / en la Calle Cervantes
5. cine / en la Avenida Lavalle
6. piscina / en la Calle Bolívar
7. oficina de correos/ en la Calle Independencia

C. ¿Qué hay en Nerja? Below are examples of public buildings that are found in many cities and towns. Using the map of Nerja, indicate what there is and what there is not in this small beach town. Create a list for each group. Then you and your partner decide on the three additional public buildings that you think the town most needs to add.

Modelo: *En Nerja hay un hotel, pero no hay un aeropuerto.*

estación de trenes

museo

parque

restaurante

hospital

oficina de correos

cine

estadio

café

biblioteca

iglesia

plaza

hotel

discoteca

aeropuerto

Pronunciación: *The consonant g (continued)*

When the letter **g** (in the same combinations you studied in the previous **etapa**) follows a vowel or any consonant except **n,** it is pronounced like the *g* in the English word *sugar* when it is said very quickly.

Práctica

D. Listen and repeat as your teacher models the following words.

1. lago
2. amigo
3. llego
4. nos gusta
5. conmigo
6. Ortega
7. regular
8. lugar
9. hasta luego
10. jugar

Repaso

E. *¿Adónde van?*   Félix and his family are visiting Córdoba, Spain, for the day. Because they all want to go to different places, they decide to split up. Using the drawings, give Félix's explanation of where each person is headed. Follow the model.

Modelo: mi tío
Mi tío va a la catedral.

1. mis padres

2. mi prima y yo

3. mi tía

4. mi hermana

5. mi hermano

6. mis primas

Nota gramatical

The preposition *a* and the definite article *el*

Nosotros vamos **al** museo.
Mi familia va **a la** piscina.

We go *to the* museum.
My family goes *to the* swimming pool.

When the preposition **a** *(to)* is followed by the article **el**, they contract to form one word, **al.**

$$a + el = al$$

F. ¿Adónde quisiera ir... ? You are talking to a friend about where your other friends want to go this weekend. Ask about each of the following people and your friend will answer using the places suggested. Follow the model.

 Modelo: Miguel / el club
—¿*Adónde quisiera ir Miguel?*
—*Miguel quisiera ir al club.*

1. Elsa / la piscina
2. Isabel / el parque
3. Roberto / la discoteca
4. Mónica / el cine
5. Manuel / el museo
6. Pilar / el teatro
7. Luis / el estadio
8. Lidia / el café

ESTRUCTURA

The present tense of the verbs *querer* and *preferir*

¿Quieres ir al cine?   *Do you want* to go to the movies?
Yo **quiero** ir al museo.   *I want* to go to the museum.
Nosotros **no queremos** salir.   *We don't want* to go out.

The verb **querer** *(to want, to love)* is used to express strong desire. It is more commonly used than the verb **desear** *(to wish, to want)*.

querer (ie)

yo	**quiero**	nosotros(as)	**queremos**
tú	**quieres**	vosotros(as)	**queréis**
él		ellos	
ella	**quiere**	ellas	**quieren**
Ud.		Uds.	

Querer changes the **e** to **ie** except in the **nosotros** and **vosotros** forms. Another verb that follows this pattern is **preferir** *(to prefer)*.

preferir (ie)

yo	**prefiero**	nosotros(as)	**preferimos**
tú	**prefieres**	vosotros(as)	**preferís**
él		ellos	
ella	**prefiere**	ellas	**prefieren**
Ud.		Uds.	

Querer and **preferir** may be followed by a noun or an infinitive.

Tú **quieres un taco**.   You *want a taco*.
Rosa **quiere comer** algo también. Rosa *wants to eat* something, too.
Ellos **prefieren el tren**.   They *prefer the train*.
Yo **prefiero viajar** en autobús.   I *prefer to travel* by bus.

Aquí practicamos

G. *Preferencias*   Create original sentences using words from each column to indicate what the following people want or prefer to do.

A	B	C
Mario	querer	ir a la discoteca
ellos	preferir	un coche
yo		ir al parque
nosotros		este libro
tú		viajar en tren
Uds.		

H. *¿Adónde quieres ir?*   You and a friend are visiting a town in Mexico. Each of you wants to see something different. Find out what he or she wants to see by asking specific questions. Follow the model.

> la plaza / la iglesia
> —*¿Quieres ir a la plaza?*
> —*No, quiero ir a la iglesia.*

1. la biblioteca / la piscina
2. el club / el teatro
3. el museo / la oficina de correos
4. la plaza / el parque
5. la estación de trenes / la estación de autobuses
6. la escuela secundaria / el mercado

I. *¿Qué quieres hacer?*   You and your friend are making plans for the afternoon. Your friend makes a suggestion. Tell him or her if you agree with the suggestion. If you don't agree, express your own preference.

>  ir al teatro
> —*¿Quieres ir al teatro?*
> —*Sí, quiero ir al teatro.*   o:
> —*Mm… no, prefiero ir al cine.*

1. comer en un café
2. ir a la piscina
3. bailar en la discoteca
4. visitar un museo
5. estudiar toda la mañana
6. correr por el parque
7. escuchar música
8. tomar algo

J. **Decisiones**   You and your friend need to decide what you want to do after school when presented with these options. In pairs decide what you want to do, and give your answer to the class. Follow the model.

Modelo: ¿ir en bicicleta o caminar?
—*¿Quieres ir en bicicleta o caminar?*
—*Yo prefiero caminar.*
—*Nosotros preferimos caminar.*

1. ¿jugar *(to play)* al tenis o al vólibol?
2. ¿ir a mi casa o al café?
3. ¿visitar a nuestros amigos o estudiar?
4. ¿ir a la plaza o al parque?
5. ¿comer o tomar un refresco?

Aquí escuchamos:
"En el centro"

Gloria and Marilú are going downtown to run some errands. Listen to their conversation and then do the exercises that follow.

Antes de escuchar

Based on the information you have learned in this chapter, answer the following questions.

1. What are some of the places you would expect Gloria and Marilú to go to on a trip downtown?
2. How do you say in Spanish that *you have to do something?*

As you listen to the conversation between Gloria and Marilú, pay attention to the places where they plan to go and make a list of as many of the places as you can.

START

Después de escuchar

Listen to the conversation again before answering the following questions in Spanish.

1. ¿Adónde quiere ir Gloria primero?
2. Y después, ¿adónde quiere ir Gloria?
3. ¿Adónde prefiere ir Marilú?
4. ¿Qué idea tiene Gloria que le gusta a Marilú?

5. ¿Cómo se llama el lugar adonde Gloria va por una novela?

6. Cómo se llama el lugar adonde se llevan las cartas?

EJERCICIO ORAL

K. *En la calle*   While heading for a place in town (your choice), you bump into a friend. (1) Greet your friend and (2) find out how he or she is and (3) where he or she is going. (4) He or she will ask you where you are going. If you are going to the same place, (5) suggest that you go there together (**¡Vamos juntos/juntas!**). If not, (6) say good-bye and continue on your way.

EJERCICIO ESCRITO

L. *Una invitación*   Write a note to a Spanish-speaking friend, (1) inviting him or her to go to the movies with you. (2) Indicate what movie you want to see, but (3) also ask if he or she prefers to see a different one. (4) Mention where you can meet downtown and (5) ask if he or she wants to eat supper before the movie. (6) Close by asking him or her to call you on the phone with an answer.

TERCERA ETAPA

Preparación

>> **W**hat is the difference between a department store and a mall?

>> **H**ow would you describe a specialty shop?

>> **M**ake a list of five different kinds of specialty shops that you can think of.

>> **O**n your list, mark the shops where you like to go. Be prepared to discuss why you prefer them to a department store or a large discount center.

Learning Strategies:

Listing, brainstorming, previewing

Critical Thinking Strategies:

Analyzing differences, evaluating

Las tiendas

Las tiendas: Stores

En nuestra ciudad hay:

una **librería**	un banco	una **carnicería**	bookstore / butcher's
una **farmacia**	un hotel	una **panadería**	drugstore / bakery
un mercado	una **florería**		flower shop

//-//-//-//-//-//-//-//-//

COMENTARIOS CULTURALES

■ *Las tiendas*

In many parts of the Spanish-speaking world, the small store is more common than the large supermarket. Each one of these stores sells only one type of article or food. The name of the shop is taken from the products sold; for example, **pan** *(bread)* is sold at the **panadería; flores** *(flowers)* are sold at the **florería.**

¡Aquí te toca a ti!

A. ¿Qué es?   Identify each building or place below.

1.

2.

3.

4.

5.

6.

B. *Cerca de aquí* (Near here) You ask a passerby whether certain stores and places are nearby. The passerby will answer affirmatively and indicate the street where each can be found. Follow the model.

 banco / en la Calle Alcalá
—*Perdón, señorita (señor). ¿Hay un banco cerca de aquí?*
—*Sí, hay un banco en la Calle Alcalá.*

1. farmacia / en la Avenida Libertad
2. hotel / en la Calle Perú
3. librería / en la Calle Mayor
4. banco / en la Calle San Marco
5. panadería / en la Avenida Independencia
6. florería / en la Avenida Colón

C. *¿Adónde vamos primero* (first)*?* Whenever you run errands with your friend, you like to know where you are headed first. However, each time you suggest a place, your friend has another idea. Follow the model.

 banco / librería
—*¿Adónde vamos primero? ¿Al banco?*
—*No, primero vamos a la librería. Luego* (Then) *vamos al banco.*

1. carnicería / mercado
2. librería / florería
3. museo / banco
4. farmacia / panadería
5. hotel / oficina de correos
6. biblioteca / colegio

Pronunciación: *The sound of Spanish jota*

The Spanish **jota** is similar to the sound of the *h* in the English word *hot*. This sound is spelled with **g** when it is followed by the vowels **e** or **i**. The consonant **j (jota)** is always pronounced in this way.

Práctica

D. Listen and repeat as your teacher models the following words.

1. Juan
2. trabajo
3. julio
4. jueves
5. jugar
6. tarjeta
7. geografía
8. biología
9. general
10. Jorge

Repaso

E. *Los padres de tus amigos* Your parents are curious about your friends. Tell them where your friends' parents work and where they often go when they're not working. Follow the model.

> *Modelo:* el padre de Cristina (hospital / biblioteca)
> *El padre de Cristina trabaja en el hospital. Va a la biblioteca a menudo.*

1. el padre de Roberto (estación de trenes / cine)
2. la madre de Isabel (universidad / parque)
3. el padre de Vicente (oficina de correos / museo)
4. la madre de Marilú (restaurante / mercado)
5. el padre de Josefina (biblioteca / librería)

ESTRUCTURA

The numbers from 20 to 100

20	veinte	25	veinticinco	30	treinta	60	sesenta
21	veintiuno	26	veintiséis	31	treinta y uno	70	setenta
22	veintidós	27	veintisiete	32	treinta y dos	80	ochenta
23	veintitrés	28	veintiocho	40	cuarenta	90	noventa
24	veinticuatro	29	veintinueve	50	cincuenta	100	cien

The numbers 21–29 may be written as one word or three words. For example, 23 can be written as **veintitrés** or **veinte y tres.**

Aquí practicamos

F.
1. Cuenta *(Count)* de 0 a 30, de 30 a 0.
2. Cuenta de 20 a 100 de cinco en cinco.
3. Cuenta los números pares *(even)* de 0 a 100.
4. Cuenta los números impares *(odd)* de 1 a 99.
5. Cuenta de diez en diez de 0 a 100.

G. *¿Cuántos... hay en la ciudad?* While working for the tourist bureau during the summer, you have to research the number of hotels, cinemas, etc., that the city has. Interview the city's leading statistician in order to collect this information. Work in pairs. Remember to use **¿Cuántos?** or **¿Cuántas?** according to the noun that follows. Follow the model.

 **Modelos:** hoteles / 15
—*¿Cuántos hoteles hay?*
—*Hay quince hoteles.*

piscinas / 17
—*¿Cuántas piscinas hay?*
—*Hay diecisiete piscinas.*

1. librerías / 11	6. carnicerías / 27
2. panaderías / 18	7. teatros / 14
3. clubes / 13	8. cines / 12
4. mercados / 26	9. florerías / 20
5. farmacias / 16	10. cafés / 22

H. ¡Diga! You want to make several telephone calls from a small town where you need to talk to the operator to connect you. Tell him or her the number that you want. Follow the model.

 Modelo: 30–89–70
Treinta, ochenta y nueve, setenta, por favor.

1. 25–59–78	5. 43–56–90
2. 54–67–83	6. 37–40–87
3. 22–51–60	7. 95–46–70
4. 82–67–91	8. 97–55–30

Palabras útiles

Expressions with *tener*

To ask someone's age in Spanish, use **tener**.

—**¿Cuántos años tienes?**	*How old are you?*
—**Tengo catorce años.**	*I am fourteen years old.*
—**¿Cuántos años tiene** tu hermana?	*How old is your sister?*
—**Tiene cuatro.**	*She's four.*

¿Qué crees?

You are traveling in Uruguay and the schedule says that your bus leaves at 22:00 hrs. When will it go?

a) It's a misprint; you don't know when the bus leaves.
b) at 2 o'clock
c) at 10:00 p.m.

respuesta

Other expressions that also use **tener** are **tener hambre** *(to be hungry)* and
tener sed *(to be thirsty).*

—**Tengo hambre.** ¿Y tú?

I'm hungry. And you?

—No, **yo no tengo hambre,**
pero **sí, tengo mucha sed.**

No, I'm not hungry, but *I am
very thirsty.*

 ¿Cuántos años tienes?   In the process of getting to know
your friends, you find out how old they are. Remember to use the verb
tener and the word **años.** Follow the model.

> **Modelo:**   —¿Cuántos años tiene Felipe? (13)
> —*Felipe tiene trece años.*

1. ¿Cuántos años tiene Carmelita? (17)
2. Y el señor Ramos, ¿cuántos años tiene? (64)
3. ¿Cuántos años tiene Ana María? (20)
4. ¿Cuántos años tiene Roberto? (12)
5. ¿Cuántos años tiene don Alberto? (82)
6. Y doña Éster, ¿cuántos años tiene ella? (55)

 ¿Tienen hambre?   You are hosting a picnic and you want to know
if your guests are hungry or thirsty and what they would like to have.
Walk around the class asking five people what they want. Follow the
model.

> **Modelo:**   —*¿Tienes hambre? ¿Tienes sed?*
> —*Sí, tengo mucha hambre. No tengo sed.*
> —*¿Qué quieres comer?*
> —*Un taco, por favor.*

c

COMENTARIOS
CULTURALES

■ *Las direcciones y los teléfonos*

Usually when an address (**una dirección**) is given in Spanish, the name of the street is followed by the number. Also, when the numbers of addresses go over a hundred, they are usually grouped into sets of two. Thus, the number in **Avenida Bolívar, número 1827** would be heard as **dieciocho, veintisiete**. Phone numbers are usually grouped in sets of two, also. For example, the number 925–6534 would be read as **nueve, veinticinco, sesenta y cinco, treinta y cuatro**.

Aquí escuchamos:
"Números"

Antes de escuchar

Review the numbers 1–100 in Spanish before listening to the information that follows. You will hear each person give a phone number, name, and address, repeating himself or herself, followed by a pause. The first time through, write down as many of the phone numbers as you can, without including the names and addresses.

Listen to the following people give their names, addresses, and telephone numbers.

START

Después de escuchar

Listen to the recording again. This time write down the names and addresses that you hear. (Your teacher will help you check to see how much of the information you were able to write down accurately.)

EJERCICIO ORAL

K. En el la oficina de correos   While standing in line at the post office, you strike up a conversation with the person standing next to you. (1) Greet him or her and (2) find out how many brothers and sisters he or she has and (3) what their ages are. When you leave, (4) find out where your new friend is going and (5) tell him or her where you are going. (6) Ask if you can walk together (**¡Vamos juntos/juntas!**). If not, (7) say good-bye.

EJERCICIO ESCRITO

//-//-//-//-//-//-//-//-//

Learning Strategies:

Interviewing, listening for details, taking notes in a chart

L. Más números   You want to find out the "vital statistics" of some of your classmates. On a separate sheet of paper create a chart like the one below and record in it the appropriate information (name, age, address, and phone number) for yourself and three of your classmates. Write out the numbers as you would say them in a Spanish-speaking country so you are prepared to tell them to your classmates when asked. Follow the model.

Modelo:

Nombre de mi amigo(a)	Su edad	Su dirección	Su teléfono
Carlos	16 (dieciséis) años	Calle Central, 2586 (veinticinco, ochenta y seis)	845-3370 (ocho, cuarenta y cinco, treinta y tres, setenta)

Vocabulario

Handwritten annotations:
- P.165 Cultural commentary
- ★ fill in part of the verbs or stems
- Have to write about town
- ★ cerca de aqui where I'm going etc.

Para charlar

Para contestar el teléfono

¡Bueno!
¡Diga! / ¡Dígame!
¡Hola!

Handwritten: P.165

Para preguntar la edad

★ ¿Cuántos años tienes? ★

Handwritten: ★ Gonna show pictures + tell where they are + that articles ★ where I prefer to go + about family or friends

Para disculparse

Lo siento.

Temas y contextos

Los edificios y los lugares públicos *★ need to know all ★*

un aeropuerto	un colegio	un estadio	un parque
un banco	una discoteca	un hospital	una piscina
una biblioteca	una escuela secundaria	un hotel	una plaza
una catedral	una estación de autobuses	una iglesia	un teatro
un cine	una estación de policía	un museo	una universidad
un club	una estación de trenes	una oficina de correos	

★ need to know articles ★

Las tiendas

una carnicería
una farmacia
una florería
una librería
un mercado
una panadería

Los números

veinte	veintiséis	treinta y uno	setenta
veintiuno	veintisiete	treinta y dos	ochenta
veintidós	veintiocho	cuarenta	noventa
veintitrés	veintinueve	cincuenta	cien
veinticuatro	treinta	sesenta	
veinticinco			

Handwritten: matching ★

Vocabulario general

Verbos *conjegate ★*

ir
querer (ie)
preferir (ie)
venir

Handwritten: ↳ means to come

Otras palabras y expresiones

¿Adónde vamos? ★
a menudo ★
al ★ a la a los a las
una conversación telefónica
de vez en cuando ★
en otra oportunidad

nunca ★
rara vez ★
tener… años
tener hambre
tener sed

Handwritten: un una unos unas ★

Handwritten bottom: al a la a los a las
el
la

Lectura
CULTURAL

LA PLAZA

Izquierda: El Zócalo en México, D.F.; **Derecha:** La Plaza de Armas en Lima, Perú; **Abajo:** La Plaza Mayor en Madrid, España

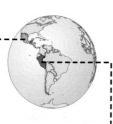

Mexico

Peru

Antes de leer

1. What does the word **plaza** mean to you? This Spanish word is now regularly used in the English language, but you may find that its Spanish meaning is different from what you thought.
2. Look at the photos on page 182. Where do you think these **plazas** are?
3. Look at the title and the photos to see what the reading may be about.

Guía para la lectura

A. Read the first paragraph and identify some of the cognates.

B. 1. What are some of the buildings that are built around the **plaza**?
    2. What other group contributed to the idea of the **plaza**?

C. What were three ancient civilizations in the Americas?

La plaza: El centro social del mundo hispano

n los pueblos y en las ciudades de los países del mundo hispano, siempre hay una plaza. La plaza es su centro original. Una plaza siempre tiene la forma de un cuadrado o de un rectángulo y no hay edificios en el centro. Los edificios públicos están alrededor de la plaza: la iglesia, las oficinas del gobierno, la oficina de correos y el banco. También hay espacios para algunas tiendas, un hotel y un restaurante.

La larga tradición de la plaza data desde las grandes civilizaciones de América, como las de los mayas y los aztecas en México, o los incas en Perú. Las ciudades más antiguas de América tienen plazas ya construidas antes de la llegada de los españoles en el año 1492. También es evidente la influencia de los romanos sobre los españoles en el sistema de la construcción de plazas en España, así como más tarde en los países de América Latina y en el suroeste de los Estados Unidos.

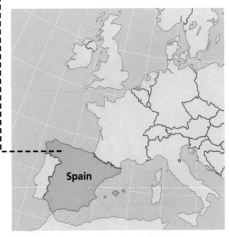

Spain

Hoy en día la plaza todavía es un lugar importante en la vida hispana. Puede ser grande, como la Plaza Mayor de Madrid, el Zócalo en la Ciudad de México o la Plaza de Armas en Lima. También puede ser pequeña, como la plaza de muchos pueblitos. En todo caso, se reune la gente allí para hablar con los amigos, para divertirse o para ir de compras. En la plaza siempre hay color, movimiento y mucha vida.

¿DÓNDE ESTÁ...?

—¿Dónde está el museo de arte?
—Está al final de la Avenida Libertad.

Objectives:

>>> **A**sking for directions
>>> **G**iving directions
>>> **G**etting people to do something

Strategies:

>>> **O**rganizing ideas
>>> **P**roviding details
>>> **S**upporting an opinion

PRIMERA ETAPA

Preparación

>> **H**ow do you find your way around a city when you have never been there before?

>> **W**hen you ask for directions, what do you generally hope to find out?

>> **I**f someone asks you how to get to a particular place in town, what information do you give?

/-/-/-/-/-/-/-/-/-/-//
Learning Strategy:

Previewing

¿Está lejos de aquí?

¿Está lejos de aquí?: Is it far from here?

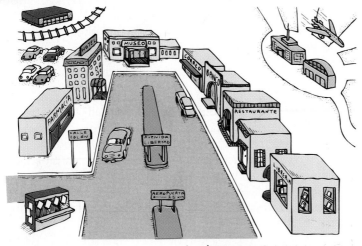

¿Dónde **está** el aeropuerto?	Está **lejos** de la ciudad.	is (located)
¿Dónde está la estación de trenes?	Está **cerca del** hotel.	near
¿Dónde está la oficina de correos?	Está **frente al** hotel.	across from (facing)
¿Dónde está la farmacia?	Está **al lado del** hotel.	next to
¿Dónde está el museo?	Está **al final de** la Avenida Libertad.	at the end of
¿Dónde está el **quiosco de periódicos**?	Está **en la esquina** de la Calle Colón y la Avenida Libertad.	newspaper kiosk / at the corner
¿Dónde está el coche de Mario?	Está en una **playa de estacionamiento detrás** del hotel.	parking lot behind
¿Dónde está el coche de Teresa?	Está en la avenida **delante del** banco.	in front of
¿Dónde está el banco?	Está **entre** el restaurante y la oficina de correos.	between

185

¡Aquí te toca a ti!

A. *Mi ciudad*   When someone asks you about the town pictured on page 185, you answer using the suggested expressions. Follow the model.

> **Modelo:** —¿Dónde está la estación de trenes? (cerca del hotel)
> —*Está cerca del hotel.*

1. ¿Dónde está el hotel? (al lado de la farmacia)
2. ¿Dónde está el banco? (frente a la iglesia)
3. ¿Dónde está el aeropuerto? (lejos de la ciudad)
4. ¿Dónde está la oficina de correos? (cerca del restaurante)
6. ¿Dónde está la farmacia? (en la esquina de la Calle Colón y la Avenida Libertad)
7. ¿Dónde está la estación de trenes? (al lado del museo)
8. ¿Dónde está el restaurante? (entre la florería y el banco)

B. *No, te equivocas* (you're wrong), *el banco está...*   You are asked for information about the town on page 185 and the people you talk to are not quite right. In a subtle way, you tell them they're wrong and point out the correct information. Follow the model.

> **Modelo:** —El aeropuerto está cerca de la ciudad, ¿no? (lejos de)
> —*No, te equivocas, está lejos de la ciudad.*

1. El restaurante está al lado de la iglesia, ¿verdad? (frente a)
2. La estación de trenes está lejos del museo, ¿no? (cerca de)
3. La florería está frente a la librería, ¿verdad? (al lado de)
4. El quiosco de periódicos está al final de la Avenida Libertad, ¿verdad? (en la esquina de la Avenida Libertad y la Calle Colón)
5. El museo está al lado del banco, ¿no? (al final de la Avenida Libertad)
6. El coche de Teresa está detrás de la iglesia, ¿verdad? (delante del banco)
7. La florería está frente a la librería y el restaurante, ¿no? (entre)

C. *En la cola* (In line)   While waiting to get into the movies, you point out some of your friends to your brother. You do so by indicating each person's place in line. Use the drawing on page 187 to give your answers. Follow the model.

> **Modelo:** Estela / detrás
> *¿Estela? Ella está detrás de Alejandro.*

1. Amanda / delante
2. Pablo / detrás
3. Marcos / entre

4. Antonio / detrás
5. Alejandro / delante
6. Estela / entre

Antonio   Amanda   Marcos   Pablo   Estela   Alejandro

Pronunciación: The sound of /s/

The sound of Spanish **/s/** is spelled with the consonants **s** or **z**. Usually, these are pronounced in the same way as *s* in the English word *say*. Note that **z** is never pronounced as the *z* in the English words *zoo, zebra,* and *zero*.

Práctica

D. Listen and repeat as your teacher models the following words.

1. siempre
2. salsa
3. sábado
4. zapato
5. plaza
6. señor
7. semana
8. López
9. arroz
10. lápiz

Repaso

E. ***¿Vas a... a menudo?*** Find out how often your partner goes to the places on page 188. Keep track of his or her answers so that you can make a list of places ranging from most to least frequently visited. When you have interviewed each other, compare your lists to see which places you go to with the same frequency. Follow the model.

 la panadería
—*¿Vas a la panadería a menudo?*
—*No, nunca voy a la panadería.*   o:
—*Voy a la panadería todos los días.*

Learning Strategies:

Asking questions, taking notes, providing personal information

Critical Thinking Strategies:

Comparing and contrasting, ranking

187

1. la farmacia
2. el banco
3. la librería
4. la panadería
5. la florería
6. la piscina
7. la oficina de correos
8. la carnicería

F. ¿Qué cuarto tienes? Your class has just arrived at a hotel in Mexico City where you are going to spend a week. You want to find out your friends' room numbers. Follow the model.

 Anita / 23
—¿Qué cuarto tiene Anita?
—Anita tiene el cuarto número veintitrés.

1. Claudia / 68
2. Bill / 20
3. Betty y Rosa / 15
4. Paul / 36
5. Martha y Ann / 72
6. Antonio / 89
7. Sue y Clara / 47
8. John y Tom / 11

Nota gramatical

The preposition de and the definite article el

El coche de Teresa está al lado **del** hotel.
Es el portafolio **del** profesor.

When the preposition **de** is followed by the definite article **el**, the two words contract to form one word, **del.**

$$de + el = del$$

Many of the prepositions of place presented in this **etapa** include **de:**

lejos de	al final de
cerca de	detrás de
al lado de	delante de

Remember to follow the same rules for contraction: **lejos del centro, cerca del cine, al lado del restaurante.**

G. Replace the words in italics and make the necessary changes.

1. El banco está *cerca* de la estación. (al lado de / detrás de / lejos de)
2. Nosotros vivimos *al lado del* restaurante. (detrás de / delante de / frente a)
3. ¿Hay una farmacia frente *a la iglesia*? (museo / estadio / cine / casa)
4. Hay un café lejos de la *panadería*. (carnicería / hotel / oficina de correos / florería)
5. —¿De quién es el coche nuevo?
   —*Es de la señorita Galdós.* (profesor / Sr. Álvarez / Sra. Ruiz / muchacho)

H. Direcciones   Using the drawing on page 185, answer these questions that strangers ask about the city. Be as precise as possible.

Using the drawing on page 185

Modelo: —Perdón. ¿Dónde está el quiosco de periódicos, por favor?
—*¿El quiosco? Está en la esquina de la Calle Colón y la Avenida Libertad, cerca de la farmacia.*

1. Perdón, ¿el restaurante, por favor?
2. Perdón. ¿Dónde está el hotel, por favor?
3. Perdón, ¿el museo, por favor?
4. Por favor, ¿la farmacia?
5. ¿Dónde está la oficina de correos, por favor?
6. ¿Hay una librería cerca de aquí?

Learning Strategies:

Reading a map, describing spatial relationships

ESTRUCTURA

The present tense of the verb *estar*

Yo **estoy** en el Hotel Trinidad.	I *am* in the Hotel Trinidad.
Ana y Raúl **están** en el coche.	Ana and Raúl *are* in the car.
Nosotros **estamos** muy bien.	We *are* very well.

The present tense forms of the verb **estar** *(to be)* are:

estar			
yo	**estoy**	nosotros(as)	**estamos**
tú	**estás**	vosotros(as)	**estáis**
él		ellos	
ella	} **está**	ellas	} **están**
Ud.		Uds.	

You will note that only the **yo** form **(estoy)** is irregular. In Chapter 1, you learned to use **estar** to inquire and talk about health—**¿Cómo estás?** *(How are you?).* In this chapter you are learning to use **estar** to talk about where something or somebody is.

Aquí practicamos

I. ¿Cómo y dónde? Taking information from each column, use a form of the verb **estar** to create a complete sentence.

 Mario / Madrid
Mario está en Madrid.

A	B	C
Graciela y Ana		en Buenos Aires
el (la) profesor(a)		en el banco
mi amigo(a)		cerca de la iglesia
la biblioteca	estar	con José
tú		mal
los abogados		en la calle Alameda
nosotros		cerca de la iglesia
la panadería		bastante bien
yo		al lado del hotel
Esteban		

J. ¿Dónde están? When you get home, only your brother is there. You ask him where everybody is.

 la abuela / mercado
—*¿Dónde está la abuela?*
—*Está en el mercado.*

1. tía Ana / piscina
2. papá y mamá / banco
3. Lourdes / café de la esquina
4. Ángel / cine
5. las primas / estadio
6. mi perro / tu cuarto

¿Dónde estamos?

Aquí escuchamos:
"No está lejos"

Antes de escuchar

Look at the following questions before you listen to the conversation. Also, review the prepositions of place on page 185.

1. What is the opposite of **lejos de**?
2. What verb is always used in Spanish to indicate location of people, animals, places, or things?

Now listen to two people talk about the location of a building.

START

Después de escuchar

Write down the four places that are mentioned in the conversation. Then listen to the conversation again before deciding whether the following statements are true or false. If a statement is false, provide the correct information in English.

1. The woman wants to go to the bank.
2. The man indicates that the place the woman is looking for is nearby.
3. The woman finds out that the bank and the post office are on the same street.
4. The man says there is a university right in the downtown area of the city.
5. The woman discovers that there are two libraries she can visit.

EJERCICIOS ORALES

K. *Intercambio*   Ask a classmate the following questions.

1. ¿Vas al aeropuerto de vez en cuando? ¿Está cerca de la ciudad? ¿cerca de tu casa?
2. ¿Vas al cine a menudo? ¿Hay un cine cerca de tu casa? ¿Qué hay al lado del cine?
3. ¿Hay una panadería cerca de tu casa? ¿Qué hay frente a la panadería?
4. ¿Qué hay entre tu casa y la escuela? ¿Casas? ¿Edificios de apartamentos? ¿Una biblioteca? ¿Tiendas?
5. ¿Qué hay delante de la escuela? ¿Detrás de la escuela?

L. *Por favor, ¿dónde está... ?*   You are walking down the street in your town when a Spanish-speaking person stops you and asks where a certain place (movie theater, bank, train station, drugstore, etc.) is located. You indicate the street or avenue and then try to describe the area (such as what it is near, next to, across from, behind, between).

EJERCICIO ESCRITO

M. *Para ir a mi escuela*   Write out in Spanish directions to your school for some out-of-town guests from Spain. Tell them how to get from your school to the downtown area of your city or town, where you will meet them at a restaurant for lunch. Refer to specific buildings as well as streets in your description.

SEGUNDA ETAPA

Preparación

>> **W**hat do you say when you stop somebody on the street to ask for directions?

>> **C**an you give examples of the kinds of details about distance and direction that you need to find a place?

>> **I**s it easy for you to understand directions? Why or why not?

>> **W**hat helps you to remember directions?

//-//-//-//-//-//-//-//-//
Learning Strategy:
Previewing

¿Cómo llego a… ?

¿Cómo llego a… ?: How do I get to . . . ?

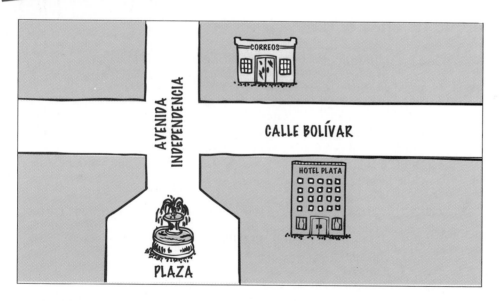

—Perdón, señor. ¿Hay una oficina de correos cerca de aquí?
—Sí, señora. En la Calle Bolívar.
—¿Cómo llego a la Calle Bolívar, por favor?
—Mm…, **cruce** la plaza y **tome** la Avenida Independencia, **siga derecho por** Independencia **hasta** llegar a la Calle Bolívar. **Doble a la derecha**. La oficina de correos está **a la izquierda**, frente al Hotel Plata.
—Muchas gracias.
—De nada.

cross / take / go straight along / until / Turn right
on the left

193

COMENTARIOS
CULTURALES

▪ *El español en el mundo*

Spanish is the fourth most widely spoken language in the world after Chinese, Hindi, and English. It is spoken by more than 400 million people in Spain, the Americas, and in other areas of the world that were once Spanish possessions. Today, other than English, Spanish is by far the most widely spoken and studied language in this country.

¡Aquí te toca a ti!

A. Give the following directions by replacing the words in italics.

1. Cruce *la calle.* (la plaza / la avenida / el parque)
2. Siga derecho hasta *la Avenida de las Américas.* (la plaza San Martín / la Calle Corrientes / la catedral)
3. Doble a la derecha *en la esquina.* (al llegar al río *[river]* / en la Calle Córdoba / al llegar a la Avenida Libertad)
4. Doble a la izquierda en *la Avenida 9 de Julio.* (la Calle Santa Fe / la Calle Florida / Calle Esmeralda)

B. *Perdón, señorita. ¿Cómo llego a... ?* With your partner, take turns playing the role of the police officer at **La Puerta del Sol** (circled in red on the map on page 195). Explain how to get to the following places. Follow the model.

Modelo: la estación de metro Antón Martín

—*Perdón, señor (señorita). ¿Cómo llego a la estación de metro Antón Martín?*
—*Tome la Calle Carretas hasta llegar a la Plaza Benavente. Tome la Calle Atocha a la izquierda de la plaza. Siga derecho. La estación de metro Antón Martín está a la izquierda.*

1. La Plaza Mayor
2. la Capilla del Obispo
3. La Plaza de la Villa
4. El Teatro Real
5. La Telefónica en la Gran Vía

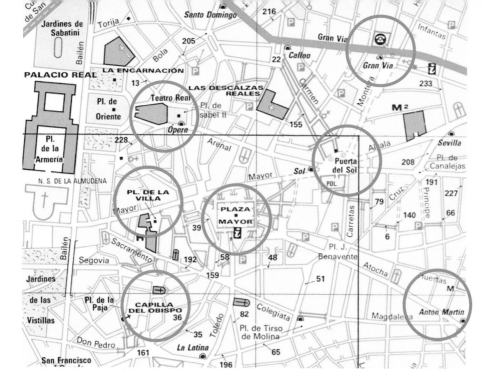

¿Qué crees?

In which Latin American city were many archaeological findings discovered while building a subway system? One of the stations is decorated by an excavated pyramid.

a) Buenos Aires (Argentina)
b) Mexico City
c) Caracas (Venezuela)

respuesta

Pronunciación: The sound of /s/ (continued)

The sound of /s/ can also be spelled with the consonant **c** when it is before the vowels **e** and **i** as in **cena** and **cine**.

Práctica

C. Listen and repeat as your teacher models the following words.

1. cena
2. centro
3. cerca
4. dulce
5. a veces
6. cine
7. cinta
8. cita
9. cien
10. gracias

Repaso

D. *¿Por favor... ?* Some tourists stop you in the **Zócalo** to ask where certain places are located. Using the map on page 196, locate as precisely as possible the places that they are looking for. Follow the model.

  la Antigua Aduana
—¿La Antigua Aduana, por favor?
—La Antigua Aduana está frente al Antiguo Palacio de la Inquisición.

Learning Strategies:

Reading a map, organizing and giving directions

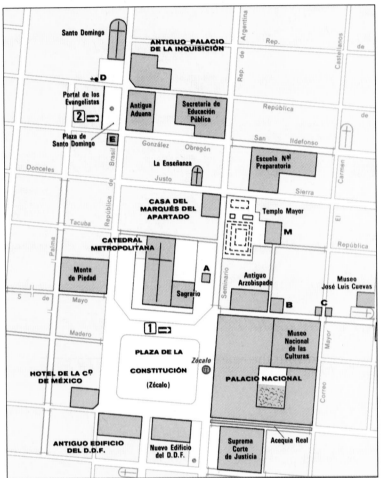

1. Casa del Marqués del Apartado
2. Monte de Piedad
3. Suprema Corte de Justicia
4. Secretaría de Educación Pública
5. Antiguo Arzobispado
6. Nuevo Edificio del D.D.F.

 b

ESTRUCTURA

Commands with Ud. and Uds.

Tome la Calle Atocha.	*Take* Atocha Street.
¡Escuchen bien!	*Listen* well!

1. Command forms of a verb are used to tell someone to do something, such as to give orders, directions, and suggestions. Spanish has two command forms: formal (**Ud.** and **Uds.**) and informal (**tú** and **vosotros**). Here you will learn how to make formal commands.

Formal Commands

Verbs ending in **-ar: cantar**	Verbs ending in **-er: comer**	Verbs ending in **-ir: escribir**
Cante Ud.	**Coma** Ud.	**Escriba** Ud.
Canten Uds.	**Coman** Uds.	**Escriban** Uds.

---

2. To form the **Ud.** and **Uds.** commands, drop the **o** from the **yo** form of the present tense and add **e/en** for **-ar** verbs and **a/an** for **-er** and **-ir** verbs.

yo **hablo** →	**habl-** →	**hable** Ud.	**hablen** Uds.
yo **bebo** →	**beb-** →	**beba** Ud.	**beban** Uds.
yo **escribo** →	**escrib-** →	**escriba** Ud.	**escriban** Uds.
yo **tengo** →	**teng-** →	**tenga** Ud.	**tengan** Uds.

3. The negative command is formed by placing **no** before the verb: **¡No baile!, ¡No canten!**

Aquí practicamos

E. Give the **Ud.** and **Uds.** command forms of the following verbs.

 doblar a la derecha
Doble a la derecha.
Doblen a la derecha.

1. estudiar
2. no beber mucho
3. aprender español
4. tener paciencia
5. no comer mucho
6. leer todos los días

F. *A mi profesor(a)*   Use the **Ud.** command with your teacher.

 no bailar en clase
No baile en clase.

1. tener paciencia
2. no trabajar mucho
3. escribir las instrucciones
4. leer en la biblioteca
5. viajar mucho
6. no hablar tan despacio *(so slowly)*

G. *¡Vamos!*   Using the suggested verbs, tell two or three of your class-mates to do something. They are obliged to obey you! Use these verbs:

| mirar | cantar | escuchar | bailar |
| trabajar | usar | correr | escribir |

Modelos: *Luisa y Marta, ¡canten bien!*
Antonio y Marta, ¡bailen mucho!

Irregular command forms

1. Verbs that end in **-car**, **-gar**, or **-zar**, such as **practica**r, **llegar**, and **cruzar**, have a spelling change in the **Ud.** and **Uds.** command forms: **c → qu: practique; g → gu: llegue;** and **z → c: cruce**.

2. The verbs **ir** and **ser** have irregular command forms.

ir	*ser*
vaya Ud.	**sea** Ud.
vayan Uds.	**sean** Uds.

H. Give the **Ud.** and the **Uds.** command forms of these verbs. Follow the model.

 ir de vacaciones
Vaya de vacaciones.
Vayan de vacaciones.

1. ser bueno
2. ir a bailar
3. no ser antipático
4. ir a clase
5. practicar el piano
6. no llegar tarde *(late)*
7. cruzar la calle
8. buscar *(look for)* las llaves

Aquí escuchamos:
"Está cerca de aquí."

Learning Strategy:

Previewing

Antes de escuchar

Read the following questions before listening to the conversation. Review the command forms on pages 196, 197 and above.

1. **How do you say *turn to the left?***
2. **What is the difference between derecho and derecha?**
3. **What is the word in Spanish for *street blocks?***

Now listen to the conversation to find out the name of the street the man is looking for. Write the name of the street as well as any other street names you hear.

Después de escuchar

Listen to the conversation again before summarizing in English the steps the man needs to take to get where he wants to go.

EJERCICIO ORAL

I. **Vamos a la escuela**   Explain to another student how you get from where you live to your school. (1) Give specific directions, including every street name and turn. (2) Name at least three buildings that you pass on the way. Include in your explanation the verbs **ir, cruzar,** and **doblar.**

EJERCICIO ESCRITO

J. **Para ir a la Plaza Mayor**   You and a Peruvian pen pal have just arrived in Madrid. While having lunch at **La Puerta del Sol,** you look at a map similar to the one on page 195 and find the red circle marking where you are. Discuss the best way to get to your destinations. You are going to **La Plaza Mayor** and your friend is meeting his or her family in front of **El Teatro Real.** Together write down specific directions in Spanish from your current location to each destination.

Vocabulario

Para charlar

Para dar direcciones

Cruce la calle…
Doble a la derecha.
        a la izquierda.
Está al final de…
        al lado de…
        cerca de…
        delante de…
        detrás de…
        en la esquina de…
        entre…
        frente a…
        lejos de…
Tome la calle…
Siga derecho por…

Para pedir direcciones

¿Cómo llego a… ?
¿Dónde está… ?
¿Está lejos/cerca de aquí?

Vocabulario general

Sustantivos

la playa de estacionamiento
un quiosco de periódicos

Verbos

estar
llegar

Otras palabras y expresiones

del
Sea Ud.…
Sean Uds.…
Vaya Ud.…
Vayan Uds.…

Lectura CULTURAL

En la Pequeña Habana, la gente se reúne en los cafetines del barrio para charlar y jugar a los dominós.

LA PEQUEÑA HABANA

Antes de leer

1. What are some cities in the United States where there is a large number of Spanish-speaking people?

2. Have you visited some of these cities? If so, what do you remember about them?

3. Look at the title of the reading and the photos on page 201. What part of the United States would you guess this reading is about?

Guía para la lectura

A. Read the first paragraph and complete the following sentences, based on the information it contains.

1. "La Pequeña Habana" is in . . . .

2. Many people have come to this city from . . . .

B. Now read the next paragraph to answer the following questions.

1. Where are many of the tourists who visit La Pequeña Habana from?

2. What are some of the cultural attractions that the area offers?

La Pequeña Habana

a Pequeña Habana es un barrio de la ciudad de Miami. Aquí se reúnen muchos de los cubanos que vienen de Cuba porque no quieren vivir bajo el sistema impuesto en la isla por Fidel Castro en 1959. Hoy en día, este sector de la ciudad es un centro social importante, no sólo para los cubanos sino también para numerosas personas de otros países de habla española. Para éstos, La Pequeña Habana es como un segundo hogar.

Para los norteamericanos, europeos y turistas de otras nacionalidades que la visitan, el área es uno de los sectores más atractivos del sur de la Florida. Éstos disfrutan enormemente de la cultura cubana —su comida, sus fiestas y su artesanía. Por donde-quiera que se camina en la Pequeña Habana, los cafetines, los dominós, el sonido de la música y de las radios son evidencia de que en el corazón cubano de Miami el español sigue vivo, igual que la imagen de Cuba.

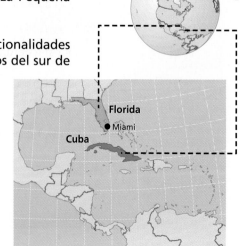

Florida
Miami
Cuba

9

¡LA FIESTA DEL PUEBLO!

¡Bienvenidos a la fiesta del pueblo!

Objectives:

>>> **T**alking about leisure-time activities

>>> **M**aking plans

>>> **G**iving and getting the time

Strategies:

>>> **S**cheduling

>>> **L**istening for details

>>> **C**omparing and contrasting

PRIMERA ETAPA

Preparación

>> **W**hat are some of the holidays that are especially important to the people who live in your town or city? What kinds of events or activities does your town or city hold to celebrate a national holiday, such as the Fourth of July?

>> **H**ave you ever celebrated a special holiday in another country? Where did this happen and what was it like?

>> **D**o you think it is a good idea for people to get together to celebrate a holiday? Why or why not?

Learning Strategy:

Previewing

¿A qué hòra son los bailes folklóricos?: What time are the folk dances?

all / towns
Hispanic / large party, festival / once a year
announces / for

Octavio García vive en Guatemala. Como en **todas** las ciudades y **pueblos hispanos,** la Ciudad de Guatemala tiene una **gran fiesta una vez al año.** En Guatemala celebran el Día de la Independencia el 15 de septiembre. Octavio mira el póster que **anuncia** los programas **para** el festival.

DÍA DE LA INDEPENDENCIA
Ciudad de Guatemala

10:30	**Misa** de **Acción de Gracias** en la Catedral
12:00	**Feria** de la comida
13:30	Bailes folklóricos en la Plaza Mayor
14:45	**Concurso** de **poesía**
	Premio a la **mejor** poesía
16:30	**Desfile** de las escuelas
19:00	Banquete en el Club Independencia
21:00	**Fuegos artificiales** en el Parque Nacional
22:00	Baile popular (Parque Nacional)

Día de la Independencia: Independence Day / *Misa:* Mass / *Acción de Gracias:* Thanksgiving / *Feria:* Fair / *Concurso:* Contest / *poesía:* poetry / *Premio:* Prize / *mejor:* best / *Desfile:* Parade / *Fuegos artificiales:* Fireworks

/-/-/-/-/-/-/-/-/-/-/-/

Learning Strategy:

Reading for cultural
information

COMENTARIOS
CULTURALES

La fiesta del pueblo

Every town in the Hispanic world has at least one big celebration
each year. There are religious festivals in honor of the patron saints
of the towns, celebrations for the coming of spring and harvest and
grape-pressing festivals, and more. Everybody in the town partici-
pates in these celebrations. The festivals begin with a religious cere-
mony and prayers said in the local churches. In the evening there are
parties with dancing, eating, and sometimes fireworks.

A. El Día de la Independencia   Elena is planning her activities for
the day of the festival. Complete the paragraph according to the information on the poster on page 204.

Primero voy a la catedral para escuchar la Misa de _____ __ _____. Luego
voy a comer en la casa de Adela. Después de comer, Adela y yo vamos a ver los
bailes _____ en la _____ Mayor. Adela va a leer su poesía en el _____
de _____. No vamos a ver el _____ de las escuelas porque va a ser
muy largo. Tampoco vamos a ir al _____ en el _____ Independencia,
porque es muy caro (expensive). Por la noche, vamos a ver los _____
_____ en el Parque Nacional, y luego vamos al _____ popular. Va a
ser (It's going to be) un día divertido.

B. ¿Qué quisieran hacer durante (to do during) **la fiesta?**
Look at the schedule on page 204 and list the three events that you
would most like to attend. Then circulate among your classmates, asking what they want to do at the **fiesta**. Find out whose itineraries are
most similar to yours. Follow the model.

Modelo: —¿Qué quisieras hacer tú, Janine?
—Yo quisiera ver el desfile.

/-/-/-/-/-/-/-/-/-/-/-/

Learning Strategies:

Listing, interviewing

**Critical Thinking
Strategies:**

Prioritizing, comparing
and contrasting

Pronunciación: The consonants m and n

When the consonants **m** and **n** are the first letters of a word or syllable, they
are pronounced exactly like m and n in English.

Práctica

C. Listen and repeat as your teacher models the following words.

1. mamá	**4.** merienda	**7.** una	**9.** noche
2. mal	**5.** mermelada	**8.** nada	**10.** bueno
3. más	**6.** tener		

//-//-//-//-//-//-//-//-//

Learning Strategies:

Requesting and providing information, reading a map

Repaso

D. **¿Dónde hay un (una)... ?** You are a tourist in Lima and want to find out where various places are, so you ask the clerk at the **Hotel Bolívar**. Among the places you might be looking for are **el estadio, el Museo de Arte, la oficina de correos, la catedral,** etc. Enact the conversation with a partner following the model.

Modelo:
—¿Dónde está la Plaza Grau, por favor?
—Está en la esquina del Paseo de la República y la Avenida Grau.

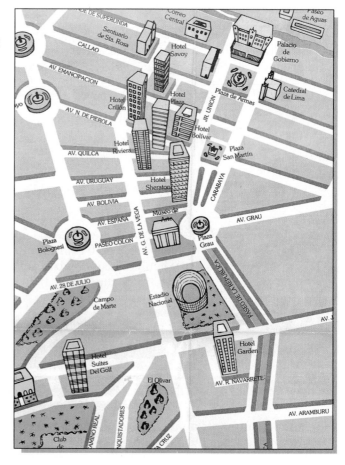

ESTRUCTURA

¿Qué hora es?

Es la una.

Son las dos.

Son las dos y diez.

Son las dos y cuarto.

Son las dos y media.

Son las tres menos veinte.

Son las tres menos cuarto.

Es **medianoche**.

Es **mediodía**.

midnight / noon

1. To distinguish between a.m. and p.m., use the expressions **de la mañana** (*in the morning*), **de la tarde** (*in the afternoon*), or **de la noche** (*in the evening*).

2. Notice that in Spanish **es la** is used for one o'clock and **son las** is used for all other hours.

Aquí practicamos

E.   Give the time for every five minutes between 9:00 and 10:00.

F.   *¿Qué hora es?*   Find out the time from a classmate. Indicate whether it is morning **(de la mañana)**, afternoon **(de la tarde)**, or evening **(de la noche)**. Follow the model.

> *Modelo:*   2:20 a.m.
> —*¿Qué hora es?*
> —*Son las dos y veinte de la mañana.*

1. 8:20 a.m.	**4.** 3:10 p.m.	**7.** 4:15 p.m.	**9.** 7:45 a.m.
2. 1:00 p.m.	**5.** 10:55 a.m.	**8.** 5:35 a.m.	**10.** 10:25 p.m.
3. 1:30 a.m.	**6.** 11:45 p.m.		

Palabras útiles

Questions about time

1. To ask someone what time something happens, use **¿A qué hora... ?** The response to this question requires the preposition **a.**

—**¿A qué hora** comes?	*What time* do you eat?
—**A las 6:15.**	*At 6:15.*

2. To ask someone when something occurs, use **¿cuándo?** To indicate that something happens *between* two times, use either **entre las... y las...** or **desde las... hasta las... .**

—**¿Cuándo** corres?	*When* do you run?
—**Entre las 5:00 y las 6:00.**	*Between 5:00 and 6:00.*
—**¿Cuándo** trabaja tu madre?	*When* does your mother work?
—**Desde las 9:00 hasta las 5:00.**	*From 9:00 to 5:00.*

G.   *¿A qué hora... ?*   Tell your friend between what times you do the activities on the next page. Follow the model.

> *Modelo:*   mirar la TV
> —*¿A qué hora miras la TV?*
> —*Miro la TV entre las 7:00 y las 9:00 de la noche.*

1. preparar la lección (*lesson*) de español
2. usar el laboratorio de lenguas
3. comer
4. practicar el tenis
5. trabajar
6. leer

ESTRUCTURA

The present tense of venir

¿A qué hora **viene** Mónica?	What time does Mónica *come*?
Nosotros **venimos** a las 3:00.	We *come* at 3:00.

The present tense forms of the verb **venir** are:

venir			
yo	**vengo**	nosotros(as)	**venimos**
tú	**vienes**	vosotros(as)	**venís**
él		ellos	
ella	**viene**	ellas	**vienen**
Ud.		Uds.	

You will note that the verb **venir** follows the same pattern as the verb **tener** except in the **nosotros** and **vosotros** forms.

Aquí practicamos

H. Create original sentences using words from each column.

A	B	C
Laura	venir	a la fiesta
Cristina y yo		de Acapulco
Uds.		a mi casa
tus amigos		del supermercado
la profesora		
tú		

I. *¿Quién viene al baile con nosotros?*   You and your boyfriend or girlfriend are going to the dance for **El Día de la Independencia**. You want to know who else is coming with you. Follow the model.

 Ana / sí
Ana viene al baile.

1. Elena y su hermano / no
2. Elvira / no
3. tú / sí
4. mis abuelos / sí
5. David y Juliana / sí
6. vosotros / no

J. *¿Quieres venir a mi fiesta esta noche?*   You are giving a party tonight and you are inviting people in your class. Ask five people whether they want to come. If they cannot come, they must give you an excuse. Follow the model.

Modelo: —Rob, *¿quieres venir a mi fiesta esta noche?*
—*Sí, ¡cómo no!*   o:
—*No, lo siento, pero tengo que estudiar.*

Aquí escuchamos:
"La hora"

You will hear people talking about time: class times, time zones, bus schedules, and plans for an evening's activity. You will hear each short conversation twice.

Antes de escuchar

Review telling time, on pages 207 and 208. Now listen to the information in each conversation and pay special attention to the times given. Write down as many of the times as you can in preparation for the questions that follow.

START

Después de escuchar

Answer the following questions in Spanish.

CONVERSACIÓN 1:
1. ¿Cuándo es la clase de inglés?   2. ¿Hasta qué hora es la clase?

Learning Strategy:

Listening for details

CONVERSACIÓN 2:

3. ¿Qué hora es en Nueva York cuando son las 7:00 en Madrid?

4. ¿Qué hora es en Los Ángeles cuando son las 7:00 en Madrid?

CONVERSACIÓN 3:

5. ¿A qué hora van a un restaurante el muchacho y la muchacha?

6. ¿A qué hora es la película que van a ver?

CONVERSACIÓN 4:

7. ¿A qué hora va el autobús a Santa Fe?

8. ¿A qué hora llega el autobús a Santa Fe?

¡Adelante!

EJERCICIO ORAL

K. *En la fiesta del pueblo* Imagine that your class is in Guatemala for the annual **Día de la Independencia**. Consulting the poster on page 204, (1) decide on three events that you would like to attend. Then, working with two classmates, (2) reach an agreement on at least one event on each person's list that you will attend together. Finally, (3) create a schedule, indicating what time each event begins and how long you will be at the **fiesta**. Be prepared to report on your choices and your schedule.

//-//-//-//-//-//-//-//-//

Learning Strategies:

Scheduling, reporting, negotiating

Critical Thinking Strategies:

Prioritizing, comparing and contrasting

EJERCICIO ESCRITO

L. *Un programa* Work with a classmate and prepare a poster in Spanish for a celebration in your town or city for the Fourth of July, or some other holiday of your choice. Write down the events for an entire day and evening as well as the times they will take place. If you wish, you can use the program on page 204 to give you ideas.

//-//-//-//-//-//-//-//-//

Learning Strategies:

Listing, scheduling

SEGUNDA ETAPA

Preparación

>> **W**hat kind of special events does your town or city plan for special holidays?

>> **I**f you could help plan events for a public holiday celebration, what suggestions would you make?

¿Cómo están Uds.?

Hay muchas actividades para ver durante la fiesta del pueblo.

Then	**Ana:**	**Entonces,** ¿adónde vamos ahora? ¿Hay más actividades?
Of course / tired / rest	**Julia:**	**Por supuesto,** pero estoy muy **cansada.** Quisiera **descansar** por una hora.
ready	**Miguel:**	Pues, yo estoy muy bien. Estoy **listo** para continuar la fiesta.
Now	**Consuelo:**	**Ahora** es el concurso de poesía. Yo quiero ver quién gana el premio.
	Julia:	Bueno, vayan Uds.
are we meeting	**Ana:**	Muy bien. ¿Dónde **nos encontramos?**
	Miguel:	Delante del cine Odeón en la Avenida Los Andes.
O.K. (We are in agreement.)	**Julia:**	**De acuerdo.** ¡Hasta luego!

¡Aquí te toca a ti!

A. De acuerdo   You and a classmate are planning to attend the **fiesta del pueblo** in Guatemala. Ask your classmate what he or she wants to do at the festival. When your classmate suggests an activity, indicate your agreement or disagreement by saying **De acuerdo, ¡Buena idea!**, or **No, prefiero…** . Agree on three of the activities listed. Follow the model.

ir a ver el desfile
—*Entonces, ¿adónde vamos?*
—*Vamos a ver el desfile.*
—*De acuerdo. ¡Buena idea!*

1. ir a la feria de las comidas regionales
2. ir a mirar los fuegos artificiales
3. ir a ver los bailes folklóricos
4. ir al banquete
5. ir al baile popular

B. ¿A qué hora nos encontramos? ¿Y dónde?   You and your classmate have decided where to go. Now you need to arrange a time and place to meet. Follow the model.

10:00 / delante del cine Odeón
—*¿A qué hora nos encontramos?*
—*A las 10:00.*
—*¿Dónde?*
—*Delante del cine Odeón.*
—*De acuerdo, a las 10:00, delante del cine Odeón.*

1. 11:00 / delante de la catedral
2. 3:00 / delante del Club San Martín
3. 4:00 / en la Avenida Los Andes, esquina de la Calle Corrientes
4. 9:00 / en el Parque Nacional

Pronunciación: The consonant ñ

The consonant **ñ** is pronounced like the *ni* in the English word *onions*.

Práctica

C. Listen and repeat as your teacher models the following words.

1. año
2. mañana
3. señorita
4. baño
5. señor
6. español

Cooperative Learning

Learning Strategy

Negotiating

¿Qué crees?

One of the shows that is common in town festivals in Spain is the Toros de Fuego *(Bulls of fire)*. What do you think they are?

a) bullfights
b) The bulls are set on fire.
c) people dressed as bulls carrying fireworks on their backs

respuesta

D. ¿Qué hora es?   Answer according to the cues, following the model.

Modelo: 2:30
—¿Qué hora es?
—Son las dos y media.

1. 7:25	**3.** 10:15	**5.** 8:10	**7.** 4:40	**9.** 8:33
2. 11:52	**4.** 3:30	**6.** 1:45	**8.** 12:05	**10.** 9:16

ESTRUCTURA

Estar + adjectives of condition

Yo **estoy muy cansada**.	I *am very tired.*
Yo **estoy listo** para continuar la lección.	I *am ready* to continue with the lesson.

1. **Estar** is used with adjectives that describe physical or emotional conditions:

   aburrido *(bored)*   **enojado** *(angry)*
   cansado *(tired)*   **listo** *(ready)*
   contento *(happy)*   **tarde** *(late)*
   enfermo *(sick)*   **triste** *(sad)*

c

2. These adjectives agree in gender and number with the person they describe.

   Ella está **cansada.**   **Ellas** están **cansadas.**
   Él está **cansado.**   **Ellos** están **cansados.**

//-//-//-//-//-//-//-//-//-//
Critical Thinking Strategies:

Seeing cause-and-effect relationships, making associations

E. ¿Qué hacen?   Complete the following sentences with an adjective from the box above to tell you how you and the following people feel in each situation. Follow the model.

   Voy al cine cuando...
Voy al cine cuando estoy aburrido(a).

1. Voy al hospital cuando...
2. Tomamos una siesta cuando...
3. Ustedes necesitan correr cuando...
4. Mis amigos comen cuando...
5. Mi hermana va de compras cuando...

6. Escuchamos música cuando...
7. Llamo a mi mejor amigo(a) cuando...
8. Raquel y Pablo no hablan cuando...
9. Tomas el examen cuando...
10. Voy al centro cuando...

F. ¿Estás bien?   Look at the pictures and describe how these people feel today.

1. Marisol

2. Graciela

3. Santiago

4. Diego y Fernando

5. Julia

6. Benjamín y Laura

G. ¿Cómo están Uds.?   Ask five of your classmates how they are feeling today. Then report to the class. Follow the model.

—¿Cómo estás?
—Estoy muy contento(a).

Nota gramatical

Possessive adjectives—third person

—¿Es la bicicleta de Vicente?   Is it Vincent's bike?
—Sí, es **su** bicicleta.   Yes, it's *his* bike.
—¿Son ellos los amigos de tu   Are they your sister's friends?
  hermana?
—Sí, son **sus** amigos.   Yes, they are *her* friends.

The third-person singular possessive adjective is **su**. The plural form is **sus**. These adjectives agree in number with the noun they modify. They have several equivalents in English.

su / **sus** = *his, her, its, your (formal),* and *their*

In order to clarify meaning, sometimes the phrases **de él, de ella, de Ud., de Uds., de ellos**, and **de ellas** are used in place of the possessive adjective.

—¿Es **su** coche?   Is it *his* car?
—Sí, es el coche **de él.**   Yes, it's *his* car.

H. Answer the questions on page 217 affirmatively, following the model.

Modelo: —¿Es el cuaderno de Pedro?
—*Sí, es su cuaderno.*

Pedro

1. Ana María

2. Antonio

3. Raquel y Susana

4. Pilar

5. Mariano y Adela   **6.** Marcos y Carmen   **7.** Raúl   **8.** Benito

1. ¿Es el libro de Ana María?
2. ¿Son las llaves de Antonio?
3. ¿Son las amigas de Raquel y Susana?
4. ¿Es el perro de Pilar?
5. ¿Es el gato de Mariano y Adela?
6. ¿Son las hijas de Marcos y Carmen?
7. ¿Es la hermana de Raúl?
8. ¿Es la casa de Benito?

Aquí escuchamos:
"¿Cómo están?"

Antes de escuchar

Listen to five people tell how they are and why they feel this way. Write down (1) the name of each person, (2) how he or she is, and (3) the main reason each one gives for feeling this way. Do the best you can the first time around, and then listen again to fill in any information you may have missed.

Review the adjectives of condition or mood on page 214 and answer the following questions.

1. What verb is used in Spanish with the kinds of adjectives the speakers used to describe how they felt?

2. What ending does the adjective have if referring to a male? to a female?

START

Learning Strategies:

Listening for details, taking notes

Después de escuchar

Now answer the following questions in English, checking the notes you took to help you remember who said what.

1. How does Raquel feel and why does she feel this way?
2. Which person is happy and what is the reason?
3. What does Patricia say about the mood she is in?
4. What does Raimundo want and how is he?
5. What about Alejandra? How does she feel?

EJERCICIO ORAL

I. ¿Cómo estás?   You and your partner compare how you feel when you engage in the following activities. Follow the model.

 Cuando voy a un concierto…
Cuando voy a un concierto, estoy contento(a).

1. Cuando corro…
2. Cuando voy a clase…
3. Cuando escucho música…
4. Cuando estudio…
5. Cuando hablo con mis amigos…
6. Cuando recibo una F…

EJERCICIO ESCRITO

J. Una encuesta (A poll)   Take a poll of four classsmates. Then, (1) write down a sentence or two about how your classmates feel today, and (2) include the reason each person gives for feeling that way. (3) Then organize a chart based on your findings, grouping the names of your classmates interviewed by the feeling they expressed. Be prepared to report back to the class.

Vocabulario

Para charlar

Para preguntar y dar la hora

¿Qué hora es?
Es la una y media.
Son las tres menos veinte.

¿A qué hora?
¿Cuándo?
A las cinco de la mañana.
A la una de la tarde.
A las nueve de la noche.
Desde… hasta…
Entre… y…
Al mediodía.
A la medianoche.

Temas y contextos

La Fiesta del Pueblo

un baile popular
unos bailes folklóricos
un concurso de poesía

un desfile
el Día de la Independencia
una feria

unos fuegos artificiales
la misa de Acción de Gracias
un premio

Vocabulario general

Adjetivos

aburrido(a)
cansado(a)
contento(a)
enfermo(a)
enojado(a)
hispano(a)
listo(a)
triste

Verbos

anunciar
celebrar
descansar
venir

Otras expresiones

ahora
de acuerdo
¿Dónde nos encontramos?
entonces
mejor

para
por supuesto
su/sus
todo(a)
una vez al año

Lectura
CULTURAL

LAS FIESTAS EN EL MUNDO HISPANO

El Festival de la Virgen de Guadalupe en México y la Fiesta de San Fermín en Pamplona, España

Pamplona •

Spain

Antes de leer

1. Look at the title and the photos. What do you think the reading is a
2. What are some major holidays that are celebrated in the United Stat
3. Do any of these holidays have a religious significance? Which ones?

Guía para la lectura

A. Read the first paragraph to determine what traditions are combined in celebrations throughout the Spanish-speaking world.

B. Look quickly at the three paragraphs that follow and identify the festival that is described in each.
Paragraph 2:   Paragraph 3:
Paragraph 4:

C. Describe in your own words in English one of the celebrations mentioned.

Una celebración de los Reyes Magos en la Pequeña Habana, Miami, Florida

Las fiestas en el mundo hispano

En España y en Latinoamérica hay numerosas fiestas, de gran interés y color, que forman parte de la cultura de cada región. En América Latina las fiestas casi siempre combinan tradiciones cristianas de España y las tradiciones de las antiguas culturas nativas.

El 6 de enero es el Día de los Reyes Magos, que dejan sus regalos dentro de los zapatos de los niños del mundo hispano. Esta celebración tiene su origen en la visita de los Reyes Magos al niño Jesús. En algunas ciudades, personas famosas se visten de Rey Mago y caminan por las calles.

En la ciudad de Pamplona, en el norte de España, las fiestas de San Fermín tienen lugar entre el 6 y el 14 de julio. La actividad tradicional de una multitud de personas es correr por las calles delante de los toros, que van desde los corrales hasta la plaza de toros.

En México, celebran la fiesta de la Virgen de Guadalupe el 12 de diciembre. Cada año, miles y miles de personas vienen de todo México y de los otros países de Centroamérica. Algunos caminan durante semanas para hacer el viaje a la basílica de Guadalupe.

Mexico

Puerto Rico

Aquí leemos

Estrategia para la lectura

You do not have to understand every word to get the gist of a reading passage as well as a good idea of the information it contains. For example, in reading a tourist brochure about the Spanish city of Toledo, any background knowledge you have about Toledo will be even more useful than vocabulary or grammar. Whenever you know what kind of information to expect, you can make educated guesses about where to find it. By concentrating on what you already know about a topic, you can have a better idea about what vocabulary might occur, making it easier to recognize cognates and to guess meanings. When you first begin to read, always take a moment to look the entire passage over quickly to see its organization and get an idea of the likely content.

Antes de leer

〉〉 **W**hat do you know about the Spanish city of Toledo?

〉〉 **I**magine you have a tourist brochure about Toledo. What three types of information do you expect the brochure might tell you about the city?

Here is some information to use for the reading on page 223.

Toledo is built on a hill surrounded by the Tajo River. It is a very old city that served as a crossroads of many cultures, including Christian, Arabic, and Jewish. The mixing of Christian and Islamic cultures produced a special blend of art and culture known as **mudéjar**. Toledo is the site of a famous castle, the Alcázar. It was also the adopted home of the Greek artist El Greco, who painted a famous view of the city. What else you can find out about Toledo?

This tourist brochure for the city of Toledo is published by the **Dirección General de Promoción y Turismo** of Spain. Imagine that your family is planning a trip to Spain and you are trying to convince them to include a visit to Toledo. Look over this brochure quickly to see how it is organized. Then read it more carefully to find out more about the tourist attractions in Toledo.

Esta ciudad, enclavada sobre un promontorio y rodeada por el Tajo, ha sido declarada Monumento Nacional con todos sus palacios, iglesias, puentes y arrabales. Posee muestras inapreciables del arte árabe, mudéjar, judío y cristiano. Toledo representa el clásico cruce de culturas y es la síntesis más brillante de la historia y del arte españoles.

Lugares de interés
- Catedral gótica (siglo XIII)
- El Greco (Catedral, Museo del Greco, Santo Tomé, Museo de San Vicente, Santo Domingo el Antiguo, Capilla de San José)
- Sinagoga del Tránsito
- Santa María la Blanca
- Mezquita del Cristo de la Luz
- Hospital de Santa Cruz
- Hospital de Afuera
- Alcázar, en reconstrucción

Toledo 🍐

CIUDAD DE MÚLTIPLES CULTURAS

arrabales: suburbs, outskirts

Actividades

A. Go through the reading again and mark all the cognates or words you can guess.

B. Reread the passage and list at least three facts about the city of Toledo. Was the information you expected to find included?

C. Select two tourist attractions mentioned in the brochure and explain why you think you might like to visit them.

D. Create a poster encouraging tourists to visit Toledo. You might include some special information about El Greco or perhaps a small map. Use expressions such as **¡Visite Toledo!, ¡Visite sus palacios!, ¡Visite sus iglesias históricas!**

E. Create a poster similar to the one you created for Toledo that will attract Spanish-speaking tourists to your town or area.

Una vista de Toledo, ciudad con un papel muy importante en la historia española y con muchos lugares de interés.

Ya llegamos

Actividades orales

A. *Para ir a la Plaza Mayor...* You and a friend have just arrived in Madrid. While having lunch at the **Puerta del Sol**, you look at the map on page 195 and discuss the best way to get to your next destination. You are going to the **Palacio Real** and your friend is meeting his or her family in the **Rastro** flea market at **La Latina**. Together write down specific directions from the **Corte Inglés** to each destination.

B. *El festival* You and two of your classmates are in Guatemala for the annual festival. Using the poster on page 204, plan your activities for the day. Decide on at least two activities to do together and one activity that each of you will do alone. Make plans to meet later in the day. Be sure to set a time and place where you will all meet at the end of the day!

Learning Strategies:

Organizing details, sequencing, negotiating

Actividades escritas

C *¿Dónde están?* Make a list of six public buildings in your town and indicate where they are located.

D. *¿Cuándo?* Make a schedule of six things you do in a typical day and write the number of times you do them. Be prepared to report to the class.

E. *Mi amigo(a)* Interview a classmate and write down the following information: (1) name, (2) family background, (3) where he (she) lives, (4) three of his (her) interests, (5) three of his (her) possessions, (6) two things he (she) likes, (7) two things he (she) dislikes. Using this information, write a report about your friend.

Learning Strategies:

Interviewing, organizing details, reporting

Conexión

Los husos horarios

AL EMPEZAR

>> Have you ever taken a trip to a place located in a different time zone? Where?

>> Do you have friends or family who live in a different time zone?

Nuestro planeta tiene veinticuatro husos horarios (zonas de tiempo) porque hay veinticuatro horas en el día. Mientras el planeta **da vueltas**, las horas del día pasan de un huso horario a otro. Por ejemplo, en el **dibujo** siguiente, la hora «mediodía» pasa de Nueva York a Chicago, y luego de Chicago a Denver. Cuando es mediodía en Denver, es la una en Chicago y son las dos en Nueva York.

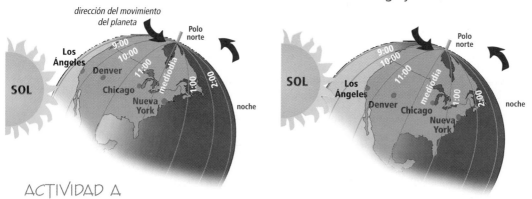

ACTIVIDAD A

Answer the following questions based on the drawings and the reading passage.

1. Cuando es la una en Nueva York, ¿qué hora es en Denver?
2. Cuando es la una en Nueva York, ¿qué hora es en Los Ángeles?
3. Cuando es mediodía en Denver, ¿dónde es la una?
4. Cuando es mediodía en Denver, ¿dónde son las once?

El mapa en la página 227 tiene todos los husos horarios del mundo. Siempre es la misma hora en las ciudades que están en el mismo huso horario. Con este mapa, es posible contar la diferencia de horas entre dos ciudades que están muy lejos.

---

da vueltas rotates / *dibujo* drawing

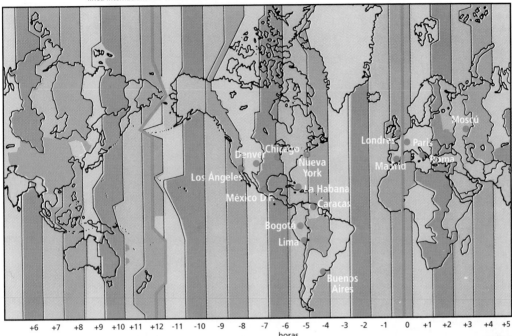

línea internacional de cambio de fecha

+6 +7 +8 +9 +10 +11 +12 -11 -10 -9 -8 -7 -6 -5 -4 -3 -2 -1 0 +1 +2 +3 +4 +5
horas

Países que tienen diferencias de media hora con los husos horarios al lado, o que no participan en el sistema de husos horarios.

ACTIVIDAD B

1. ¿Cuáles ciudades latinoamericanas están en el mismo huso horario que Nueva York?
2. ¿Hay otras ciudades europeas que están en el mismo huso horario que Madrid? ¿Cómo se llaman?
3. ¿En que huso horario está tu ciudad?
4. ¿Cuántos husos horarios hay entre Nueva York y Madrid? ¿entre Nueva York y Los Ángeles? ¿entre Los Ángeles y Madrid? ¿entre Londres y Madrid?

ACTIVIDAD C

Work with a partner and find out when he or she performs the following daily activities. Make a list of the activities and the time your partner does each activity.

 Modelo: comer el desayuno
Estudiante 1: *¿A qué hora comes el desayuno?*
Estudiante 2: *Desayuno a las siete de la mañana.*

1. estudiar
2. ir a la escuela
3. llegar a casa
4. estar cansado(a)
5. descansar en la cama
6. mirar la televisión
7. comer en la cafetería
8. pasar tiempo con amigos

¿Qué ves?

>> Who are these people in the photographs?

>> Where are they going? How?

>> Where do you think they are?

OBJECTIVES

IN THIS UNIT YOU WILL LEARN:

☐ **T**o make plans for various activities in town;

☐ **T**o talk about the future;

☐ **T**o use the Madrid subway;

☐ **T**o give directions for using the Madrid subway;

☐ **T**o read a short informational text about transportation.

Vamos al centro

10

¿QUIERES IR AL CENTRO?

—¿Quieres ir al centro conmigo?
—Sí, tengo que comprar algo.

Objectives:

>>> **M**aking plans to go downtown

>>> **I**dentifying what to do in town

>>> **T**alking about when and how to go downtown

Strategies:

>>> **M**aking plans

>>> **R**eading a calendar

>>> **N**egotiating

>>> **P**redicting

PRIMERA ETAPA

Preparación

≫ **W**hat do you do when you go downtown?

≫ **H**ow do you invite someone to go with you?

≫ **W**hy do you go there?

¿Para qué?

¿Para qué? For what reason?

—Voy al centro para ver a mis amigos.
—Ah, tienes una **cita** con tus amigos.

—Voy al centro para **ir de compras.**
—Ah, quieres comprar algo.

to go shopping
date

—Voy al centro para ir al cine.
—Ah, **tienes ganas de** ver una película.

—Voy al centro para **hacer un mandado** para mi madre.
—Ah, **debes** hacer un mandado.

do an errand
you feel like
you should

take a walk

—¿Para qué vas al centro?
—Voy al centro para **dar un paseo.**

—¿Francisco, quieres ir al centro conmigo?
—¿Para qué?
—Para hacer un mandado para mi padre. Tengo que ir a la farmacia.
—Mm, bueno, quiero comprar un disco compacto. ¡Vamos!
—De acuerdo. ¡Vamos!

¡Aquí te toca a ti!

A. *¿Para qué va al centro?*   Your teacher wants to know why the following students are going downtown. On the basis of the drawings on page 233, explain why. Follow the model.

Modelo: ¿Para qué va María al centro?
Ella va al centro para ver a una amiga.

1. ¿Para qué va Vicente al centro?

él va al centro para ir al cine.

2. ¿Para qué va Anita al centro?

ella va al centro para ir al banco.

3. ¿Para qué va José al centro?

él va al centro para ~~ver disecorpators~~ comprar los discos compactos.

4. ¿Para qué va Laura al centro?

ella va al centro para ir ~~seseceseca~~ a la librería.

5. ¿Para qué van Patricio y Julia al centro?

ellos van al centro para ir al resturante.

6. ¿Para qué van Mario y Luis al centro?

ellos van al centro para ir la biblioteca.

B. *¿Quieres ir al centro conmigo?* You are going downtown and invite a friend to go along. When you explain the reason for going, your friend decides to accompany you. Base your reasons for going on the following drawings. Follow the model.

Modelo: —*¿Quieres ir a la oficina de correos conmigo?*
—*¿Para qué?*
—*Tengo que ir a la oficina de correos.*
—*Bueno. Vamos.*

1.

2.

3.

4.

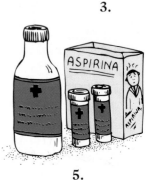
5.

Pronunciación: *The consonant* h

In Spanish, unlike English, the letter **h** is always silent.

Práctica

C. Listen and repeat as your teacher models the following words.

1. hay	**4.** hoy	**7.** hablar	**9.** ahora
2. hospital	**5.** hace	**8.** hispano	**10.** hora
3. hola	**6.** hotel		

En el centro de Madrid, España

ESTRUCTURA

The immediate future

Voy a comer.	*I am going to eat.*
Vamos a estudiar.	*We are going to study.*
¿Qué **vas a hacer** esta tarde?	*What are you going to do* this afternoon?
Voy a dar un paseo.	*I am going to take* a walk.

What you have learned to say in Spanish so far refers mainly to the present or to a general situation. It is now time to learn how to talk about the future. One way to express a future action, especially one that will occur in the not-too-distant future, is to use a present-tense form of **ir + a** + *infinitive.* This structure is equivalent to the English use of *going to + verb.*

Voy a bailar.	*I'm going to dance.*
Vas a hablar español.	*You're going to speak* Spanish.
¿**Va a comer Juan** en el centro?	*Is John going to eat* downtown?
Vamos a escuchar la cinta.	*We're going to listen to* the tape.
Uds. van a estudiar.	*You're going to study.*
Ellos van a dar un paseo.	*They're going to take* a walk.

To form the negative, **no** is placed before the conjugated form of **ir.**

No voy a comer en el centro.	*I'm not going to eat* downtown.
Ellos no van a estudiar.	*They're not going to study.*

Aquí practicamos

D. Use words from each column to form sentences expressing future plans.

A	B	C
yo	ir a	dar un paseo
Susana		comer en un restaurante
Marcos		estudiar en la biblioteca
nosotros		comprar un disco compacto
Juan y su novia		mirar un programa de televisión
Uds.		
tú		
vosotros		

E. *¿Qué vas a hacer el sábado por la tarde* (Saturday afternoon)*?*

You are trying to find out what your friends are going to do Saturday afternoon. Your classmates will answer the questions using the expressions in parentheses. Follow the model.

 Modelo: Marcos, ¿qué vas a hacer el sábado por la tarde? (comer en un restaurante)
Voy a comer en un restaurante.

1. Carlos, ¿qué vas a hacer el sábado por la tarde? (estudiar en la biblioteca)
2. ¿Y qué va a hacer Juan? (ver a una amiga en el centro)
3. ¿Y Fernando y su amigo? (dar un paseo)
4. ¿Y Bárbara y Julián? (ir de compras)
5. Marcos, ¿qué vas a hacer? (comprar un disco compacto)

F. *¿Qué vas a hacer este fin de semana* (this weekend)*?*

Answer the following questions about your weekend plans.

1. ¿Vas a estudiar español?
2. ¿Vas a leer un libro? ¿Qué libro?
3. ¿Vas a comprar algo?
4. ¿Vas a mirar un programa de televisión? ¿Qué programa?
5. ¿Vas a bailar en una fiesta?
6. ¿Vas a hablar por teléfono con un(a) amigo(a)? ¿Con qué amigo(a)?

Palabras útiles

Tener ganas de + infinitive

Tengo ganas de estudiar.	*I feel like studying.*
Tienes ganas de comer una hamburguesa con queso.	*You feel like eating a cheeseburger.*
Tenemos ganas de bailar.	*We feel like dancing.*
Tienen ganas de escuchar la radio.	*They feel like listening to the radio.*

In Spanish, when you want to say you feel like doing something, you do so with the expression **tener ganas de** + *infinitive*. Simply conjugate **tener** and use the infinitive form of the verb that expresses what you feel like doing.

G. Create original sentences, using words from each column.

A	B	C
Esteban	tener ganas de	comer en un restaurante
yo		estudiar
nosotros		bailar
tú		mirar la televisión
Marta y Julia		ir a un museo
Uds.		dar un paseo
		ir al centro

H. **¿Qué tiene ganas de hacer... ?** Tell what the people in the drawings on page 238 feel like doing. Follow the model.

Isabel y Juan

Modelo: ¿Qué tienen ganas de hacer Isabel y Juan?
Isabel y Juan tienen ganas de bailar.

1. Irma
2. Julián y Javier
3. Eva
4. mis amigos
5. Esteban
6. Bárbara y Carolina

1. ¿Qué tiene ganas de hacer Irma?
2. ¿Qué tienen ganas de hacer Julián y Javier?
3. ¿Qué tiene ganas de hacer Eva?
4. ¿Qué tienen ganas de hacer tus amigos?
5. ¿Qué tiene ganas de hacer Esteban?
6. ¿Qué tienen ganas de hacer Bárbara y Carolina?

//·//·//·//·//·//·//·//·//·//·//
Critical Thinking Strategies:

Making judgments, prioritizing

I. *Tengo ganas de... pero debo...*   A friend invites you to do something. You say that you want to but can't because you ought to do something else. Think up a good excuse! Follow the model.

 ir al centro
—¿*Tienes ganas de ir al centro conmigo?*
—*Sí, pero debo estudiar español.*

1. comprar un disco compacto
2. ver una película
3. caminar al centro
4. ir a la librería
5. comer en un restaurante
6. dar un paseo

Aquí escuchamos:
"¿Quieres ir al centro?"

Antes de escuchar

Think about how you would invite someone to go downtown with you. Before you listen to the short conversation between Elena and Francisco, think about the following questions.

1. How will she invite him to go downtown?
2. What might they do downtown?

START

Después de escuchar

1. Why is Elena going downtown?
2. Where is she going?
3. Why does Franscisco want to go downtown?
4. What else does Elena invite Francisco to do?
5. What phrase does Francisco use to agree to accompany Elena?

—¿Quieres ir al cine conmigo?
—Sí, pero no hay un cine por aquí.
—¿Entonces quieres ir al centro?
—¡Vamos!

239

EJERCICIO ORAL

J. ¿Quieres ir al centro conmigo?   Make a list of things you want or need to do in town. Then interview classmates to find someone who would like to go downtown for some of the same reasons. When you find someone who wants to join you, try to arrange a time that will be convenient for both of you. Follow the model.

Use **no puedo** to say *I can't.*

Student 1:	*¡Hola, Catalina! ¿Qué vas a hacer en el centro?*
Student 2:	*Debo ir a la farmacia. Y tengo ganas de ir de compras.*
Student 1:	*Yo quiero ir de compras también. ¿Quieres ir conmigo?*
Student 2:	*Sí, cómo no. ¿A qué hora?*
Student 1:	*¿A las once?*
Student 2:	*No, no puedo a las once, porque tengo una cita con mi abuela a mediodía. Nosotras vamos a comer juntas.*
Student 1:	*Entonces, vamos al centro a las tres.*
Student 2:	*De acuerdo.*

EJERCICIO ESCRITO

K. Este fin de semana tengo ganas de...   Write a note to a friend in which you tell what you feel like doing this weekend. Mention four different activities and for each one give some additional information, such as when, where, or with whom you want to do these things. Name a fifth activity that you are not going to do because of some other commitment.

SEGUNDA ETAPA

Preparación

>> **In** this etapa you will be talking about various activities that you do on certain days and at specific times of the day. How do you divide a day into different parts?

>> **Do** you know the names of the days of the week in Spanish?

>> **How** do you ask someone what he or she is going to do on a specific day or during a specific part of a day?

//-//-//-//-//-//-//-//
Learning Strategy:
Previewing

¿Cuándo vamos?

HOY

MAÑANA

today / tomorrow

viernes: Friday
sábado: Saturday

Esta mañana, yo voy a la escuela.

Mañana por la mañana, voy a dormir tarde.

This morning / Tomorrow morning

Esta tarde, yo voy a estudiar.

Mañana por la tarde, voy a ir de compras.

This afternoon / Tomorrow afternoon

241

HOY

MAÑANA

Tonight / Tomorrow night

Esta noche, yo voy a mirar la televisión en casa.

Mañana por la noche, voy a ver a mis amigos en el cine.

—¿Quieres ir al centro conmigo? Tengo que ir a la oficina de correos.
—Sí, yo también. Tengo que hacer un mandado para mi padre. ¿Cuándo quieres ir? ¿Esta mañana?

I can't go.

Is that O.K.?

—No, es imposible. **No puedo ir.** Tengo que estudiar hasta las 12:00. ¿Esta tarde? **¿Está bien?**
—Sí, está bien. Vamos al centro esta tarde.

¡Aquí te toca a ti!

A. *¿Cuándo vas al centro?* Based on the drawings below and on page 243, indicate when the following activities take place. Today's date is the fifth of March.

la mañana

la tarde

la noche

Modelo: ¿Cuándo va Anita al centro?
Ella va al centro esta noche.

el 5 de marzo

el 5 de marzo

el 6 de marzo

el 5 de marzo

1. ¿Cuándo van a ir al cine tus padres?

2. ¿Cuándo va Enrique al centro?

3. ¿Cuándo va a estudiar tu hermana?

el 6 de marzo   el 6 de marzo   el 5 de marzo

4. ¿Cuándo va a comprar Julián el disco compacto?

5. ¿Cuándo vas a ver a tus amigos?

6. ¿Cuándo van a hacer el mandado tus hermanos?

B. ¿Cuándo quieres ir?
Using the information provided, imitate the model conversations.

> ir al cine, esta noche / sí
> —¿Quieres ir al cine conmigo?
> —Sí. ¿Cuándo quieres ir?
> —Esta noche. ¿Está bien?
> —Sí, por supuesto. Vamos al cine esta noche.

1. ir al centro, esta noche / sí
2. ir a la biblioteca, mañana por la tarde / sí
3. ir a la piscina, mañana por la tarde / sí

> ir al centro, esta tarde / no (trabajar) / mañana por la tarde / sí
> —¿Quieres ir al centro conmigo?
> —Sí, ¿cuándo quieres ir?
> —Esta tarde. ¿Está bien?
> —No, es imposible. Tengo que trabajar. ¿Mañana por la tarde?
> —Claro que sí. Vamos al centro mañana por la tarde.

4. ir al museo, esta tarde / no (hacer un mandado) / mañana por la tarde / sí
5. dar un paseo, esta mañana / no (dormir) / esta tarde / sí
6. ir al cine, esta noche / no (estudiar) / mañana por la noche / sí

Repaso

C. Preguntas
Your partner will play the role of an exchange student who has just arrived at your school. He or she wants to get to know you. Answer his or her questions (below and on page 244), paying close attention to whether each question is general and therefore requires the present tense, or whether it deals with a specific future time and thus calls for **ir + a +** *infinitive*.

1. ¿Estudias mucho? ¿Vas a estudiar esta noche?
2. Usualmente, ¿qué haces por la noche? ¿Qué vas a hacer esta noche?

Learning Strategies:

Indicators of time, providing information

243

3. ¿Vas frecuentemente al centro? ¿Qué haces en el centro? ¿Vas al centro mañana?
4. ¿Estudias español? ¿ruso? ¿chino? ¿francés? ¿Vas a estudiar otra lengua?
5. ¿Te gusta dar un paseo? ¿Vas a dar un paseo esta noche?

ESTRUCTURA

The days of the week

—¿**Qué día es hoy**?	—*What day is it today?*
—Es **miércoles**.	—It is *Wednesday.*

El jueves yo voy al cine.	*On Thursday* I'm going to the movies.
El domingo vamos a dar un paseo.	*On Sunday* we're going to take a walk.
Los domingos vamos a la iglesia.	*On Sundays* we go to church.
Los sábados no vamos a la escuela.	*On Saturdays* we don't go to school.

To express the idea *on a certain day* or *days*, use the definite article **el** or **los**. Note that in the first example, when you are simply telling what day it is, the article is omitted.

In Spanish the days of the week are:

lunes *(Monday)*	**jueves** *(Thursday)*	**sábado** *(Saturday)*
martes *(Tuesday)*	**viernes** *(Friday)*	**domingo** *(Sunday)*
miércoles *(Wednesday)*		

Spanish speakers consider the week to begin on Monday and end on Sunday. The names of the days are masculine and are not capitalized.

Aquí practicamos

D. **Hoy es...** Form questions using the day indicated. Then, answer each question negatively using the following day in your response. Follow the model.

 Modelo: lunes
¿*Es hoy lunes?*
No, hoy no es lunes. Hoy es martes.

1. jueves	3. miércoles	5. viernes
2. sábado	4. domingo	6. martes

E. *Ellos llegan el jueves.*   Some students from Bolivia are going to visit your school. They come from different cities and will arrive on different dates. Using the following calendar, indicate on what day of the week various students will arrive. Follow the model.

 Modelo: Miguel va a llegar el 18.
Ah, él llega el jueves.

1. Enrique va a llegar el 15.
2. Mario y Jaime van a llegar el 17.
3. María y Anita van a llegar el 20.
4. Francisco va a llegar el 21.
5. Roberto va a llegar el 16.
6. Todos los otros *(All the others)* van a llegar el 19.

ENERO

L	M	M	J	V	S	D
15	16	17	18	19	20	21

Nota gramatical

The verb *hacer*

The verb **hacer** *(to do, make)* is conjugated as follows:

hacer

yo	**hago**	nosotros(as)	**hacemos**
tú	**haces**	vosotros(as)	**hacéis**
él		ellos	
ella	**hace**	ellas	**hacen**
Ud.		Uds.	

Note that, except for the **yo** form **(hago)**, **hacer** is conjugated in the same way as the other regular **-er** verbs you have studied.

245

When asked a question that includes **hacer** or one of its forms, you normally answer with the verb that expresses what it is you do. For example:

—¿Qué **haces** los lunes?   What *do you do* on Mondays?
—**Voy** a la escuela.   *I go* to school.
—¿Qué **vas a hacer** el viernes?   What *are you going to do* on
                                      Friday?
—**Voy a estudiar.**   *I'm going to study.*

F. Replace the words in italics, making all necessary changes.

1. ¿Qué hace *Juan* los sábados? (Anita / tú / Uds. / Susana y Enrique / yo / vosotros)
2. ¿Qué van a hacer *ellos* el domingo por la tarde? (tú / Uds. / Alberto / yo / Linda y Mario / vosotros)

G. ***¿Qué hace Juan... ?***   Someone asks you what your friends do on a certain day of the week. Respond with what is in parentheses. Follow the model.

 ¿Qué hace Martín los lunes por la noche? (estudiar)
Martín estudia.

1. ¿Qué hace Martín los martes por la noche? (mirar la televisión)
2. ¿Qué hace Lucía los viernes? (comer en un restaurante)
3. ¿Qué hacen Elisa y Jaime los sábados por la noche? (ir al cine)
4. ¿Qué hace Marina los jueves en el centro? (ir de compras)
5. ¿Qué hacen Mario y Susana los domingos? (dar un paseo)

H. ***¿Qué va a hacer Timoteo... ?***   Someone asks you what your friends are going to do on a certain day. Respond with what is in parentheses. Follow the model.

 ¿Qué va a hacer Timoteo esta noche? (leer)
Timoteo va a leer esta noche.

1. ¿Qué va a hacer José esta noche? (escuchar discos compactos)
2. ¿Qué va a hacer Ernestina el viernes? (estudiar)
3. ¿Qué van a hacer Antonio y Catarina mañana? (ir al museo)
4. ¿Qué va a hacer Pepita en el centro el martes? (ver a una amiga)
5. ¿Qué van a hacer Teodoro y Alicia el sábado? (hacer un mandado)

Aquí escuchamos:
"¿Cuándo vamos?"

Antes de escuchar

Think about when you do certain things during the day. Before you listen to the short conversation between Elena and Francisco think about (1) how she will invite him to do something, (2) how he will agree or disagree, and (3) how they will settle on a time of day.

START

//-//-//-//-//-//-//-//

Learning Strategy:

Listening for details

Después de escuchar

1. What does Elena have to do downtown?
2. Why does Francisco have to go downtown?
3. Why can't Francisco go in the morning?
4. When do they decide to go?
5. How does Francisco say "no way"?

¡Adelante!

EJERCICIO ORAL

I. **¿Qué haces los fines de semana?** When your teacher gives you the signal, circulate around the room and ask your classmates what they do on the weekends. Keep track of your findings and be ready to report back to the class. See how many classmates you can ask—you won't have much time!

EJERCICIO ESCRITO

J. **Este fin de semana** Write a note to a friend, explaining what you are going to do this weekend. Include at least five activities. Be sure to ask what your friend is going to do.

//-//-//-//-//-//-//-//

Learning Strategies:

Listing, requesting and providing information, organizing ideas in a letter

TERCERA ETAPA

Preparación

>> **H**ow do you get around town? Car? Bus? Bike?

>> **H**ow do you ask someone if he or she can do something?

>> **H**ow do you politely say you can't do something?

//-//-//-//-//-//-//-//

Learning Strategy:

Previewing

¿Cómo prefieres ir, en coche o a pie?

a pie: on foot

PARA IR AL CENTRO

El Sr. Valdés va en metro.

La Sra. Candelaria va en coche.

La Sra. López va en autobús.

El Sr. Cano va en taxi.

Pedro va en bicicleta.

Fernando va a pie.

Andrés: ¿Quieres ir al Museo del Prado hoy?
Gabriela: Sí. Me gustan las pinturas de Velázquez. ¿Vamos a pie?
Andrés: No. Está muy lejos. Vamos en metro.
Gabriela: Bien, de acuerdo. Vamos a tomar el metro.

¡Aquí te toca a ti!

A. ¿Cómo van? Based on the drawings below, tell how each person gets around town. Follow the model.

Modelo: Jorge va…
Jorge va en bicicleta.

1. Francisco va…

2. La Sra. Fernández va…

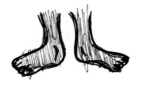

3. Carlos va…

4. Marta va…

5. El Sr. González va…

6. Santiago y su hermana van…

7. El Sr. López va…

249

B. ¿Tú quieres ir...? You invite a friend to go somewhere with you. He or she responds affirmatively, saying **"claro que sí."** Your friend then suggests a way of going there, but you have a different idea. Follow the model.

 Modelo: museo / metro / a pie
—¿Quieres ir al museo?
—Claro que sí. ¿Vamos en metro?
—No. ¡Vamos a pie!
—De acuerdo. Vamos a pie.

1. cine / a pie / autobús
2. centro / autobús / coche
3. biblioteca / taxi / metro
4. parque / coche / a pie
5. restaurante / metro / autobús
6. farmacia / metro / autobús
7. estadio / bicicleta / a pie
8. mercado / a pie / coche

Repaso

C. Intercambio Ask the following questions of a classmate, who will answer them. Follow the model.

1. ¿Qué tienes ganas de hacer el sábado próximo *(next)*?
2. ¿Qué haces los domingos por la mañana?
3. ¿Qué haces los lunes por la mañana? ¿Por la tarde?
4. ¿Cuándo estudias? ¿Cómo vas a la escuela? ¿Cuándo vas al centro? ¿Para qué? ¿Cuándo vas al cine?

ESTRUCTURA

The verb *poder* (to be able to)

To express in Spanish whether you are able or not able to do something, use the irregular verb **poder.**

poder			
yo	**puedo**	nosotros(as)	**podemos**
tú	**puedes**	vosotros(as)	**podéis**
él		ellos	
ella	**puede**	ellas	**pueden**
Ud.		Uds.	

You will note that the **o** of the stem of the verb **poder** becomes **ue** in all forms except **nosotros** and **vosotros.** Later in this book you will learn other verbs that follow this pattern.

—¿**Puedes** ir al cine conmigo?   *Can you* go to the movies with me?
—Sí, **puedo** ir.   Yes, *I can* go.

To say you cannot do something, place **no** before the conjugated form of **poder.**

—¿**Puede** hablar Marcos francés?   *Can* Marcos speak French?
—No, **no puede** hablar francés,   No, *he can't* speak French,
    pero **puede** hablar español.   but *he can* speak Spanish.
—¿**Puedes** ir al centro ahora?   *Can you* go downtown now?
—No, **no pued**o ir.   No, *I can't* go.

Note in the above examples that the conjugated form of the verb **poder** can be followed directly by an infinitive.

Aquí repasamos

D. Tell what the following people can do, using words from each column.

A	B	C
Linda	poder	ir al centro
yo		ir a un restaurante
tú		ir al concierto
Gregorio y Verónica		ir al museo
Uds.		ir al cine
nosotros		

E. **Hoy no puedo...**   A classmate invites you to do something. You cannot do it at the time he or she suggests, but you suggest another time when you can. Follow the model.

 Modelo: ir al cine, hoy / sábado por la noche
—¿*Puedes ir al cine hoy?*
—*No, hoy no puedo, pero puedo ir el sábado por la noche.*

1. ir al centro, ahora / viernes por la tarde
2. ir a un restaurante, esta noche / mañana por la noche
3. ir al museo, esta tarde / domingo por la tarde
4. ir al concierto, esta semana / la semana próxima
5. ir de compras, esta mañana / sábado por la mañana

 ¿Qué crees?

Las meninas is a famous painting by:

a) Diego Rivera
b) Diego Velásquez
c) Francisco de Goya
d) Pablo Picasso

respuesta

F. **No, no puedo.**   You suggest an activity to a friend. He or she is interested, but cannot do it on the day you have proposed and gives you his or her reason why not. You then suggest a different day, which is fine with your friend. Follow the model.

Modelo: dar un paseo, mañana / trabajar / sábado
—¿*Puedes dar un paseo mañana?*
—*No, no puedo. Tengo que trabajar.*
—¿*El sábado? ¿Está bien?*
—*Sí. Vamos a dar un paseo el sábado.*

1. ir al centro, esta noche / ir al cine con mis padres / mañana por la noche
2. hacer un mandado, el sábado / trabajar / domingo
3. ir al museo, esta tarde / estudiar / sábado
4. ir a tomar un café, el sábado / ir de compras con mi madre / domingo
5. ir al cine, mañana / hacer un mandado / viernes
6. ir a la biblioteca, hoy / ver a un amigo / martes

//-//-//-//-//-//-//-//-//

Learning Strategy:

Reading for cultural information

C O M E N T A R I O S
CULTURALES

■ *El Museo del Prado*

This museum is located in Madrid and is considered one of the most important art museums in the world. It contains over 6,000 works by such Spanish artists as Goya, Velásquez, El Greco, Murillo, and Zurbarán. It also exhibits works of other artists such as Bosch, Dürer, Rafael, Tiziano, Tintoretto, and Rubens.

b

VAMOS A TOMAR EL METRO

—¿Tomamos un autobús?
—No, vamos a tomar el metro.

Objectives:

》》 **T**alking about taking the Madrid subway

》》 **B**uying subway tickets

》》 **M**aking and accepting invitations

Strategies:

》》 **R**eading a subway map

》》 **O**rganizing and giving directions

》》 **S**equencing

》》 **P**rioritizing

PRIMERA ETAPA

Preparación

>> **H**ave you ever ridden a subway?

>> **W**hat cities in the U.S. have subways? Have you heard of the "L" in Chicago; the "T" in Boston; "BART" in San Francisco;"MARTA" in Atlanta; the Metro in Washington, DC?

Learning Strategy:

Previewing

¿En qué dirección?

Elena y su prima Clara van a tomar el metro al Museo del Prado. Están cerca de la Plaza de España, donde hay una estación de metro. Las dos jóvenes miran el plano del metro en la **entrada** de la estación.

Elena: Bueno. Estamos aquí, en la Plaza de España.

Clara: ¿Dónde está el Museo del Prado?

Elena: Está cerca de la Estación Atocha. Allí.

Clara: Entonces, ¿qué hacemos?

Elena: Es fácil. Tomamos la dirección de Legazpi.

Clara: ¿Es necesario **cambiar** de trenes?

Elena: Sí. Cambiamos en Sol, dirección de Portazgo.

Clara: Y debemos **bajar** en Atocha, ¿verdad?

Elena: Exacto, allí en Atocha bajamos.

entrada: entrance / *cambiar:* to change / *bajar:* to get off

¡Aquí te toca a ti!

A. **Cambiamos en... / Bajamos en...** Based on the cues, answer each person's questions about where to change lines and where to get off the subway, in order to get to the destination mentioned. The place to change lines is listed first and the destination is second. Follow the model.

 Modelo: Sol / la Plaza de España
—*¿Es necesario cambiar de trenes?*
—*Sí, tienes que cambiar en Sol.*
—*¿Dónde bajo del tren?*
—*Debes bajar en la Plaza de España.*

1. Pacífico / Manuel Becerra
2. Callao / Lavapiés
3. Bilbao / Goya
4. Ópera / Cuatro Caminos
5. Ventas / Banco de España
6. Goya / Sol

B. ¡Vamos a tomar el metro!

Follow the model and use the **metro** map below to explain how to use the subway. The **metro** line number (shown in parentheses after the name of each station) will help you locate the stations. Follow the model.

Learning Strategy:

Reading a subway map

 Modelo: Juan / la Plaza de España (3, 10) → Ventas (2)
Juan, para ir a Ventas desde la Plaza de España, es necesario tomar la dirección Legazpi. Tienes que cambiar de tren en Callao, dirección de Canillejas, y debes bajar en Ventas.

Marcos, para ir a ventas desde Argüelles, es necesario tomar la dirección Canillejas. Tienes que cambiar de tren en callao, dirección de canillejas, y debes bajar en rubén Darío.

1. Marcos / Argüelles (4) → Rubén Darío (5)
2. Pilar / Nueva Numancia (1) → Embajadores (3)
3. Felipe / Delicias (3) → Atocha (1)
4. Nilda / Manuel Becerra (6) → Plaza de Castilla (1)

259

Pronunciación: *The consonant ch*

The sound of **ch** in Spanish is like the *ch* in the English word *church.*

Práctica

C. Listen and repeat as your teacher models the following words.

1.	chocolate	**4.**	muchacho	**7.**	leche	**9.**	ochenta
2.	Chile	**5.**	coche	**8.**	noche	**10.**	mochila
3.	mucho	**6.**	ocho				

COMENTARIOS CULTURALES

■ *El metro*

The **metro** is one of the most popular means of transportation in Madrid, the capital city of Spain. The rate for each trip on the subway is fixed. Booklets of tickets are available, and buying tickets by the booklet is cheaper than buying individual tickets. To get around on the **metro** you must first find the **línea** on which you want to travel. Then look in the direction you want to go on that line and find the name of the last station. Follow the signs for that station.

Repaso

D. ***Como de costumbre*** (As usual) Some members of your family follow a regular routine. On a certain day of the week, they always do the same thing. Describe where they go and how they get there, based on the drawings on page 261.

 tu madre
Los lunes mi madre va al centro.
Usualmente ella va a pie.

1. tu abuelo

2. tu primo

3. tu hermana

4. tu tío y tu tía

5. tus primas

6. tus padres

ESTRUCTURA

Adverbs that designate the present and the future

Mi mamá trabaja **hoy.**
Mañana ella no va a trabajar.
¿Dónde están **ahora?**

My mother is working *today.*
Tomorrow she's not going to work.
Where are they *now*?

You have already learned several adverbs that express present or future time:

hoy	**esta noche**	**mañana por la tarde**
esta mañana	**mañana**	**mañana por la noche**
esta tarde	**mañana por la mañana**	

Here are some additional expressions:

ahora (now)
esta semana (this week)
este mes (this month)
este año (this year)

la semana próxima (next week)
el mes próximo (next month)
el año próximo (next year)

In addition, the expressions **por la mañana**, **por la tarde**, **por la noche**, and **próximo(a)** can be combined with the days of the week: **el lunes por la mañana**, **el sábado por la tarde**, **el domingo por la noche**, **el lunes próximo**, etc. Time expressions are usually placed at the very beginning or end of a sentence.

Aquí practicamos

E. Create original sentences using words from each column.

A	B	C	D
yo	ir	al cine	hoy
Roberto		a Madrid	esta tarde
nosotros		al museo	el viernes por la noche
mi hermana		al banco	el domingo por la mañana
Uds.		a la iglesia	la semana próxima
tú		a la escuela	el jueves por la noche
			el año próximo
			ahora

F. Esta noche no...   Your mother is always asking about people's activities, but then she gets them confused. Correct her statements, using the information given. Follow the model.

 Modelo: ¿Van al cine tú y Luis esta noche? (mañana por la noche)
Esta noche no podemos ir al cine. Vamos al cine mañana por la noche.

1. ¿Van tú y Felipe al centro el miércoles por la noche? (miércoles por la tarde)
2. ¿Vas a hacer un mandado mañana por la mañana? (el sábado por la mañana)
3. ¿Va a comer Mario en un restaurante esta semana? (la semana próxima)
4. ¿Va a estudiar español tu hermano este año? (el año próximo)
5. ¿Van al cine tú y Yolanda esta noche? (el viernes por la noche)
6. ¿Va a llevar el coche tu hermana esta tarde? (el domingo por la tarde)
7. ¿Van a llegar tus abuelos hoy? (el jueves próximo)
8. ¿Vas a estudiar ahora? (esta noche)

G. *El horario* (schedule) *de los González* Answer the questions about the González family's activities during the month of February. Choose the appropriate time expressions, assuming that *today* is the morning of February 15. Follow the model.

FEBRERO						
lunes	martes	miércoles	jueves	viernes	sábado	domingo
1	2	3	4	5 *restaurante*	6	7 *iglesia*
8	9	10	11	12 *restaurante*	13	14 *iglesia*
15 *Sr y Sra teatro en el centro (noche)*	16 *Sr jugar al tenis*	17 *Sr trabajo (noche)*	18 *Sra museo*	19 *Sra trabajo (mañana) restaurante*	20 *Sra curso de francés (tarde)*	21 *iglesia*
22 *catedral*	23 *los Martínez*	24	25	26 *restaurante*	27	28 *iglesia*

Modelo: ¿Cuándo va a visitar el museo la Sra. González?
El jueves.

1. ¿Qué noche va a trabajar el Sr. González?
2. ¿Cuándo van a visitar los González la catedral?
3. ¿Cuándo van a comer en un restaurante?
4. ¿Cuándo van a llegar los Martínez?
5. ¿Cuándo va a jugar *(play)* al tenis el Sr. González?
6. ¿Qué mañana va a trabajar la Sra. González?

Modelo: ¿Qué va a hacer el Sr. González el miércoles por la noche?
Él va a trabajar.

7. ¿Qué van a hacer los González esta noche?
8. ¿Qué van a hacer el Sr. y la Sra. González el domingo?
9. ¿Qué va a hacer la Sra. González el sábado por la tarde?
10. ¿Qué van a hacer los González el viernes próximo?

Aquí escuchamos:
"¿Tomamos el metro?"

Critical Thinking Strategy:

Predicting

Antes de escuchar

Elena and Francisco are making plans to go downtown. Based on what you've learned in this **etapa**, what information do you expect Elena and Francisco to give about why they have to go downtown and how they will get there?

START

Learning Strategy:

Listening for details

Después de escuchar

1. Why does Elena want to go downtown?
2. What does Francisco want to do?
3. How does Francisco suggest they go?
4. Where will they get the subway?
5. Where do they change trains?

EJERCICIO ORAL

H. ¿Qué dirección tomamos? You and your family are staying in Madrid at a hotel near the Plaza de Castilla (line 1). You need to go to the American Express office near Banco de España (line 2). You have just arrived in Madrid and don't understand the subway system yet, so you ask the desk clerk for help. When he or she explains how to get there, you repeat the instructions to make sure you have understood. (Another student will play the role of the desk clerk.) Consult the **metro** map on page 259.

Learning Strategies:

Reading a subway map, organizing and giving directions, verifying

EJERCICIOS ESCRITOS

I. Muchas cosas por hacer A foreign exchange student from Caracas will arrive next week. You and your partners want to introduce the student to some of your favorite places and activities. You will have a week of vacation left before classes, so you can pace your schedule over several days. (1) Begin by brainstorming on places to go (favorite restaurants, museums, parks) and things to do (concerts, movies, parties, sports). (2) Narrow your list down so that you can do it all during your vacation. (3) Then make out a schedule, beginning when your guest arrives **(llega).** Decide which days and what time of day you will do each item on your list **(el sábado próximo por la tarde, martes entre mediodía y las tres).**

Cooperative Learning

Learning Strategies:

Brainstorming, negotiating, organizing ideas

Critical Thinking Strategies:

Prioritizing, sequencing

J. Mi horario este mes... Make a calendar for the current month and indicate what you will be doing on various days of the month. Use the calendar in Activity G on page 263 as an example.

Learning Strategy:

Recording a schedule

SEGUNDA ETAPA

Preparación

》》 **W**hat does it cost to ride public transportation in your town or city?

》》 **D**o you pay with currency or can you use tokens?

》》 **C**an you use a pass?

》》 **W**hat if you don't have the exact change?

Learning Strategies:

*Previewing,
brainstorming*

En la taquilla

En la taquilla: At the ticket
window

Elena y Clara entran en la estación del metro y van a la taquilla.

single ticket
ten-ride ticket / cheap

Elena: ¿Vas a comprar un **billete sencillo**?

Clara: No, voy a comprar un **billete de diez viajes**. Es más **barato**. Un billete sencillo cuesta 125 pesetas y un billete de diez viajes cuesta 625. ¿Y tú, vas a comprar un billete?

commuter pass
a whole month

Elena: No, yo tengo una **tarjeta de abono transportes**. Con esta tarjeta puedo tomar el metro o el autobús sin límite por **un mes entero**.

Clara: ¡Qué bien! Por favor, señorita, un billete de diez viajes.

La empleada: Seiscientas veinticinco pesetas, señorita.

¡Aquí te toca a ti!

A. *En la taquilla* Buy the indicated **metro** tickets. Follow the model.

Modelo: 1 ticket
Un billete sencillo, por favor.

1. 2 tickets
2. 1 book of ten tickets
3. 2 books of ten tickets
4. 1 ticket that allows you to travel for a month

B. *¡En el metro!* Explain to each person how to take the subway. Specify the kind of ticket to buy. Consult the **metro** map on page 259. (**Metro** line numbers are given in parentheses.) Follow the model.

Modelo: *Tú vas (Ud. va) a la estación Atocha.*
Compras (Ud. compra) un billete sencillo, tomas (Ud. toma) la dirección de... etc.

1. Gina, your Italian friend, is in Madrid for a couple of days. Her hotel is near Cuatro Caminos (2). She wants to go see a church that is near Atocha (1).
2. Mr. and Mrs. Dumond, French friends of your family, are spending three weeks in Madrid. Their hotel is near the Cruz del Rayo Station (9) and they want to go to the bullfights. The Madrid Plaza de Toros *(bullring)* is near the Ventas Station (2).
3. Near the Delicias Station (3), you meet a disoriented tourist who wants to get to the American Express office near the Banco de España Station (2).

para ir ~~cuarto caminos~~ a atocha en
dirección de Portazgo ~~tomas~~
bajas en atocha, vas
a comprar un billete
sencillo. —Un billete sencillo, por favor.

//-//-//-//-//-//-//-//-//

COMENTARIOS
CULTURALES

Billetes para el transporte público

Metro tickets can be bought singly (**un billete sencillo**) or in groups of ten (**un billete de diez viajes**). Also available are three-day or five-day tourist tickets (**un metrotour de tres días** or **de cinco días**). You can also buy a full-month commuter pass (**una tarjeta de abono transportes**), which allows unlimited use of the buses as well as the subway for the specific month.

Repaso

C. **¿Qué haces?** Using the adverbs of time provided on page 269, tell your classmates about your usual activities (**los sábados, los lunes por la mañana,** etc.) and then about your upcoming plans (**el sábado próximo, el lunes próximo,** etc.). Follow the model.

 los lunes / el lunes próximo
Usualmente, los lunes voy a la escuela.
Pero el lunes próximo voy a visitar a mis abuelos.

1. los sábados por la tarde / el sábado próximo
2. los viernes por la noche / el viernes próximo
3. los domingos por la mañana / el domingo próximo
4. los lunes por la mañana / el lunes próximo
5. los jueves por la tarde / el jueves próximo
6. los sábados / el sábado próximo por la noche

¿Qué crees?

What city does *not* have a subway system?

a) Barcelona, Spain
b) Buenos Aires, Argentina
c) Bogotá, Colombia
d) Mexico City, Mexico

respuesta

Talking about future plans with *pensar*

To talk about future plans in Spanish you may use:

Pensar + *infinitive (to plan to)*

The verb **pensar** is conjugated as follows:

pensar

yo	**pienso**	nosotros(as)	**pensamos**
tú	**piensas**	vosotros(as)	**pensáis**
él		ellos	
ella	**piensa**	ellas	**piensan**
Ud.		Uds.	

You will note that the **e** of the stem of the verb **pensar** becomes **ie** in all of the verb forms except those for **nosotros** and **vosotros**. **Pensar** follows the same pattern as **querer** and **preferir** that you learned in **Capítulo 7**.

¿Qué **piensas hacer** mañana?   What *do you plan to do* tomorrow?
Pienso ir al centro.   *I plan to go* downtown.
¿Qué **piensa hacer** Juan esta noche?   What does Juan *plan to do* tonight?
Piensa estudiar en la biblioteca.   *He plans to study* at the library.

Aquí practicamos

D. Using words from each column, create sentences that express future plans.

c

A	B	C	D
Julia	pensar	ir al cine	mañana por la tarde
Enrique y yo		comer en un restaurante	el sábado por la noche
tú		hacer un mandado	el viernes por la tarde
Uds.		ir al centro	mañana por la mañana
yo		estudiar	
vosotros		dar un paseo	

E. ***Todos piensan hacer otra cosa*** (something else). Your father asks if you plan to go to the movies with your friends. Explain to him that your friends all seem to have other plans. Follow the model.

> *Modelo:* Susana / ir a un concierto
> —*¿Piensas ir al cine con Susana?*
> —*No, ella piensa ir a un concierto.*

1. Esteban / ver a un amigo en el centro
2. tus hermanos / comer en un restaurante
3. Linda / ir a la biblioteca
4. tus primos / dar un paseo
5. José y Catarina / mirar la televisión en casa
6. Anita / ir de compras con su madre

Aquí escuchamos:
"¿Qué piensas hacer?"

Antes de escuchar

Elena and Francisco are talking about their plans for the weekend. Based on what you've learned in this **etapa,** how do you expect Elena and Francisco to ask each other about their plans and tell what they might do?

START

Después de escuchar

1. What does Elena plan to do on Friday?
2. What does Francisco plan to do on Friday?
3. What does Elena plan to do on Saturday?
4. What does Francisco plan to do on Saturday?
5. What will they do on Saturday night?

Hoy pensamos ir al cine.

EJERCICIO ORAL

F. Por favor... You have now become an expert on the Madrid **metro**. While you are waiting at the Plaza de Colón Station (4) for a bus to take you to the airport for your trip home, a group of Japanese tourists, just arriving in Madrid, ask you for help in getting to their hotel near the Puerta del Sol Station (1). Give them directions, referring to the map on page 259. (One of your classmates will play the role of the group leader for the tourists.)

EJERCICIO ESCRITO

G. ¿Qué piensas hacer la semana próxima? Write a short note to a friend indicating at least one thing you plan to do each day next week. Make sure to specify when you will do each thing by using **por la mañana, por la tarde, por la noche**. Add a sentence in which you tell at least two of these activities that you *want* to do and one that you *have* to do.

Vocabulario

Para charlar

Para tomar el metro

bajar
cambiar
¿En qué dirección?
Cambiamos en Sol.
Bajamos en Plaza de España.

Para hablar del futuro

pensar + *infinitive*
preferir + *infinitive*
querer + *infinitive*
esta semana
este año
este mes
el mes (el año, la semana) entero(a)
la semana próxima
el mes próximo
el año próximo
mañana (el sábado, el domingo, etc.) por la mañana
                                            por la tarde
                                            por la noche

Temas y contextos

El metro

un billete sencillo
un billete de diez viajes
un metrotour de tres días
un metrotour de cinco días

una entrada
una estación de metro
una línea

un plano del metro
una taquilla
una tarjeta de abono transportes

Vocabulario general

Otras palabras y expresiones

ahora
barato

como de costumbre
especial

un horario
jugar (al tenis)

otra cosa
sin límite

Lectura CULTURAL

LOS METROS

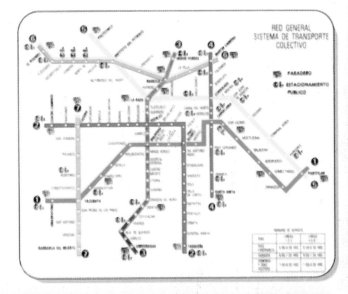

//-//-//-//-//-//-//-//-//

Antes de leer

1. What cities in the U.S. do you know of that have a subway system?
2. Have you ever ridden a subway in one of these cities? If so, when and where?
3. Look at the map and photos on page 273. In what city do you think the subway featured in this passage is located?

Guía para la lectura

//-//-//-//-//-//-//-//-//

A. Scan the first paragraph and pick out all the cities that are mentioned. What do these cities have in common?

B. Scan the second paragraph for numbers. Did you find five? To what do the numbers refer?

C. Read the last paragraph. What do you think the following words mean?
   1. **excavaciones**
   2. **trabajadores**
   3. **exhibiciones**

D. Why are some of the stations in the Mexico City subway like museums?

Los metros

os metros, como saben Uds., son trenes subterráneos. Como son subterráneos, no hay tráfico y pueden llegar de un lugar a otro más rápidamente. En muchas ciudades del mundo hay metros: Tokio, París, Nueva York, Buenos Aires, Madrid y la Ciudad de México.

La Ciudad de México tiene uno de los metros más extensos del mundo. Tienen nueve líneas de diferentes colores, 105 estaciones y más de 136 kilómetros de vías. El metro corre a una velocidad máxima de 90 kilómetros por hora. Todos los días más de cinco millones de personas viajan en el metro.

Durante las excavaciones para construir el sistema subterráneo en la Ciudad de México, los trabajadores encontraron muchas ruinas de las antiguas civilizaciones: pequeños templos, figuras de barro y joyas de oro y de plata. Algunas de las estaciones son como museos que contienen una exhibición de objetos artísticos. Viajar por la Ciudad de México en el metro es una experiencia interesante.

Mexico

Mexico City

274

¿CÓMO VAMOS?

—¿Cómo vamos? ¿A pie o en el coche de tu padre?
—Vamos en autobús.

Objetives:

>>> **T**aking a taxi

>>> **E**xpressing wishes and desires

Strategies:

>>> **P**olling

>>> **S**upporting an opinion

>>> **R**esearching and organizing information

>>> **R**eading for main ideas

>>> **S**kimming and scanning

PRIMERA ETAPA

Preparación

>> **H**ave you ever taken a taxi?

>> **W**hat information must you give to the taxi driver?

>> **W**hat information can you expect him or her to give you?

>> **W**hat about payment?

>> **A**re you expected to give a tip?

¡Vamos a tomar un taxi!

travel agency

Linda y Julia van a una **agencia de viajes,** pero antes van a almorzar en un restaurante que está cerca de la agencia. Piensan tomar un taxi.

Linda:	¡Taxi! ¡Taxi!
El chófer:	¿Señoritas? ¿Adónde van?

Ellas suben al taxi.

Linda:	Queremos ir al Restaurante Julián Rojo, Avenida Ventura de la Vega 5, por favor. ¿**Cuánto tarda** para llegar?
El chófer:	Diez minutos… quince **como máximo.**

How long does it take at most

*Ellas llegan al restaurante. Julia baja del taxi y Linda va a **pagar**.*   to pay

Linda:	¿Cuánto es, señor?
El chófer:	**Trescientas ochenta** pesetas, señorita.
Linda:	Aquí tiene **quinientas** pesetas, señor.
El chófer:	Aquí tiene Ud. el **cambio, ciento veinte** pesetas.

Three hundred eighty
five hundred
change / one hundred twenty

*Linda le **da** 70 pesetas al chófer como **propina**.*   gives / tip

| **Linda:** | Y **esto es para Ud.**, señor. |
| **El chófer:** | Muchas gracias, señorita. Hasta luego. |

this is for you

¡Aquí te toca a ti!

A. ¿Adónde van... ?   A taxi driver asks you where you and a friend are going and you tell the driver the name of the place and the address. Follow the model.

> **Modelo:**   Restaurante Capri / Calle Barco 27
> —*¿Adónde van?*
> —*Queremos ir al Restaurante Capri, Calle Barco 27.*

1. Hotel Praga / Calle Antonio López 65
2. Restaurante Trafalgar / Calle Trafalgar 35
3. Hotel Don Diego / Calle Velázquez 45
4. Café Elche / Calle Vilá-Vilá 71
5. Hotel Ramón de la Cruz / Calle Don Ramón de la Cruz 91

B. ¿Cuánto tarda para ir?   As you make plans with your friends, you discuss how long it will take to get to your destination. The answer will depend on the means of transportation you choose. Remember that in Spanish the preposition **en** is used in the expressions **en coche, en autobús, en metro, en taxi,** and **en bicicleta,** but **a** is used in **a pie.** Follow the model.

> **Modelo:**   al parque / en autobús (10 minutos) / a pie (30 o 35 minutos)
> —*¿Cuánto tardas para ir al parque?*
> —*Para ir al parque en autobús, tardo diez minutos.*
> —*¿Y para llegar a pie?*
> —*¿A pie? Tardo treinta o (or) treinta y cinco minutos.*

1. a la biblioteca / a pie (25 minutos) / en bicicleta (10 minutos)
2. a la catedral / en metro (20 minutos) / en autobús (25 o 30 minutos)
3. al aeropuerto / en taxi (45 minutos) / en metro (30 o 35 minutos)
4. a la estación de trenes / en coche (20 minutos) / en metro (10 minutos)
5. al centro / a pie (35 minutos) / en autobús (15 minutos)

tardo
tardas
tarda
tardamos
tardáis
tardan

277

Pronunciación: *The consonant ll*

You will recall when you learned the alphabet in **Capítulo 1** that the letters **ll** represent a sound in Spanish that is similar to the *y* in the English word *yes*.

Práctica

C. Listen as your teacher models the following words.

1. llamar
2. calle
3. milla

4. tortilla
5. ellos
6. llegar

7. ella
8. Sevilla

9. maravilla
10. pollo

Repaso

D. ***Pensamos hacer...***   Think of four different things that you plan to do during the coming week and write them down. Then circulate among your classmates, asking about their plans. When you find someone who also plans to do something on your list, try to arrange a day and time that you can do it together. Follow the model.

 Student 1: *¡Hola! ¿Qué piensas hacer esta semana?*

Student 2: *Pienso ver una película el sábado próximo por la tarde.*

Student 1: *Bueno, yo quiero ir al cine también. Vamos juntos.*

Student 2: *Buena idea. ¿A qué hora quieres ir?*

Student 1: *¿A la una?*

Student 2: *De acuerdo.* o: *No puedo a la una porque tengo que hacer mandados con mi madre. ¿Puedes ir a las cuatro?*

COMENTARIOS CULTURALES

■ La Puerta del Sol en Madrid

La Puerta del Sol is one of the most lively and popular plazas in Madrid. Several metro lines intersect there, and it is the location of **kilómetro 0**, the point from which official distances from Madrid to other cities in Spain and Portugal are measured. Below are the official distances from the capital to some major Spanish and Portuguese cities.

Barcelona	627 km	Granada	430 km	Málaga	548 km
Burgos	239 km	Lisboa	658 km	Pamplona	385 km
Cádiz	646 km	Segovia	87 km	Porto	591 km
Córdoba	407 km	Valencia	351 km	Salamanca	205 km

Note that distances are measured in kilometers **(km)**, the metric equivalent of about 5/8 of a mile **(milla)**.

Palabras útiles

The numbers from 100 to 1,000,000

100	cien	900	novecientos(as)
101	ciento uno	1.000	mil
102	ciento dos	2.000	dos mil
200	doscientos(as)	4.576	cuatro mil quinientos setenta y seis
300	trescientos(as)		
400	cuatrocientos(as)	25.489	veinticinco mil cuatrocientos ochenta y nueve
500	quinientos(as)		
600	seiscientos(as)		
700	setecientos(as)	1.000.000	un millón
800	ochocientos(as)	2.000.000	dos millones

 ¿Qué crees?

The distance between Madrid, Spain and Paris, France is approximately equal to the distance between:

a) Detroit, MI and Atlanta, GA
b) Boston, MA and Washington, DC
c) Chicago, IL and New Orleans, LA
d) Albuquerque, NM and Oklahoma City, OK

respuesta

1. The word **cien** is used before a noun: **cien discos compactos**.
2. **Ciento** is used with numbers from 101 to 199. There is no **y** following the word **ciento**: 120 = **ciento veinte**.
3. **Cientos** changes to **cientas** before a feminine noun: **doscientos hombres, doscientas mujeres**.
4. Notice that Spanish uses a period where English uses a comma: 3.400 = 3,400 (three thousand four hundred).
5. **Millón/millones** is followed by **de** when it accompanies a noun: **un millón de dólares, tres millones de habitantes**.

Aquí practicamos

E. Read the following numbers out loud.

1.	2.	3.	4.	5.
278	1.800	11.297	225.489	1.500.000
546	2.450	35.578	369.765	2.800.000
156	9.600	49.795	569.432	56.250.000
480	4.267	67.752	789.528	76.450.000
610	5.575	87.972	852.289	
817	7.902	98.386		
729	3.721			
	6.134			

//-//-//-//-//-//-//-//-//
Cooperative Learning

Learning Strategies:

Reporting, listening for details, taking notes

Critical Thinking Strategy:

Comparing and contrasting

F. *¿Cuál es la distancia entre Madrid y... ?* Take turns with your partner asking and answering questions about the distance between Madrid and each of the following cities. Follow the model and consult the map on page 281 for the information you will need for your answers. Take notes and together create a list of the cities in the order of their distance from Madrid. Start your list with the city that is closest.

Modelo: Segovia / Lisboa
Student 1:   *¿Cuál es la distancia entre Madrid y Segovia?*
Student 2:   *Noventa y nueve kilómetros.*
Student 1:   *¿Está más lejos que Lisboa?*
Student 2:   *No, Lisboa está a seiscientos treinta y dos kilómetros.*

1. Valencia / Lisboa
2. Granada / Porto
3. Pamplona / Barcelona
4. Burgos / Málaga

a

Distancias entre las ciudades principales
Distancias entre as cidades principais
Distances entre principales villes
Distanze tra le principali città
Entfernungen zwischen den größeren Städten
Distances between major towns

Albacete · Alicante/Alacant · Almería · Andorra la Vella · Badajoz · Barcelona · Bayonne · Bilbao/Bilbo · Burgos · Cáceres · Cádiz · Coimbra · Córdoba · La Coruña/A Coruña · Granada · León · Lérida/Lleida · Lisboa · Logroño · Madrid · Málaga · Murcia · Oviedo · Pamplona/Iruñea · Perpignan · Porto · Salamanca · San Sebastián/Donostia · Santander · Segovia · Sevilla · Valencia · Valladolid · Vigo · Vitoria/Gasteiz · Zaragoza

603 km — Madrid - Vigo

```
67
48   288
65   680  930
04   771  630 1017
17   532  782  190 1014
51   787 1058  398  814  536
39   806  946  548  701  608  154
81   649  788  601  542  598  276  164
07   674  682  920   95  917  722  610  450
86   638  452 1239  340 1103 1127 1015  857  392
63   933  923 1130  287 1127  815  701  541  340  633
51   517  327 1004  275  868  893  780  623  328  239  568
65  1032 1165 1133  706 1130  730  576  511  656 1111  430 1000
54   350  165  991  468  843  926  814  656  520  290  761  170 1033
91   758  891  792  506  788  467  354  191  414  804  504  726  320  760
91   506  756  159  861  154  394  456  445  764 1084  974  849  954  883  636
38  1006  820 1252  232 1248 1012  898  738  324  530  201  507  621  658  701 1096
49   654  882  478  663  474  222  137  126  571  952  662  718  633  751  316  322  859
49   417  554  621  397  617  507  394  237  300  624  513  389  612  423  342  465  632  333
64   470  206 1111  427  963 1037  924  767  480  250  720  167 1143  250  870  992  618  861  532
47    83  218  725  745  577  823  789  632  657  568  916  442 1015  280  742  551  936  700  400  400
01   869 1001  834  617  894  439  285  309  525  914  614  837  302  870  119  741  811  423  452  981  852
17   657  907  480  797  477  132  159  215  661 1020  754  785  729  819  406  324  951   92  401  929  702  438
96   711  961  167 1187  185  482  633  771 1090 1283 1300 1049 1203 1022  961  327 1421  647  790 1142  756  912  564
10   981 1087 1168  392 1164  819  705  546  445  797  116  674  312  925  397  988  307  667  561  885  964  500  757 1337
59   626  759  823  308  820  506  394  234  216  606  307  594  468  628  198  667  504  356  209  738  609  309  445  993  355
98   734 1005  449  760  554   55  100  223  668 1075  761  840  670  374  401  401  760  169  453  984  779  379   79  534  764  452
32   800  939  644  667  704  249   95  152  575 1009  666  775  486  808  280  551  863  233  388  919  783  195  255  728  636  359  196
48   516  648  713  393  709  469  356  199  301  718  468  484  567  517  255  557  623  318   99  628  499  406  408  882  515  164  415  350
94   600  415 1147  217 1011 1036  923  766  270  124  510  148  930  253  681  991  408  860  531  212  530  792  927 1191  616  483  982  917  662
84   177  427  504  747  356  603  604  582  650  753  867  519  966  489  693  331  981  470  350  609  222  802  472  536  914  560  549  693  449  662
42   610  742  716  423  713  391  279  119  331  812  422  578  453  611  140  560  619  241  193  722  593  258  330  886  470  115  338  244  112  598  543
56  1024 1156 1144  550 1141  795  682  522  603  955  275  831  165 1025  354  965  466  644  603 1042 1007  402  733 1314  158  424  741  585  557  773  957  444
92   760  899  563  655  560  157   67  117  563  969  654  735  637  768  308  407  851   89  348  879  743  346   95  636  659  347  104  156  310  878  564  232  635
15   498  748  309  709  306  306  307  297  612  932  822  697  805  731  487  153  944  173  313  841  543  586  176  479  839  515  253  396  405  840  322  412  816  259
```

Aquí escuchamos:
"¡Taxi, taxi!"

Antes de escuchar

Elena and Francisco are going to take a taxi to a museum in the city. Based on what you've learned in this **etapa**, what do you expect them (1) to ask the taxi driver, (2) to tell the taxi driver, and (3) to be told by the taxi driver?

START

Después de escuchar

1. Where do they want to go?
2. What is the name of the street?
3. What is the street number?
4. How long will it take to get there?
5. How much did the taxi ride cost?

¡Adelante!

EJERCICIO ORAL

G. **Tenemos que tomar un taxi.**   You are in Madrid with your parents, who don't speak Spanish. They want to go from their hotel (the Euro Building) to the Plaza Mayor. They don't like the subway; so they ask you to go with them in a taxi. (1) Hail the taxi and (2) tell the driver where you want to go. Then (3) ask if it's nearby and (4) how long the trip will take. On arriving at your destination, (5) ask how much to pay for the ride and (6) give the driver a tip. (A classmate will play the role of the taxi driver.)

EJERCICIO ESCRITO

Learning Strategies:

Researching and organizing information, providing specific details in a letter

H. **¿Cuál es la distancia entre Washington, DC, y... ?**   In Washington, DC, we also have a point from which distances are measured. It is on the Ellipse, between the White House and the Washington Monument. A friend from Spain writes to you and is curious about distances between Washington, DC, and some other major cities, including where you live. Choose two cities in addition to your own and find out what the distances are. Write a short letter, giving your friend the information.

SEGUNDA ETAPA

Preparación

>> **H**ave you ever been to a travel agency?

>> **W**hen would you go to one?

>> **W**here would you want to go?

Learning Strategies:

Previewing, brainstorming

En la agencia de viajes

Agente:	**¿En qué puedo servirles?**	How may I help you?
Linda:	Queremos planear un **viaje**.	trip
Agente:	¿Adónde piensan ir?	
Linda:	**Esperamos** viajar a París. ¿Cuánto cuesta viajar a París **en avión**?	We hope / by plane
Agente:	Muchísimo. Un **viaje de ida y vuelta cuesta** 31.000 pesetas.	round trip / costs
Julia:	¿Y **en tren**?	by train
Agente:	En tren es más barato. Un billete de ida y vuelta **sólo** cuesta 15.000 pesetas.	only
Linda:	**Es mucho**. Sólo tengo 10.000 pesetas y mi amiga tiene 9.000.	That's a lot.
Agente:	Entonces, por 7.000 pesetas pueden ir a Barcelona o a Málaga.	
Julia:	¡Mm, Málaga tiene unas **playas hermosas**!	pretty beaches
Linda:	¡Buena idea! Pero primero tenemos que **discutir** los planes con nuestros padres.	discuss
Agente:	Muy bien. **Aquí estoy para servirles**.	I'm here to help you.
Linda y Julia:	Muchísimas gracias. Hasta luego.	

¡Aquí te toca a ti!

A. *¿Adónde esperas viajar?* Tell where you hope to travel.
Follow the model.

> **Modelo:** México
> *Espero viajar a México.*

1. Barcelona
2. Lisboa
3. París
4. Nueva York
5. Quito
6. San Antonio
7. Seattle
8. Buenos Aires
9. Miami
10. Madrid

B. *¿Adónde quiere viajar... ?* Tell where the people in the drawings below want to travel.

1. Sr. y Sra. Cano

2. Raúl

3. Bárbara

4. los estudiantes

5. tú

6. yo

Learning Strategy:

Polling

C. *Una encuesta* (A survey) When your teacher gives the signal, circulate around the room and ask as many classmates as possible where they hope to travel.

Repaso

D. ¿Cuánto? You and your friends are going over how much money you have paid for certain things. Each time you say the price, your friend asks for confirmation; so you repeat more clearly. Follow the model.

 Modelo: 320
—*Trescientos veinte.*
—*¿Cuánto?*
—*Trescientas veinte pesetas.*

1. 430	**5.** 940	**9.** 30.750
2. 350	**6.** 7.500	**10.** 570
3. 1.250	**7.** 860	**11.** 760
4. 790	**8.** 670	**12.** 2.400.000

ESTRUCTURA

Expressions for discussing plans

Esperar + *infinitive (To hope to)*

Espero comprar un coche nuevo el año próximo.

I hope to buy a new car next year.

Esperamos ir al cine el viernes próximo.

We hope to go to the movies next Friday.

You have already learned three ways to talk about future actions: what you *want* to do **(querer)**, what you *are going* to do **(ir)**, and what you *plan* to do **(pensar)**. You now have another expression for talking about your plans and what you *hope* to do **(esperar).** In all four expressions, the action of the verb is in the infinitive form. In the following examples, note how the meanings of these expressions progress from uncertain to certain:

querer + *infinitive*
Quiero comprar un coche nuevo.

I want to buy a new car.

esperar + *infinitive*
Espero comprar un coche nuevo.

I hope to buy a new car.

pensar + *infinitive*
Pienso comprar un coche nuevo.

I plan to buy a new car.

> **ir** + **a** + *infinitive*
> **Voy a comprar** un coche nuevo.   *I am going to buy* a new car.
>
> These expressions can also be used in the negative:
>
> **No voy a comer** en un   *I am not going to eat* in a restaurant.
>   restaurante.

Aquí practicamos

E. Using words from each column, form sentences to discuss future plans.

A	B	C	D
yo	(no)	esperar	viajar a Argentina algún día
Uds.		pensar	visitar a un(a) amigo(a) en
nosotros		ir a	Boston el mes próximo
Esteban		querer	cenar con un(a) amigo(a) el
Linda y su amiga			sábado por la noche
tú			vivir en España el año próximo
			estudiar mucho la semana próxima

F. *Algún día* Indicate how each person feels about doing the following activities. Use the verbs **esperar, pensar, querer,** and **ir a.** Follow the model.

Modelo: ir a México (tu padre / tus amigos / tú)
Mi padre no quiere ir a México.
Mis amigos esperan ir a México algún día.
Yo pienso ir a México el año próximo.

1. ir a Madrid (tu madre / tus hermanos [hermanas, amigos] / tú)
2. ser presidente (tú y tus amigos / tu padre / tu hermana [amigo])
3. tener un Rolls Royce (tu padre / tus amigos / tú)
4. vivir en Alaska (tu madre / tu hermana [hermano, amigo] / tú)

G. *Intercambio* Ask the following questions of a classmate, who will answer them.

1. ¿Qué piensas hacer esta noche?
2. ¿Qué vas a hacer el sábado por la tarde?
3. ¿Qué tienes ganas de hacer el sábado?
4. ¿Qué quieres hacer el domingo?
5. ¿Qué piensas hacer el año próximo?
6. ¿Qué esperas hacer algún día?

"Vamos de viaje"

Antes de escuchar

Elena and Francisco are going to a travel agent to talk about plans for a trip. Based on what you've learned in this **etapa**, what do you expect them to find out from the travel agent?

Después de escuchar

1. Where do they want to go?
2. What is the price if they go by train?
3. What is the price if they fly?
4. Where do they decide to go?
5. How will they get there?

EJERCICIO ORAL

H. *¿Qué planes tienes para el verano próximo?*   You and a partner are making plans to spend part of next summer together. (1) Agree to take a trip to at least three major destinations (**Pensamos viajar a...**). (2) Determine at least one good reason for each place that you plan to visit (**Quiero... Deseo ver... Me gusta ir de compras.**). (3) Decide on how long to stay at each place (**Pensamos estar allí cinco días.**). (4) Determine a means of transportation to use at each destination (**en taxi, en autobús, a pie**). (5) Decide how to get there and back (**en avión, en tren**). (6) Estimate how much the transportation and lodging portions of your trip will cost (**Un viaje de ida y vuelta cuesta...**).

EJERCICIO ESCRITO

I. *La semana próxima...*   Write a short note to a friend indicating your plans for each day of next week. Be sure to use each of the expressions for making plans that you learned in this **etapa**.

Vocabulario

Para charlar

Para ir al centro

¿Cuánto tarda para
  llegar a… ?
Tarda diez minutos,
  como máximo.
Esto es para Ud., señor
  (señora, señorita).
Muchas gracias.

Para viajar

Aquí estoy para servirles.
¿En qué puedo servirles?
Queremos planear un viaje.
¿Cuánto cuesta un viaje
  de ida y vuelta en avión?
¿En tren?
Es mucho. Sólo tengo 2.500 pesetas.

Para hablar de sus planes

esperar + *infinitive*

Temas y contextos

Otros números

cien
ciento
doscientos(as)
trescientos(as)
cuatrocientos(as)
quinientos(as)

seiscientos(as)
setecientos(as)
ochocientos(as)
novecientos(as)
mil
un millón

Los viajes

una agencia de viajes
en avión
en taxi
en tren

billete de ida y vuelta
kilómetro
milla
propina

Vocabulario general

Adjetivos

famoso(a)
hermoso(a)
nuevo(a)

Sustantivos

el cambio
la encuesta
la playa

Verbos

discutir
pagar

Otras palabras y expresiones

algún día
o
Pregúntales a los otros.
si

Lectura CULTURAL

LA LLEGADA DEL CABALLO A AMÉRICA

1st voyage
2nd voyage
3rd voyage
4th voyage

Spain

Antes de leer

Learning Strategies:

Brainstorming, drawing inferences, skimming, reading for the main idea

1. Years ago, how did people get around before they had modern modes of transportation?
2. Look at the pictures and the title of the reading on page 289. What do you think it will be about?
3. What are some of the uses people had for the horse?
4. Where do you think horses came from?

Guía para la lectura

A. Skim the reading. What person is the reading talking about?

B. Scan the first paragraph for numbers. Did you find two? To what do they refer?

C. Scan the second paragraph for numbers. Did you find five? Did you find **segundo?** What do you think it means?

D. To what do the other numbers refer?

E. What does the writer want you to know about the person in the reading and the horse?

La llegada del caballo a América

Cristóbal Colón descubrió el Nuevo Mundo hace 500 años. Colón trató de encontrar la ruta mas rápida al oro y las especias de Oriente. Trató de llegar a Asia pero después de 33 días por aguas desconocidas, llegó a un lugar desconocido. Los barcos de Colón trajeron al Nuevo Mundo muchas cosas nuevas.

Colón hizo cuatro viajes al Nuevo Mundo. En su segundo viaje en 1493, Colón volvió con 17 barcos, 1500 hombres y un Arca de Noé con animales del Viejo Mundo. Entre los animales que trajo Colón, el más importante fue el caballo. El caballo facilitó la vida de los nativos del Nuevo Mundo. Con el caballo fue más fácil cazar y más fácil llegar de un lugar a otro.

Estrategia para la lectura

Reading Strategies:

Use immediate context to help you make intelligent guesses about meanings.

Focus your attention when looking for specific information.

You have learned to use the overall format of a reading passage to help you guess where important information can be found. Sometimes you need to find specific details you already know the passage contains. If you look over an entire passage very quickly but keep your attention focused on the kinds of specific information you want, you will find that names, dates, numbers, and key words will jump readily off the page. Just move your eyes quickly over the passage, picking out the type of information you are looking for. Then use the immediate context—words, expressions, or illustrations that surround a word you are trying to understand—to help you guess the meaning of any important words you don't know.

Antes de leer

Here are some examples of questions that involve locating specific details in a larger reading context. What would you read to find out...

>> The score for last night's ball game?

>> What's on Channel 3 at 8:00 p.m.?

>> The time of the earliest showing of a movie opening today?

>> The price of a sweater on sale?

>> The times when a discount coupon is valid at a local restaurant?

The reading on page 292 helps you practice good reading techniques for this type of material. It is from a brochure advertising a special Youth Card that gives discounts on the Spanish rail system, RENFE. Look it over quickly. What do you think **días azules** are likely to be?

DÍAS AZULES

MAYO	JUNIO	JULIO	AGOSTO		SEPTIEMBRE	OCTUBRE	NOVIEMBRE	DICIEMBRE
L M M J V S D	L M M J V S D	L M M J V S D	L M M J V S D		L M M J V S D	L M M J V S D	L M M J V S D	L M M J V S D
1 2 3 4 5 6 7	1 2 3 4	1 2	1 2 3 4 5 6		1 2 3	1	1 2 3 4 5	1 2 3
8 9 10 11 12 13 14	5 6 7 8 9 10 11	3 4 5 6 7 8 9	7 8 9 10 11 12 13		4 5 6 7 8 9 10	2 3 4 5 6 7 8	6 7 8 9 10 11 12	4 5 6 7 8 9 10
15 16 17 18 19 20 21	12 13 14 15 16 17 18	10 11 12 13 14 15 16	14 15 16 17 18 19 20		11 12 13 14 15 16 17	9 10 11 12 13 14 15	13 14 15 16 17 18 19	11 12 13 14 15 16 17
22 23 24 25 26 27 28	19 20 21 22 23 24 25	17 18 19 20 21 22 23	21 22 23 24 25 26 27		18 19 20 21 22 23 24	16 17 18 19 20 21 22	20 21 22 23 24 25 26	18 19 20 21 22 23 24
29 30 31	26 27 28 29 30	24 25 26 27 28 29 30	28 29 30 31		25 26 27 28 29 30	23 24 25 26 27 28 29	27 28 29 30	25 26 27 28 29 30 31
		31				30 31		

La Tarjeta Joven va a cambiar tu vida. Con la Tarjeta Joven puedes viajar en tren por toda España con una reducción de 50% sobre el precio de la tarifa general, si viajas en días azules y haces un recorrido de más de 100 kms en viaje sencillo o de más de 200 kms si es de ida y vuelta. ¿Qué te parece? Puedes usar la tarjeta entre el 1 de mayo y el 31 de diciembre y recibes también un billete de litera gratis válido para recorridos nacionales.

¡Y hay más! Entre el 1 de junio y el 30 de septiembre con la Tarjeta Joven puedes viajar con un descuento entre el 30 y 50% por Alemania, Francia, Italia, Portugal y Marruecos. Antes de empezar el viaje a esos países tienes que pagar por la viñeta que corresponde a cada uno de los países. El precio de esta viñeta es de 1.500 pesetas para Francia y 1.200 para cada uno de los demás países.

Si tienes entre 12 y 26 años puedes comprar la Tarjeta Joven de RENFE. Está a la venta en RENFE

litera: sleeping compartment / *viñeta:* stamp

Actividades

A. Although this passage is prose, it contains many details that spring to the eye. Focus your attention and look for the following types of information.

1. all the numbers
2. all the months mentioned
3. all the country names

B. Given the contexts in which they appear in the reading, guess the meaning of the following words and phrases.

1. tarifa
2. recorrido
3. viaje sencillo
4. válido
5. descuento
6. autorizadas

C. *La Tarjeta Joven* Answer these questions about details of **Tarjeta Joven** discounts.

1. During what months is the **Tarjeta Joven** valid?
2. Is the **Tarjeta Joven** valid every day of these months?
3. What is the minimum distance required for a one-way trip?
4. What is the minimum distance required for a round trip?
5. When can you get discounted travel to other countries?
6. How much does it cost to get a special discount travel stamp for France?
7. What age range is eligible for the **Tarjeta Joven**?
8. According to the testimonials of the young people in the photographs, what seems to be the most important benefit of the **Tarjeta Joven**?

"gracias a la Tarjeta Joven de RENFE encontré a mi príncipe azul"

"desde que descubrí la Tarjeta Joven tengo más novias que Elvis Presley"

Ya llegamos

Actividades orales

A. *Una visita corta* (short) *a Madrid*   You and a friend have a ten-hour layover in Madrid. Discuss how you will make use of the **metro** in order to see the following sights. Use expressions such as **Vamos a la estación…**, **Tomamos la dirección…**, **Cambiamos de trenes en…**, **Bajamos en…**, **Después vamos…** Begin and end your tour at the Plaza de Colón, which has buses connecting with the airport. Refer to your **metro** map on page 259.

1. la Plaza de España
2. la Plaza Mayor (near Sol)
3. el Parque del Retiro
4. la Plaza de Toros (near Ventas)

B. *En un café*   You have just met a young traveler who speaks no English, but does speak Spanish. You and your new friend are in a café on the Paseo de la Castellana. Order something. As you get acquainted, share personal information about (1) where you are from, (2) your families, and (3) activities that you like. Then discuss (4) three places you each plan to visit while in Madrid and (5) two activities that you plan to do together. Finally, using the metro map on page 259, (6) explain to your new friend how to take the subway from the Cuzco Station to the Atocha Station.

C. *¡Vamos al centro!*   You and a friend are making plans to spend Saturday downtown. Agree on (1) four activities to do together and (2) a place for lunch. Decide on (3) the best means of transportation to and from the downtown area and (4) how you will get around once there. Finally, (5) describe your itinerary to two of your friends and (6) invite them to join you. (7) Make any changes necessary to your plans to convince them to accompany you.

Actividades escritas

D. *La semana próxima*   Write a short note to a friend describing at least one thing that you will do (**ir** + **a**+ *infinitive*), have to do (**tener** + **que** + *infinitive*), or feel like doing (**tener ganas de** + *infinitive*) for each day next week.

E. *Una semana típica* A friend writes to you from Spain and wants to know what you do in a typical weekend. Write a short note to him or her indicating what you do on Fridays, Saturdays, and Sundays. Include how you get around, where you go, what you do, and so on, for each day.

F. *Mis planes* Write a short paragraph about your plans for the future. Talk about next year (**el año próximo**) and the following years (**en dos, tres, etc. años**). Consider what you definitely *intend* to do (**pensar** + *infinitive*), what you would *like* to do (**querer** + *infinitive*), and what you *hope* to do (**esperar** + *infinitive*).

Conexión

>> How do you find books in the library?

>> What steps do you take?

>> How are library books organized? By title? By subject?

AL EMPEZAR

Most libraries use one of two systems of classification to organize their collection by subject—the Dewey Decimal system or the Library of Congress (LC) system. Do you know which system your school library uses? Which system does your local public library use?

Below is an abridged version of the LC subject headings in Spanish. Single letters indicate the major subject headings and the double letters indicate subcategories within each subject.

Clasificación de la Biblioteca del Congreso

A	Obras generales		M	Música
	AE	Enciclopedias generales	N	Bellas artes y artes visuales
	AG	Diccionarios		NA	Arquitectura
B	Filosofía--religión			NC	Dibujo, diseño
	B	Filosofía general		ND	Pintura
	BF	Psicología	P	Lenguaje y literatura
	BL	Religiones, mitología		PQ	Literatura romance
D	Historia y topografía			PR	Literatura inglesa
		(excepto continentes		PS	Literatura de los Estados Unidos
		de América)	Q	Ciencias puras
	DP	España y Portugal		QA	Matemáticas
E y F	Historia (los continentes de América)		QB	Astronomía
G	Geografía y antropología			QC	Física
	G	Mapas, átlases		QD	Química
	GR	Folklore		QE	Geología
	GV	Recreación y tiempo libre		QK	Botánica
J	Ciencia política		S	Agricultura
	JK	Historia constitucional (Estados Unidos)	T	Tecnología
	JV	Colonias y colonización			

ACTIVIDAD A

Imagine that you and your classmates all have to do oral presentations on a certain aspect of Spanish life. Under what call numbers will you find books on the following aspects of Spanish life? Write the letters of the classification.

Modelo: arquitectura de Barcelona __NA__

1. plantas que crecen en España
2. literatura española
3. pintores famosos
4. productos agrícolas
5. folklore
6. un mapa de España
7. música popular
8. la vida religiosa
9. historia general
10. deportes populares

ACTIVIDAD B

You are a student library assistant at a school library in Mexico. Today library patrons have been forgetting to write down the first letters of the call numbers. Help them figure out the missing portions of the call numbers for the titles below.

Modelo: *Enciclopedia universal ilustrada*   *AE* 61.E56 1905

1. *El ingenioso hidalgo Don Quijote de la Mancha* _ _6323 .A5A6 1935
2. *Goya en Andalucía* _ _813 .G7Z8 1989
3. *Mitología griega y romana* _ _725 .S62 1927
4. *Música y músicos en México* _ *L*106 .M6T3 1991
5. *Plantas de Costa Rica* _ _217 .P57 1978
6. *Planetas y satélites* _ _501 .S3
7. *Historia de España* _ _66 .H5572 1986
8. *Atlas geográfico de la República Argentina* _ _1755 .A77 1986

ACTIVIDAD C

As library assistant you help people do research. Help your fellow students find books on the following topics by telling them what subject to look under and what letters will begin the call number.

	Tema	Cifra de clasificación
Ludwig von Beethoven	*música*	*M*
1. El Greco		
2. William Shakespeare		
3. Sigmund Freud		
4. Platón		
5. Albert Einstein		
6. Cristobal Colón		

¿Qué ves?

>> Where are these people?

>> What are they doing?

>> What do you see in the photos th
may be similar to what you would
in this country?

>> What do you see that may be
different?

OBJECTIVES

IN THIS UNIT YOU WILL LEARN:

- **T**o understand short readings about various aspects of the Hispanic world;

- **T**o get information about various activities in the Hispanic world;

- **T**o talk about past, present, and future activities and events.

Capítulo trece: *Los pasatiempos*

Capítulo catorce: *Actividades deportivas*

Capítulo quince: *Dos deportes populares*

Tu tiempo libre

UNIDAD cinco

LOS PASATIEMPOS

—Me encanta jugar al tenis.

Objectives:

>>> **T**alking about events and activities in the past

>>> **S**ituating activities in the past

Strategies:

>>> **O**rganizing information in a chart

>>> **R**eporting on past events

>>> **C**omparing and contrasting

PRIMERA ETAPA

Preparación

As you get ready to begin this chapter, think about your leisure time.

》》 **W**hat do you like to do in your free time? Make a list of your favorite activities.

》》 **W**hat don't you like to do? Make a list of these activities.

//-//-//-//-//-//-//-//-//
Learning Strategies:
Previewing, listing

¿Qué te gusta hacer?

Me gusta ir de compras.

Me gusta leer.

Me gusta hablar por teléfono.

Me gusta escuchar música.

Me gusta alquilar vídeos.

Nos gusta montar en bicicleta.

301

Me gusta escribir cartas.

Nos gusta ir al cine.

Me gusta nadar.

Me gusta hacer ejercicio.

Nos gusta correr.

Nos gusta bailar.

¡Aquí te toca a ti!

A. *Me gusta...* Imagine you are the person in the drawings below and on page 303 and respond as one of your classmates asks you what you like to do.

Modelo: ¿Qué te gusta hacer?
Me gusta nadar.

1.

2.

3.

4.

5.   6.   7.   8.

B. ¿Qué te gusta hacer?   Now you want to survey your classmates to find out what they like to do and what they don't like to do in their free time. Begin by starting two columns as in the chart below. Then, following the model, interview six classmates in Spanish. As you interview people, write down their likes and dislikes in the appropriate column on your chart.

When you finish your survey, work in Spanish with a partner to study the results. (1) Compare your lists. Did you both get similar responses? (2) Count the number of times each activity occurs in a "like-to-do" column and how many times each occurs in a "don't-like-to-do" column. (3) Based on your tallies, what are the three most popular leisure activities among your classmates? What are the three least popular? (4) Did any activities come up in both columns?

//-//-//-//-//-//-//-//-//
*Cooperative
Learning*

Learning Strategies:

*Collecting information,
taking notes in a chart*

*Critical Thinking
Strategies:*

*Comparing and con-
trasting, analyzing
information*

   —*¿Qué te gusta hacer en tu tiempo libre?*
—*Me gusta estudiar, pero no me gusta escribir cartas.*

aprender	charlar	hacer ejercicio
bailar	comer	ir de compras
caminar	correr	mirar
cantar	descansar	trabajar

Nos gusta hacer estas actividades: *estudiar*	No nos gusta hacer estas actividades: *escribir cartas*

ESTRUCTURA

Preterite tense of -ar verbs

Yo hablé con Juan ayer.

I talked with Juan yesterday.

Él bailó mucho anoche.

He danced a lot last night.

Nosotros estudiamos ayer por la tarde.

We studied yesterday afternoon.

Ellos no miraron la TV el lunes por la noche.

They did not watch TV Monday night.

¿Compraste tú un disco compacto el fin de semana pasado?

Did you buy a CD last weekend?

In Spanish, to talk about actions that happened in the past, you use a past tense called the *preterite*. To conjugate **-ar** verbs in this tense, drop the **-ar** and add the following endings:

cantar

yo		**é**	**canté**
tú		**aste**	**cantaste**
él			
ella		**ó**	**cantó**
Ud.			
nosotros(as)	**cant-**	**amos**	**cantamos**
vosotros(as)		**asteis**	**cantasteis**
ellos			
ellas		**aron**	**cantaron**
Uds.			

Notice that the **yo** and the **él, ella, Ud.** forms have a written accent.

Some common **-ar** verbs:

bailar	**descansar**
caminar	**escuchar**
cantar	**mirar**
celebrar	**pasar tiempo**
cenar	**trabajar**
charlar	**visitar**

Aquí practicamos

C. **Anoche** (Last night)   Di *(say)* lo que *(what)* hicieron tu y tus amigos *(you and your friends did)* anoche. Sigue *(Follow)* el modelo.

 Modelo: *Yo compré un disco compacto nuevo.*
Roberto no compró un disco compacto nuevo.

A	B	C	D
yo	(no)	comprar	un programa de televisión
tú		mirar	para un examen
Roberto		estudiar	por teléfono
nosotros		hablar	un disco compacto nuevo
Uds.		escuchar	música rock
Elena y Juan			

D. **Por supuesto...**   Your parents have gone out to dinner and returned late at night. They ask what you've been up to while they were out. As they ask you questions, answer in the affirmative.

 Modelo: ¿Terminaste tu tarea?
Sí, por supuesto, yo terminé mi tarea.

1. ¿Hablaste por teléfono con tu amigo?
2. ¿Cenaste aquí?
3. ¿Estudiaste para el examen de español?
4. ¿Miraste un programa de televisión?
5. ¿Tomaste alguna cosa?

E. **El sábado pasado** (Last Saturday)   Pregúntales *(Ask)* a tus amigos lo que hicieron el sábado pasado. Usa preguntas *(questions)* de tipo sí/no. Sigue el modelo.

Learning Strategy:

Requesting and providing specific information

Modelo: —¿Estudiaste el sábado pasado?
—No, no estudié el sábado pasado.   o:
—Sí, estudié. Preparé mi examen de matemáticas.

alquilar un vídeo	escuchar tu estéreo
caminar al centro	hablar por teléfono
cenar con un(a) amigo(a)	mirar televisión
comprar un disco compacto	pasar tiempo con tu familia
desayunar en un restaurante	visitar a un(a) amigo(a)

Nota gramatical

The preterite of the verb *hacer*

—¿Qué **hizo** Tomás ayer?	What *did* Tomás *do* yesterday?
—Tomás **habló** con el profesor.	Tomás *talked* to the teacher.
—¿Qué **hicieron** ellos anoche?	What *did* they *do* last night?
—Ellos **estudiaron** mucho.	They *studied* a lot.
—¿Qué **hiciste** tú anoche?	What *did* you *do* last night?
—**No hice** nada.	I *didn't do* anything.

The verb **hacer** is used in the preterite to talk about what was done in the past. Notice that when you are asked a question about the past with the verb **hacer**, you respond with a different verb that expresses what was done. Use **hacer** in your response only if you want to say that nothing was done, in which case you would say *no hice nada, no hicimos nada,* etc.

In the preterite, the verb **hacer** is conjugated as follows:

hacer

yo	**hice**	nosotros(as)	**hicimos**
tú	**hiciste**	vosotros(as)	**hicisteis**
él		ellos	
ella	**hizo**	ellas	**hicieron**
Ud.		Uds.	

Here are some expressions with **hacer.**

hacer un viaje	*to take a trip*
hacer la cama	*to make the bed*
hacer las maletas	*to pack*
hacer ejercicio	*to exercise*
hacer un mandado	*to run an errand*

Ellos **hicieron un viaje** a Bogotá, Colombia, el año pasado.	They *took a trip to* Bogota, Colombia, last year.
Ernestito **hizo la cama** ayer.	Ernestito *made the bed* yesterday.
¿**Hiciste las maleta**s para tu viaje a México?	*Did you pack* for your trip to Mexico?

F. Sustituye las palabras en cursiva *(italics)* con las palabras que estén entre paréntesis y haz *(make)* los otros cambios necesarios.

1. *Yo* no hice nada anoche. (nosotros / ella / ellos / tú / Ud. / vosotros)
2. ¿Qué hizo *Ud.* ayer? (tú / él / yo / Uds. / ellos / vosotras)
3. *Julio* hizo las maletas ayer. (yo / tú / María / nosotros / ellas)

G. ¿Qué hicieron anoche?   Un(a) amigo(a) quiere saber lo que hicieron tú y tus amigos anoche. Trabaja con un(a) compañero(a) *(partner)* y contesta *(answer)* según *(according to)* el modelo.

Roberto

Learning Strategy:

Reporting based on visual cues

> **Modelo:**   —¿Qué hizo Roberto anoche?
> —Roberto habló con María.

1. José

2. Marta y Ana

3. Melisa

4. Luis y Elena

5. Esteban

6. Sara

H. *¿Qué hiciste en casa de tu prima?*   Your parents were out of town, so you spent yesterday at your cousin Anita's house. Today, your friends want to know how you spent the day. Work with a partner and follow the model.

 Modelo: hablar con María, Linda
—*¿Hablaste con María?*
—*No hablé con María, pero hablé con Linda.*

1. visitar a Julián, Alicia
2. estudiar con Teresa, Julia
3. hablar con los padres de Miguel, su hermana
4. tomar café, jugo de naranja
5. escuchar la radio, una cinta de Janet Jackson

Aquí escuchamos:
"¿Qué te gusta hacer?"

//-//-//-//-//-//-//-//-//
Learning Strategies:
Previewing, listing

Antes de escuchar

You will hear various students talking about what they like and don't like to do in their free time. What activities do you think they will mention? Make a list based on the leisure-time activities you have learned to discuss in Spanish. Then, before you listen, take a moment and copy the following chart on a separate piece of paper.

	Sí	No
Juan		
Eva		
Esteban		
Elena		

START

//-//-//-//-//-//-//-//-//
Learning Strategies:
Listening for details, taking notes in a chart

Después de escuchar

Now listen to the tape again and indicate what each person likes to do and doesn't like to do.

EJERCICIO ORAL

I. ¿Qué hiciste tú durante (during) *el fin de semana?* It's Monday morning, and you and your friend are telling each other what you did and did not do over the weekend. Working in pairs, interview your partner to find out how he or she spent last weekend. Record your partner's responses in a chart like the one below.

When you are asking questions, use expressions like **¿Qué hiciste tú el viernes pasado por la tarde?** When you are answering questions, choose from among the suggestions provided here and be sure to use the preterite in your conversation. Possible activities: **trabajar mucho, mirar la televisión, bailar mucho, hablar por teléfono, estudiar,** etc.

Learning Strategies:

Interviewing, taking notes in a chart

viernes por la noche	
sábado por la mañana	
sábado por la noche	
domingo por la tarde	
domingo por la noche	

EJERCICIO ESCRITO

J. La semana pasada (1) Make a list of five things you did last week. For each activity on your list, tell on which day and at what time of day you did it. (2) When you have completed your list, work with a partner to fill out a chart like the one below. (3) For the activities that you both did, find out if you had a similar schedule (**¿Cuándo estudiaste para el examen de inglés?**).

Cooperative Learning

Learning Strategies:

Listing, organizing information in a chart

Critical Thinking Strategy:

Comparing and contrasting

Mis actividades	Las actividades de nosotros(as) dos	Las actividades de mi compañero(a)

SEGUNDA ETAPA

Preparación

>> **W**here do you go in your free time?

>> **W**hat are some of the events you attend (games, concerts, and so on)?

—¿Adónde fuiste anoche?
—A un partido de fútbol. ¿Y tú?
—Fui a un concierto.

It's Monday morning and before class begins, Carmen and her friend, Cristina, are talking about where they and some of their friends went last Saturday afternoon.

Carmen:	Hola, Cristina, ¿cómo estás?
Cristina:	Bien, y tú, ¿qué tal?
Carmen:	Muy, muy bien. ¿Qué hiciste el sábado pasado? **¿Fuiste** al cine?
Cristina:	No, no. No **fui** al cine. Roberto y yo **fuimos** al concierto. ¿Y tú?
Carmen:	Yo **fui** a la biblioteca.
Cristina:	**¿Fuiste** con tu novio?
Carmen:	No, él **fue** al gimnasio.
Cristina:	Y tu hermano, ¿qué hizo? **¿Fue** al gimnasio, también?
Carmen:	No, mi hermano y su novia **fueron** al partido de fútbol.

a la biblioteca

a un restaurante

a la piscina

al cine

de compras

a una fiesta

a la playa

a un museo

al parque

al parque zoológico

al gimnasio

a casa de un(a) amigo(a)

al centro

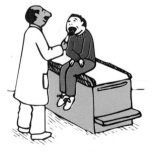

al médico

Nota gramatical

The preterite of the verb *ir*

Yo **fui** al cine anoche.	I *went* to the movies last night.
Ellos **fueron** a un concierto el sábado pasado.	They *went* to a concert last Saturday.
Nosotros **fuimos** al centro ayer.	We *went* downtown yesterday.
¿Fuiste tú a la fiesta de Julia el viernes pasado?	*Did you go* to Julia's party last Friday?
No, no **fui** a la fiesta.	No, I *did* not *go* to the party.

In the preterite, the verb **ir** is conjugated as follows:

ir			
yo	**fui**	nosotros(as)	**fuimos**
tú	**fuiste**	vosotros(as)	**fuisteis**
él		ellos	
ella	**fue**	ellas	**fueron**
Ud.		Uds.	

¡Aquí te toca a ti!

A. **¿Adónde fue... ?**   Un(a) amigo(a) pregunta adónde fueron todos *(everyone went)* ayer por la tarde *(yesterday afternoon)*. Sigue el modelo.

> **Modelo:**   David / cine
> —¿Adónde fue David?
> —Fue al cine.

1. Carmen / concierto
2. tu hermana / museo
3. tú / biblioteca
4. Jorge y Hernando / banco
5. Victoria y Claudia / restaurante
6. la profesora / médico
7. tus padres / centro
8. Mario / parque zoológico

B. ¿Adónde fuiste? Ahora pregúntale a un compañero(a) adónde fue ayer. Sigue el modelo.

Modelo:
biblioteca /cine
—¿Adónde fuiste ayer? ¿A la biblioteca?
—No, fui al cine.

1. a la playa / a la piscina
2. a un restaurante / a casa de un(a) amigo(a)
3. al parque / al gimnasio
4. al partido de básquetbol / al concierto
5. a la biblioteca / de compras
6. a la piscina / a una fiesta

C. ¿Adónde fuiste anoche? Now circulate around the room and ask at least eight of your classmates where they went last night. Create a chart of their responses like the one below, showing who went where. Be prepared to report your findings to the class.

	Nombre	Nombre	Nombre	Nombre
a un restaurante	Luis	Carla		
al parque				
al cine	David			
a una fiesta				
a casa de un(a) amigo(a)				
a un partido de básquetbol				
al trabajo				
…				
…				

Repaso

D. No, no me gusta…, prefiero… You are discussing what you like and do not like to do. When your partner asks you if you like to do something, you respond negatively and indicate what you prefer to do instead. Follow the model.

Modelo:
estudiar
—¿Te gusta estudiar?
—No, no me gusta estudiar. Prefiero ir al cine.

1. estudiar
2. leer
3. hacer ejercicio
4. ir al cine
5. caminar por el parque

6. mirar la televisión
7. correr
8. alquilar vídeos
9. ir de compras
10. ?

ESTRUCTURA

The preterite of -er and -ir verbs

Yo **comí** en un restaurante anoche.	I *ate* in a restaurant last night.
Nosotros **escribimos** una carta ayer.	We *wrote* a letter yesterday.
Susana **no comprendió** la lección.	Susana *did not understand* the lesson.
¿Recibieron Uds. una invitación a la fiesta?	Did you *receive* an invitation to the party?
Ella **salió de** casa temprano ayer.	She *left* home early yesterday.

To conjugate **-er** and **-ir** verbs in the preterite, drop the **-er** or **-ir** and add the following endings:

comer, vivir

yo	com-	*í*	**comí**	nosotros(as)	com-	*imos*	**comimos**
	viv-	*í*	**viví**		viv-	*imos*	**vivimos**
tú	com-	*iste*	**comiste**	vosotros(as)	com-	*isteis*	**comisteis**
	viv-	*iste*	**viviste**		viv-	*isteis*	**vivisteis**
él ella Ud.	com- viv-	*ió* *ió*	**comió** **vivió**	ellos ellas Uds.	com- viv-	*ieron* *ieron*	**comieron** **vivieron**

Notice that the preterite endings for both **-er** and **-ir** verbs are identical and that the **yo** and the **él, ella, Ud.** forms have a written accent.

Other **-er** verbs

aprender	*to learn*
correr	*to run*
perder	*to lose*
vender	*to sell*
volver	*to return*

Other **-ir** verbs

asistir a	*to attend*
compartir	*to share*
salir con	*to go out with*
salir de	*to leave*

Aquí practicamos

 E. *Ayer* (Yesterday) ***después de la escuela***   Di lo que hicieron tú y tus amigos ayer después de la escuela.

A	B	C	D
yo	(no)	comer	pizza
Miguel		escribir	dos cartas
tú		recibir	los ejercicios del libro
Pedro y yo		salir con	un(a) amigo(a)
Linda y Fernando		asistir a	un partido
Ud.		correr	un libro
		perder	dos millas

 F. ***El fin de semana***   Compare notes with your partner about what you did over the weekend. Use the following expressions to begin asking each other questions. Find at least one activity that you both did.

> **Modelo:**   comer en un restaurante
> —*¿Comiste en un restaurante?*
> —*Sí, comí en un restaurante.*   o:
> —*No, no comí en un restaurante.*

1. aprender información interesante
2. asistir a un concierto
3. perder la cartera
4. escribir una carta a tu amigo(a)
5. discutir algún problema
   con un(a) amigo(a)

6. recibir un regalo (*gift*)
7. correr un poco
8. comer en un restaurante
9. salir con un(a) amigo(a)
10. volver a casa tarde

//-//-//-//-//-//-//-//-//

Cooperative Learning

Learning Strategy:

Asking questions

Critical Learning Strategy:

Comparing and contrasting

G. ***Una tarde típica*** (typical)   Using the drawings and verbs provided on page 316 as guides, explain to your parents how you and your boyfriend (girlfriend) spent the afternoon. Follow the model.

> **Modelo:**   salir
> *Salimos de la escuela.*

//-//-//-//-//-//-//-//-//

Learning Strategy:

Reporting based on visual cues

1. tomar

2. estudiar

3. caminar

4. escuchar

5. salir

6. comprar

7. comer

8. mirar

9. escribir

10. beber

Aquí escuchamos:
"¿Qué hiciste anoche?"

Antes de escuchar

You will hear a short conversation in which two students talk about what they did last night. Based on what you have been studying in this **etapa**, what do you think they will say?

Before you listen, take a moment and look at the chart on page 317. Copy it on a separate piece of paper.

//-//-//-//-//-//-//-//
Critical Thinking Strategy:

Predicting

	Olga	Esteban
estudiar		
leer		
mirar televisión		
cenar con amigos		
hablar por teléfono		
escribir cartas		
caminar		

Después de escuchar

Now listen to the tape again and check off on your chart what each person did.

¡Adelante!

EJERCICIO ORAL

H. *¿Adónde fuiste y qué hiciste el verano pasado?* Talk to five of your classmates. (1) Find out one place they went and one activity that they did last summer. (2) Make a list of their responses. (3) Select the most interesting place and the most interesting activity and report them to the class.

EJERCICIO ESCRITO

I. *La semana pasada* (Last week) Your pen pal in Argentina has reminded you that it is your turn to write. Write a note telling what you did and where you went last week. Indicate at least five things that you did and include at least two places that you went.

TERCERA ETAPA

Preparación

As you begin this **etapa**, think about what your routine was last week.

>> **D**id you go to school everyday?

>> **D**id you participate in any extracurricular activities?

>> **D**id you study?

>> **D**id you go out? Where?

Una semana típica

LUNES	MARTES	MIÉRCOLES	JUEVES	VIERNES	SÁBADO	DOMINGO
4⁰⁰ ejercicio aeróbico	4⁰⁰ nadar	4⁰⁰ ejercicio aeróbico	4⁰⁰ nadar 7⁰⁰-9⁰⁰ estudiar para un examen	4⁰⁰ ejercicio aeróbico 6⁰⁰ cenar Jay 7³⁰ partido de fútbol	1⁰⁰ de compras con Amy 7⁰⁰ video	2⁰⁰ centro Billy 6³⁰ cenar con mis padres

El lunes, miércoles y viernes asistí a mi clase de ejercicio aeróbico. El martes y jueves fui a la piscina y nadé por una hora. El jueves por la noche estudié para un examen por dos horas. El viernes después de mi clase de ejercicio aeróbico, cené con mi novio Jay. Comimos pizza en un restaurante italiano. Después fuimos a un partido de fútbol del equipo de nuestra escuela. Nuestro equipo perdió. El sábado a la una fui de compras con mi amiga Amy. Por la noche, alquilé un vídeo. Invité a mis amigos a mi casa y miramos el vídeo. El domingo fui al centro con mi amigo Billy. Compré dos discos compactos nuevos. Volví a casa a las 5:30 y cené con mis padres.

¡Aquí te toca a ti!

A. *¿Qué hizo Elisabeth?* Con *(with)* un(a) compañero(a) di lo que hizo Elisabeth en los días específicos *(on the specific days)* de la semana pasada *(last week)*. Empieza *(Begin)* con el lunes pasado: ¿Qué hizo Elisabeth el lunes pasado?

1. lunes **3.** jueves **5.** domingo

2. martes **4.** viernes

B. *¿Qué hizo Elisabeth la semana pasada?* Di lo que hizo Elisabeth la semana pasada. Basa *(Base)* tus respuestas *(answers)* en los dibujos *(drawings)*. Sigue el modelo.

Modelo: sábado
El sábado pasado Elisabeth alquiló un vídeo.

1. viernes

2. miércoles

3. sábado

4. domingo

5. lunes

6. jueves

7. martes

8. domingo

Repaso

C. ¿Qué hicieron? Basándote en los dibujos, di lo que hizo cada *(each)* persona y cuándo.

Modelo: Martín y Catarina / el domingo por la tarde
Martín y Catarina corrieron el domingo por la tarde.

1. Marisol y su hermano / el lunes por la mañana

2. Marirrosa y Juan / el viernes por la noche

3. José / el miércoles por la tarde

ESTRUCTURA

Adverbs, prepositions, and other expressions used to designate the past

La semana pasada compré un disco compacto.

Last week I bought a CD.

El viernes pasado comimos en un restaurante.

Last Friday we ate at a restaurant.

The following time expressions are used to talk about an action or a condition in the past.

ayer	yesterday	**la semana pasada**	last week
ayer por la mañana	yesterday morning	**el fin de semana pasado**	last weekend
ayer por la tarde	yesterday afternoon		
anoche	last night	**el mes pasado**	last month
anteayer	the day before yesterday	**el año pasado**	last year
el jueves (sábado, etc.) pasado	last Thursday (Saturday, etc.)		

The preposition **por** will enable you to express how long you did something.

Estudié **por** dos horas.	I studied *for* two hours.
Corrió **por** veinte minutos.	She ran *for* twenty minutes.
por una hora (un día, tres años, cuatro meses, quince minutos, etc.)	*for one hour (one day, three years, four months, fifteen minutes, etc.)*

Aquí practicamos

D. ¿Qué hicieron recientemente (recently)**?**   Di lo que hicieron tú
y tus amigos recientemente.

A	B	C	D
nosotros	(no)	cenar en un restaurante	la semana pasada
tú		correr dos millas	ayer por la tarde
Margarita y Alicia		no asistir a clase	el viernes pasado
Julián		alquilar un vídeo	anteayer
yo		hacer ejercicio	ayer por la mañana
Marta y yo		caminar por el parque	el miércoles pasado

E. ¿Cuándo?   Usa las expresiones entre paréntesis *(in parenthesis)* para
decir cuándo hiciste las actividades que siguen *(that follow)*. Sigue el
modelo.

 ¿Cuándo hablaste con María? (ayer por la mañana)
Hablé con María ayer por la mañana.

1. ¿Cuándo estudiaste francés? (el año pasado)
2. ¿Cuándo corriste? (ayer por la tarde)
3. ¿Cuándo hablaste con tu novia(o)? (el viernes pasado)
4. ¿Cuándo compraste tu bicicleta? (el mes pasado)
5. ¿Cuándo recibiste la carta de Julia? (el jueves pasado)
6. ¿Cuándo comiste pizza? (el domingo pasado)

Nota gramatical

The preterite of the verbs *andar, estar,* and *tener*

Yo **estuve** en casa de Pablo anteayer.	I *was* at Paul's house the day before yesterday.
¿**Anduviste** tú por el parque ayer?	*Did* you *walk* in the park yesterday?
Sí, yo **anduve** con mi amiga Paula.	Yes, I *walked* with my friend Paula.
Nosotros no **tuvimos** que estudiar anoche.	We *did* not *have* to study last night.

Many common Spanish verbs are irregular in the preterite. However, some can be grouped together because they follow a similar pattern when conjugated. Note the similarities among the following three verbs when they are conjugated in the preterite.

andar, estar, tener

yo	anduve estuve tuve	nosotros(as)	anduvimos estuvimos tuvimos
tú	anduviste estuviste tuviste	vosotros(as)	anduvisteis estuvisteis tuvisteis
él ella Ud.	anduvo estuvo tuvo	ellos ellas Uds.	anduvieron estuvieron tuvieron

F. Sustituye las palabras en cursiva con las palabras que están entre paréntesis y haz los otros cambios necesarios.

1. *Catarina* tuvo que estudiar mucho anoche. (tú / Ud. / Ana y su novio / yo / nosotros / vosotras)
2. *Juan y Roberto* no estuvieron en la fiesta de Sofía. (Uds. / Diego / yo / tú / nosotras / vosotros)
3. ¿Anduvieron *Uds.* a la escuela ayer? (Ud. / Santiago y Enrique / Alicia / tú / vosotros)

G. *La semana pasada* Circulate around the room and ask several classmates the following questions. Have them (1) name three places where they were last week, (2) indicate three places they walked to, and (3) tell three things they had to do. Follow the model.

> *Modelo:* *Estuve en la piscina el viernes por la tarde.*
> *Anduve al parque el domingo por la mañana.*
> *Tuve que estudiar el martes por la noche.*

1. ¿Dónde estuviste la semana pasada?
2. ¿Adónde anduviste la semana pasada?
3. ¿Qué tuviste que hacer la semana pasada?

Aquí escuchamos:
"¿Qué hiciste este fin de semana?"

Antes de escuchar

Think about what you did last weekend. You will hear a short conversation in which two students talk about what they did. What are some of the things you think they might talk about? Before you listen to the tape, copy the following chart.

Learning Strategies:

Previewing, brainstorming

	Olga	Juan
fue al parque		
fue a la piscina		
fue a la biblioteca		
fue a cenar en un restaurante		
fue a un concierto		
fue a una fiesta		
fue al gimnasio		
fue de compras		
fue al cine		
estudió		
descansó		

//-//-//-//-//-//-//-//-//-//

Después de escuchar

Listen to the tape again and check off each person's activities on your chart.

//-//-//-//-//-//-//-//-//-//

EJERCICIO ORAL

H. *Intercambio* Work with a partner and discuss what you did last week and for how long. Possible activities: **estudiar, comprar, hablar con amigos, comer, asistir a un concierto, andar, tener que hacer algo,** etc.

//-//-//-//-//-//-//-//-//-//

EJERCICIO ESCRITO

I. *El fin de semana pasado* Make a list of six things that you did last weekend. Write a postcard to a friend in Costa Rica, telling what you did.

Vocabulario

Para charlar

Para hablar de una acción en el pasado

anoche

anteayer

el año pasado

ayer

ayer por la mañana

ayer por la tarde

el fin de semana pasado

el jueves (sábado, etc.) pasado

el mes pasado

por una hora (un día, tres años, cuatro meses, quince minutos, etc.)

la semana pasada

Para hablar de las actividades

alquilar un vídeo

desayunar en un restaurante

montar en bicicleta

nadar

Lugares adónde vamos

el concierto

el gimnasio

el museo

el parque zoológico

Vocabulario general

Verbos

andar

asistir a

caminar

cenar

comprar

no hacer nada

pasar tiempo

perder

salir de

visitar

volver

Otras expresiones

hacer la cama

hacer ejercicio

hacer las maletas

hacer un viaje

una milla

nada

por un año

por una hora

por un mes

por unos minutos

Lectura
CULTURAL

ESPAÑA
JOVEN

Antes de leer

In this chapter you have been talking about what young people like to do in their free time. Look at the pictures on page 326. What are the people doing? Look at the title of the reading. What do you think the reading will be about?

Guía para la lectura

A. What is the main idea of each paragraph?

B. List some things Spanish young people do during the week.

C. List some things Spanish young people do during the weekend.

D. List some things Spanish young people worry about.

//-//-//-//-//-//-//-//

Learning Strategy:

Brainstorming

Critical Thinking Strategy:

Predicting

//-//-//-//-//-//-//-//

Learning Strategies:

Reading for main idea, listing, reading for details

España joven

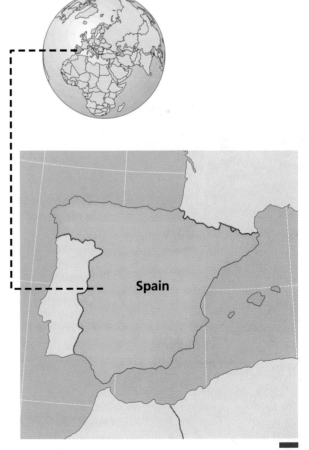

Spain

urante la semana los adolescentes españoles casi no salen, dividen su tiempo entre la casa y la escuela. Cuando están en casa pasan mucho tiempo hablando por teléfono y escuchando música. La mayoría de los chicos y chicas dedican gran parte de su tiempo libre a mirar la televisión. Más de la mitad pasa más de cuatro horas frente al televisor.

Los fines de semana son diferentes. Los jóvenes no se quedan en casa, todos salen con sus amigos, sobre todo a bailar. Por lo general, los más jóvenes deben regresar a casa antes de las 10:30 de la noche. En este sentido, los padres son más estrictos con las chicas que con los chicos.

A pesar de su juventud, les preocupa la crisis económica. Saben que hay mucha gente sin trabajo. En 1994, el desempleo en España subió a 22%. Muchos temen que la situación vaya a afectar su futuro. No están muy interesados en la política, pero muchos se preocupan por la ecología. Dicen que alguien tiene que preocuparse por salvar el planeta.

14 ACTIVIDADES DEPORTIVAS

El baloncesto es uno de los deportes más populares en España. Es muy divertido para todos.

Objective:

〉〉〉 **T**alking about and situating activities and events in the past

Strategies:

〉〉〉 **R**equesting and providing information

〉〉〉 **O**rganizing details in sequence

〉〉〉 **E**valuating preferences

PRIMERA ETAPA

Preparación

>> **A**s you begin this **etapa**, think about the sports you play. Do you play them just for fun? For the exercise? Are you on a team?

Los deportes

Esteban:	¡Hola! ¿Adónde vas?
Alberto:	Voy a jugar al fútbol.
Esteban:	¿Estás en algún **equipo?**
Alberto:	Sí, estoy en el equipo de nuestra escuela.
Esteban:	¿Vas a practicar?
Alberto:	Sí, tengo que practicar los lunes, martes, miércoles y jueves.
Esteban:	¿Cuándo son los partidos?
Alberto:	Los partidos son los viernes por la noche. Y tú, ¿estás en algún equipo?
Esteban:	No. Me gusta mucho jugar al baloncesto, pero no estoy en un equipo. Sólo juego para hacer ejercicio.

team

jugar al béisbol

jugar al baloncesto

jugar al fútbol americano

jugar al fútbol

jugar al tenis

jugar al golf

levantar pesas

patinar

patinar en ruedas

jugar al hockey

jugar al hockey sobre hierba

jugar al vólibol

montar en bicicleta

hacer ejercicio aeróbico

¡Aquí te toca a ti!

A. *¿Qué deporte prefieres?* Pregúntale a un(a) compañero(a) acerca de *(about)* los deportes que prefiere. Sigue el modelo.

Modelo: montar en bicicleta / jugar al vólibol
—*¿Te gusta montar en bicicleta?*
—*No, no me gusta montar en bicicleta, prefiero jugar al vólibol.*

1. correr / levantar pesas
2. patinar / jugar al vólibol
3. jugar al golf / jugar al tenis
4. nadar / hacer ejercicio aeróbico
5. jugar al baloncesto / jugar al béisbol
6. jugar al fútbol americano / jugar al fútbol
7. jugar al hockey / esquiar
8. montar en bicicleta / patinar en ruedas

B. *¿Qué deporte te gusta más?* (1) Choosing from the sports you have learned to say in Spanish, list your three favorites. (2) When you have your list, circulate among your classmates, looking for people who share your interests. (3) When you find someone with whom you have an activity in common, try to arrange a time that you can practice it together.

Modelo:
Student 1: *¿Qué deporte te gusta, Juana?*
Student 2: *Me gusta jugar al vólibol.*
Student 1: *¿No te gusta nadar?*
Student 2: *Sí, me gusta mucho nadar. ¿Y tú?*
Student 1: *¡Claro que sí! ¿Quieres ir a la piscina con mi hermana y yo?*
Student 2: *¿Cuándo van Uds.?*
Student 1: *El sábado próximo por la tarde.*
Student 2: *¡Qué buena idea!   o: No, no puedo ir el sábado. ¿Pueden Uds. ir el domingo?*
Student 1: *Sí, cómo no.*

Learning Strategy:

Requesting and providing information

Cooperative Learning

Learning Strategies:

Listing, interviewing, negotiating

Critical Thinking Strategies:

Evaluating preferences, comparing and contrasting

Repaso

Learning Strategy:

Requesting and providing information

C. *¡Preguntas y más preguntas!* Tu amigo(a) quiere saber lo que hiciste el fin de semana pasado. Hazle las preguntas que siguen a un(a) compañero(a).

1. ¿Qué hiciste el viernes pasado?
2. ¿Estuviste en la escuela el sábado pasado?
3. ¿Miraste un programa de televisión el sábado por la noche?
4. ¿Hablaste por teléfono con alguien? ¿Con quién? ¿Cuándo?
5. ¿Tuviste que hacer alguna cosa el domingo pasado?
6. ¿Anduviste al centro con tus amigos?
7. ¿Tuviste que estudiar el domingo?
8. ¿Comiste en un restaurante? ¿Cuándo?

ESTRUCTURA

Hace and hace que for expressing how long ago something occurred

Hace dos semanas que Raúl compró el disco compacto.

Two weeks ago, Raúl bought the CD.

To express how long ago something happened, you use **hace** + *length of time* + **que** + *subject* + *verb in the preterite,* as in the following:

Hace + dos horas + que + Miguel + comió.

Or you may use *subject* + *verb in the preterite* + **hace** + *length of time,* as in the following:

Miguel + comió + hace + dos horas.

Notice that when **hace** is placed at the beginning of the sentence, you must insert **que** before the subject.

—**¿Cuánto hace que hablaste**
  con tu amigo?

How long ago did you talk to your friend?

—**Hace una semana que hablé** con él.

I *spoke* to him *a week ago.*

To ask a question with this time expression, use the following model:

¿Cuánto + hace + que + *verb in the preterite?*

Some expressions you have already learned for expressing length of time are:

un minuto, dos minutos, tres minutos, etc.

una hora, dos horas, tres horas, etc.

un día, dos días, tres días, etc.

una semana, dos semanas, tres semanas, etc.

un mes, dos meses, tres meses, etc.

un año, dos años, tres años, etc.

Aquí practicamos

D. Sustituye las palabras en cursiva con las palabras que están entre paréntesis y haz los otros cambios necesarios.

1. Hace *2 días* que Juan habló con su novia. (5 horas / 4 meses / 6 días / 1 mes / 3 semanas)

2. Marirrosa vendió su bicicleta hace *3 meses*. (8 días / 1 año / 6 semanas / 2 horas / 3 meses)

E. *Hablé con ella hace...*   Un(a) amigo(a) quiere saber *(wants to know)* cuánto tiempo hace que hiciste algo *(how long ago you did something)*. Habla con un(a) compañero(a) y sigue el modelo.

Modelo: hablar con ella / 2 horas
—*¿Cuánto hace que hablaste con ella?*
—*Hablé con ella hace 2 horas.*

1. vivir en Indiana / 10 años
2. estudiar francés / 2 años
3. comprar la bicicleta / 3 meses
4. recibir la carta de Ana / 5 días
5. comer en un restaurante / 2 semanas
6. ir al cine / 3 semanas

F. Hace...   Now ask your partner each of the questions in Activity E on page 333. He or she will answer, using the alternate construction below.

Modelo: hablar con ella / 2 horas
—¿*Cuánto hace que hablaste con ella?*
—*Hace 2 horas que hablé con ella.*

//-//-//-//-//-//-//-//-//

Learning Strategy:

Requesting and providing information based on visual cues

G. ¿Cuánto hace que... ?   Basándote en los dibujos, hazle preguntas a un(a) compañero(a).

1.

2.

3.

4.

5.

6.

7.

8.

Nota gramatical

The preterite of verbs ending in -gar

—¿A qué hora **llegaste** a la escuela ayer?	What time *did* you *arrive* at school yesterday?
—**Llegué** a las 8:00 de la mañana.	I *arrived* at 8:00 a.m.
—¿**Jugaron** al tenis tú y Julián el domingo pasado?	*Did* you and Julián *play* tennis last Sunday?
—Yo **jugué**, pero Julián no **jugó.**	I *played*, but Julián *did* not *play.*
—¿Cuánto **pagaste** tú por la bicicleta?	How much *did* you *pay* for the bicycle?
—Yo **pagué** 150 dólares.	I *paid* 150 dollars.

In the preterite, verbs that end in **-gar** are conjugated as follows:

llegar

yo	**llegué**	nosotros(as)	**llegamos**
tú	**llegaste**	vosotros(as)	**llegasteis**
él		ellos	
ella	**llegó**	ellas	**llegaron**
Ud.		Uds.	

Notice that in the **yo** form of these verbs, the **g** of the stem changes to **gu** before you add the **é**. The other forms of the verb are just like those you studied in Chapter 13. Two common verbs that end in **-gar** are:

pagar por *to pay*
jugar a *to play (a game or sport)*

H. Sustituye las palabras en cursiva con las palabras que están entre paréntesis y haz los otros cambios necesarios.

1. El año pasado, *nosotros* pagamos 150 dólares por la bicicleta. (Marisol / yo / Ud. / Ángela y su mamá / él / vosotros)
2. *Julián* no jugó al tenis ayer por la tarde. (nosotros / Uds. / yo / tú / Mario y David / vosotros)
3. ¿Llegaste *tú* tarde a la clase ayer? (Juan / yo / Bárbara y yo / Linda y Clara / Ud. / vosotros)

I. *¿Cuánto pagaste por... ?*   Circulate around the room and ask classmates how much they paid for something they bought recently. Suggestions: **una mochila, un disco compacto, una pizza,** etc.

J. *¿Cuándo llegaste a... ?*   Circulate around the room and ask classmates when they arrived at some place they went to recently. Suggestions: **el partido, la escuela, a casa,** etc.

K. *¿A qué deporte jugaste y cuándo?*   Circulate around the room and ask classmates what sport they played recently and when.

Aquí escuchamos:
"Los deportes"

Antes de escuchar

Think about the sports activities that you and/or your classmates participate in after school. In this short conversation, Sonia and Mari run into each other after school.

1. What do you think they might talk about?
2. Where do you think they might be going?

Look at the following questions before your teacher plays the tape.

Después de escuchar

1. What team is Sonia on?
2. Why is she tired?
3. When is the big game?
4. Where is Mari going?
5. Why is she going so early?

EJERCICIO ORAL

L. ¿Qué pasó? Work in pairs within groups of four. Ask your partner when was the last time he (she) went to a store **(tienda),** what he (she) bought, and how much he (she) paid for it. Your teacher will be available to provide words you don't know. As a group, compile your responses. Your teacher will then record all the groups' responses on the board to determine the most popular purchases and their price ranges.

Cooperative Learning

Learning Strategies:

Requesting and providing information, recording information

EJERCICIO ESCRITO

M. Querido... A friend from Argentina wants to know what sorts of sports are popular in this country and which ones you like. Write a short note to him (her). (1) Name some popular sports. (2) Tell which ones you prefer, (3) mentioning whether you like to attend the games **(asistir a los partidos),** watch them on television, or participate **(practicar).** (4) In a second paragraph, tell whether you are on a team, if you do these sports in competition **(para la competición),** or if you prefer to do sports simply for exercise (running, swimming, bicycling, weightlifting, and aerobic exercises are often done mainly for this purpose). (5) Chat a little about a sport that you do, when you last did it and where.

Learning Strategies:

Organizing ideas, selecting and providing personal information

Critical Thinking Strategies:

Evaluating, categorizing

SEGUNDA ETAPA

Preparación

As you begin this **etapa,** think about sports or activities you like to do in the summer.

>> **A**re you close to the beach?

>> **D**o you go to a pool?

>> **D**o you go camping?

>> **D**o you go fishing?

Deportes de verano

practicar el esquí acuático

practicar el surfing

tomar el sol

practicar el windsurf

practicar la vela

ir de camping

la natación / nadar

practicar el alpinismo

la pesca / ir de pesca

practicar el ciclismo

el buceo / bucear

caminar en la playa

¡Aquí te toca a ti!

A. ¿Qué actividad prefieres?   Pregúntale a un(a) amigo(a) acerca de *(about)* las actividades de verano que prefiere. Sigue el modelo.

   el ciclismo / el alpinismo
—¿*Te gusta practicar el ciclismo?*
—*No, no me gusta practicar el ciclismo, prefiero practicar el alpinismo.*

1. ir de pesca / nadar
2. la vela / el windsurf
3. el esquí acuático / el buceo
4. el alpinismo / ir de camping
5. el ciclismo / tomar el sol
6. el surfing / caminar en la playa

//-//-//-//-//-//-//-//-//

B. ¿Qué hacen? Basándote en los dibujos, di lo que hace cada persona.

Modelo: Julián
Julián practica el esquí acuático.

1. Isabel

2. Juan

3. Mario y Julia

4. Elena

5. Pedro

6. Tomás y Laura

7. Esteban y Roberto

8. Regina y Mari

//-//-//-//-//-//-//-//-//

C. ¿Qué actividad de verano te gusta? Compare your attitude with that of your partner about summer sports and activities. (1) Make a list like the one on page 341 and indicate your opinions of each in the left column. (2) Then interview your partner, writing the appropriate number to indicate his (her) preferences in the right column. Use the following scale to indicate how much each of you likes each activity:

no = 0, poco = 1, bastante bien = 2, mucho = 3, muchísimo = 4, No tengo experiencia con esta actividad = X

Modelo: —*¿Te gusta practicar el surfing?*
—*No, no me gusta practicar el surfing, pero me gusta mucho caminar en la playa.*

Yo		Mi amigo(a)
	practicar el surfing	0
	tomar el sol	
	caminar en la playa	3
	practicar el esquí acuático	
	ir de pesca	
	nadar	
	practicar la vela	
	ir de camping	
	practicar el ciclismo	
	practicar el windsurf	
	bucear	
	jugar al golf	
	jugar al tenis	

(3) Go over the results with your partner. Name the activities about which your attitudes are the same and those where your opinions are the most different.

Modelo: —*A los (las) dos nos gusta tomar el sol y nadar.*
—*A los (las) dos no nos gusta ir de pesca.*
—*Tenemos opiniones diferentes de practicar el surfing.*
—*No tenemos experiencia con el windsurf.*

//-//-//-//-//-//-//-//
Learning Strategy:

Reporting based on visual cues

Repaso

D. ¿Qué hizo Esteban ayer?   Basándote en los dibujos, di lo que hizo Esteban ayer.

1. andar

2. llegar

3. jugar

4. comprar

5. pagar

6. volver

E. ¿Qué hiciste tú ayer?   Ahora imagina que eres Esteban. Di lo que hiciste ayer usando *(using)* las actividades del Ejercicio D.

//-//-//-//-//-//-//-//
Learning Strategies:

Interviewing, taking notes

F. ¿Cuánto hace que... ?   Go around the room and ask your classmates when they last did a specific activity: for example, when they played tennis, when they ate at a restaurant, walked in the park, etc. Take notes on their responses and be prepared to report back to the class.

Nota gramatical

The preterite of verbs ending in -car

—¿Quién **buscó** el libro?	Who *looked* for the book?
—Yo **busqué** el libro.	I *looked for* the book.

—¿**Tocó** Julián la guitarra en
   la fiesta anoche?

—No, yo **toqué** la guitarra anoche.

Did Julián *play* the guitar at
   the party last night?

No, I *played* the guitar last night.

Verbs that end in **-car** are conjugated in the preterite as follows:

buscar			
yo	**busqué**	nosotros(as)	**buscamos**
tú	**buscaste**	vosotros(as)	**buscasteis**
él ella Ud.	**buscó**	ellos ellas Uds.	**buscaron**

You will note that in the **yo** form of these verbs, the **c** of the stem changes to **qu** before you add the **é**. The other forms of the verb are conjugated exactly like those you studied in Chapter 13. Some common verbs that end in **-car** are:

tocar   *to play (a musical instrument); to touch*
sacar   *to take out, remove*
practicar   *to practice*

Aquí practicamos

 G. Sustituye las palabaras en cursiva con las palabras que están entre paréntesis y haz los cambios necesarios.

1. *Elena* buscó la casa de Raúl. (tú / Ud. / Lilia y su novio / yo / vosotros)
2. *Olga* no tocó el piano anoche. (Uds. / Diego / yo / tú / nosotras)
3. ¿Practicaron *Uds.* ayer por la tarde? (nosotros / Santiago y Enrique / tú / yo / vosotras)

H. ***¿Qué deporte practicaste el verano pasado?***   Un(a) amigo(a) quiere saber acerca de *(wants to know about)* los deportes que practicaste el verano pasado. Contesta según el modelo.

Modelo: el windsurf
   —*¿Practicaste el windsurf el verano pasado?*
   —*No, no practiqué el windsurf, practiqué el buceo.*

1. el buceo
2. el surfing
3. el esquí acuático
4. la vela
5. el alpinismo
6. el ciclismo

Palabras útiles

Expressions used to talk about a series of actions

Primero, yo estudié en la biblioteca. **Entonces,** caminé al parque y visité a un amigo. **Por fin,** volví a casa.

When talking about a series of actions in the past, you will find the following expressions useful:

primero	*first*
entonces (luego)	*then*
por fin (finalmente)	*finally*

These expressions are also useful when talking about future actions:

Primero, voy a estudiar en la biblioteca. **Entonces,** voy a caminar al parque y voy a visitar a un amigo. **Por fin,** voy a volver a casa.

You can also use them to talk about daily routines:

Todos los días después de la escuela, llego a casa a las 4:00. **Primero,** como un sándwich y bebo un vaso de leche. **Entonces,** saco la basura. **Por fin,** estudio un rato.

1. ¿Qué hizo Felipe?   Use the expressions in parentheses to tell what Felipe did in the past and in what order. Follow the model.

 Modelo: Felipe tomó el autobús al centro. (el domingo pasado)
El domingo pasado, Felipe tomó el autobús al centro.

1. Comió en un restaurante. (primero)
2. Compró un disco compacto. (entonces)
3. Visitó a una amiga en el parque. (luego)
4. Volvió a su casa a las 5:00 de la tarde. (finalmente)

Now tell what Felipe did last Saturday.

Felipe fue a la playa el sábado pasado.
5. Practicó el windsurf. (primero)
6. Nadó en el mar. (entonces)
7. Tomó el sol. (luego)
8. Caminó a casa. (finalmente)

B. Read the second paragraph and decide what happened to Quetzal. More than one answer is correct.

1. Quetzal was in a fierce battle.
2. Quetzal's father was captured by the enemy.
3. An arrow struck Quetzal and he became a sacred bird.
4. Quetzal fell out of a tree and broke his leg.

La leyenda del quetzal: un pájaro mitológico

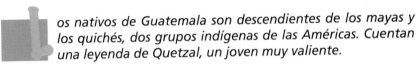

os nativos de Guatemala son descendientes de los mayas y los quichés, dos grupos indígenas de las Américas. Cuentan una leyenda de Quetzal, un joven muy valiente.

Quetzal era el hijo de uno de los caciques, un líder importante. Cuando Quetzal cumplió dieciocho años, un adivino leyó su suerte y anunció: "Quetzal nunca va a morir; va a vivir eternamente."

Quetzal era un joven muy valiente y siempre luchaba contra los enemigos de su tribu. Un día en una batalla, una flecha le dio en el corazón y el joven cayó a tierra. Cuando Quetzal cerró los ojos, se transformó en un pájaro hermoso de larga cola. Desde entonces en Guatemala, el quetzal es un pájaro sagrado y el símbolo nacional.

Guatemala

15

DOS DEPORTES POPULARES

Es muy divertido mirar el tenis, pero es aún mejor practicarlo.

Objectives:

>>> **T**alking about actions in the past, present, and future

Strategies:

>>> **O**rganizing ideas
>>> **R**eporting
>>> **D**escribing in the past, present, and future
>>> **A**nalyzing

PRIMERA ETAPA

Preparación

>> **T**hink about the importance we give to sports in this country. When you think about sports in Latin America, what do you think of? This **etapa** begins with a short reading about a sport that is very popular in several Latin American countries.

izquierda: Raúl Mondesi;
derecha: Juan González;
abajo: Sandy Alomar

Andrés Galarraga

EL BÉISBOL

El béisbol es el deporte nacional de los Estados Unidos. También es muy popular en varios países del mundo hispánico, principalmente Cuba y la República Dominicana. En Canadá no es tan popular, pero hay dos equipos en las **ligas** mayores—un equipo en Montreal y otro en Toronto. El deporte también es muy popular en México, Puerto Rico, las naciones de Centroamérica, Venezuela y Colombia. También se juega en el Japón, Taiwan y en Corea del Sur.

Hay muchos beisbolistas de origen hispano que juegan en las ligas mayores. Por ejemplo, Juan González de los Texas Rangers, Andrés Galarraga de los Colorado Rockies, Raúl Mondesi de los Los Angeles Dodgers y Sandy Alomar de los Toronto Blue Jays. Hay ciertas **cualidades** que tienen todos estos beisbolistas en común: fuerza física, rapidez, **reflejos. Lanzar** la pelota y **golpear**la con el bate son actividades que requieren mucha práctica y preparación. ¿Te gusta el béisbol? ¿Cuál es tu equipo favorito?

Learning Strategies:

Reading for details, using cognates for meaning

¡Aquí te toca a ti!

A. *Estudio de palabras* ¿Qué crees que significan las siguientes palabras que están en negritas en la lectura? *(What do you think the following words in boldface in the reading mean?)*

1. ligas
2. cualidades
3. reflejos
4. lanzar
5. golpear

B. *Comprensión* Contesta las siguientes preguntas sobre la lectura.

1. In what Latin American countries is baseball popular?
2. Is it popular in Canada?
3. Where else, besides the Americas, is baseball played?
4. What are some of the characteristics of good baseball players?
5. Why are the players mentioned in the reading significant?

Repaso

C. ¿Qué hizo Alicia ayer?

Basándote en los dibujos, di lo que hizo Alicia por la tarde.

1. salir de

2. practicar

3. llegar

4. primero / sacar

5. entonces / practicar

6. luego / cenar

7. finalmente / mirar

D. ¿Qué hiciste tú ayer?

Ahora imagina que tú eres la persona en los dibujos. Di lo que hiciste ayer.

ESTRUCTURA

The present progressive

—¿Qué **estás haciendo** ahora mismo?   What *are* you *doing* right now?
—**Estoy estudiando**.   I *am studying*.
—¿Qué **está haciendo** Catarina ahora?   What *is* Catarina *doing* now?
—**Está hablando** por teléfono.   She *is talking* on the phone.
—¿Qué **están haciendo** tus padres en este momento?   What *are* your parents *doing* at this moment?
—**Están mirando** la tele.   They *are watching* TV.

In Spanish, when you want to show that an action is in progress at the time you are speaking, you use the *present progressive*. You will notice that the examples given on page 353 all include a form of the verb **estar** plus a form of another verb that ends in **-ndo**. This form of the verb that ends in **-ndo** is known as the *present participle*. To form the present participle of **-ar** verbs, drop the **-ar** and add **-ando**.

habl**ar**	habl**ando**	compr**ar**	compr**ando**
bail**ar**	bail**ando**	estudi**ar**	estudi**ando**
toc**ar**	toc**ando**	nad**ar**	nad**ando**

To form the present participle of **-er** and **-ir** verbs, drop the **-er** or **-ir** and add **-iendo**.

com**er**	com**iendo**	sal**ir**	sal**iendo**
corr**er**	corr**iendo**	escrib**ir**	escrib**iendo**

The present participles of **leer** and **dormir** (two frequently used verbs you already know) are irregular.

leer	**leyendo**	dormir	**durmiendo**

Julia **está leyendo** una revista.   Julia *is reading* a magazine.
José **está durmiendo** ahora mismo.   José *is sleeping* right now.

Notice that in the above examples of the present progressive, **estar** agrees with the subject, while the present participle (the **-ndo** form of the verb) stays the same.

Some expressions you can use with the present progressive to stress that the action is in progress while you are speaking are:

ahora   *now*   **ahora mismo**   *right now*   **en este momento**   *at this moment*

Aquí practicamos

E. *Ahora mismo*   Di lo que tú y tus amigos están haciendo ahora mismo *(are doing right now)*.

A	B	C	D
ahora mismo	yo	estar	estudiar
	[nombre de tu amigo(a)] y yo		comer
	[nombre de tu amigo(a)]		escribir
	tú		dormir
	[un(a) amigo(a)] y [otro(a) amigo(a)]		leer

F. ¿Qué están haciendo en este momento? Di lo que están haciendo en este momento las personas en los dibujos.

1. Jaime   **2.** Julia   **3.** Marirrosa y Juan

4. Alberto   **5.** Carmen y Cristina   **6.** Juanito

Aquí escuchamos:
"¿Vienes a la fiesta?"

Antes de escuchar

Marta calls Luis to tell him that she can't come to a party that Luis is hosting. The party is in full swing while they are talking on the phone. Marta will ask Luis about what her friends are doing. How do you think she will ask him? How will he describe what everyone is doing?

Before you listen to the tape, copy the following list on a separate sheet of paper.

está preparando comida	está tocando la guitarra
está bailando	está comiendo
está trabajando	está cantando

START

//-//-//-//-//-//-//-//-//

Learning Strategy:

Listening for details

Después de escuchar

Now listen to Marta and Luis's conversation again and indicate who is doing what by writing the name of the person next to the appropriate activity on your list.

¡Adelante!

EJERCICO ORAL

//-//-//-//-//-//-//-//-//

Learning Strategy:

Reporting based on personal knowledge

//-//-//-//-//-//-//-//-//

Cooperative Learning

Learning Strategies:

Listing, describing based on visual information, organizing ideas in a paragraph

G. *En este momento* Think about various people in your life whose daily schedules are familiar to you. Make a list of four people who have different schedules—parents, brothers, sisters, boy/girl friends, best friends. Discuss with a partner what the people you each know are doing right now.

EJERCICO ESCRITO

H. *¿Qué está(n) haciendo?* (1) Look at the drawing on page 357 of people enjoying a weekend afternoon in the park. (2) Write at least six sentences telling what they are doing. Identify a different activity in each of your sentences. (3) Then, working with a partner, create a composite list of activities from which the two of you can write a brief composition

describing how the people in the park are spending their afternoon.
(4) Remember to give your composition an introductory sentence and a
closing sentence that briefly summarizes the point of the composition.
Take care to organize the sentences between the beginning and end so
that you guide your readers smoothly from one activity to the next.

Modelo: (first sentence)
*Hoy es domingo y hay muchas personas en el parque. Ellos están
haciendo muchas cosas. (o: Hay muchas actividades también.)
Por ejemplo, hay una mujer que…*
(last sentence)
Siempre hay mucho para hacer en el parque el fin de semana.

SEGUNDA ETAPA

Preparación

》》 **H**ave you ever played tennis?

》》 **H**ave you ever watched a match on television?

》》 **W**ho are some of the great players that you know about?

》》 **W**hat are some of the major tournaments that are played around the world?

//-//-//-//-//-//-//-//-//
Learning Strategies:

*Previewing,
brainstorming*

El tenis

izquierda: Conchita Martínez;
abajo, izquierda: Gabriela
Sabatini; **abajo, derecha:** Mary
Joe Fernández; **p. 359:** Arantxa
Sánchez Vicario

LAS TENISTAS HISPANAS

El tenis requiere **agilidad** y control del cuerpo, pero no gran fuerza. Por eso es un deporte que pueden jugar personas de **diversas** edades y condiciones físicas. Al nivel profesional, se necesita una combinación de **habilidad,** buena técnica y una excelente condición física.

Entre las mejores tenistas femeninas del mundo, hay un grupo de hispanas: Gabriela Sabatini de Argentina, Mary Joe Fernández de Estados Unidos, Arantxa Sánchez Vicario y Conchita Martínez de España. Todas juegan en los grandes **torneos** que se juegan en Inglaterra, en Francia y en los Estados Unidos. En 1994, Conchita ganó el prestigioso torneo en Wimbledon y Arantxa ganó el U.S. Open y el French Open. Arantxa es tan popular en España que tiene que vivir en Andorra, un pequeño país entre Francia y España, para **evitar** a los **admiradores** y periodistas. ¿Te gusta el tenis? ¿Te gusta jugarlo o mirarlo? ¿Quién es tu tenista favorito?

//·//·//·//·//·//·//·//·//

Learning Strategies:

Reading for cultural information, reading for details

¡Aquí te toca a ti!

A. *Estudio de palabras*
¿Qué crees que significan las siguientes palabras que están en negritas en la lectura?

1. agilidad
2. diversas
3. habilidad
4. torneos
5. evitar
6. admiradores

B. *Comprensión*
Contesta las siguientes preguntas sobre la lectura.

1. What characteristics are required of a tennis player?
2. Where are the tennis players featured in the reading from?
3. What did Martínez do in 1994?
4. What did Sánchez Vicario do in 1994?
5. Why does Sánchez Vicario live in Andorra?

///-//-//-//-//-//-//

Repaso

C. *En este momento...* Di lo que está haciendo cada persona en este momento en los dibujos que siguen.

1. Roberto

2. Esteban y Carmen

3. Marirrosa y su amigo

4. Carlos

5. Cristina

6. José y Patricio

7. mi papá

ESTRUCTURA

Past, present, and future time

Pasado:	Ayer hablé por teléfono con mi abuelo.
Presente:	Hoy hablo con mis amigos en la escuela.
Progresivo:	Ahora mismo estoy hablando con mi amigo.
Futuro:	Mañana voy a hablar con mi profesor.
Pasado:	Esta mañana caminé a la escuela.
Presente:	Camino por el parque los sábados por la tarde.
Progresivo:	Estoy caminando al parque ahora mismo.
Futuro:	Tengo ganas de caminar al centro más tarde.
Pasado:	El año pasado viajamos a México.
Presente:	Cada año viajamos a México.
Progresivo:	En este momento estamos viajando a México.
Futuro:	El año próximo esperamos viajar a España.

In this unit, you have learned to form the preterite so that you can talk about events in the past. You have also learned the present progressive, so that you can talk about events taking place at the moment you are speaking. You have also learned certain expressions that help situate events in the past, present, and future. Now it is important to review the verb structures and expressions that allow you to express yourself in past, present, and future time.

Past time:

preterite tense

—¿Qué **hiciste** tú anoche?
—Yo **comí** en un restaurante y **fui** al cine.

Present time for routine activities:

present tense

—¿Qué **haces** tú después de la escuela todos los días?
—Yo **visito** a mis amigos.

Present time for actions going on at the moment of speaking:

present progressive

—¿Qué **estás haciendo**?
—**Estoy buscando** mis llaves.

Future time:

ir + **a** + *infinitive*
querer + *infinitive*
quisiera + *infinitive*
esperar + *infinitive*
pensar + *infinitive*
tener ganas de + *infinitive*

—¿Qué **van a hacer** Uds. durante las vacaciones?
—Yo **voy a visitar** a amigos en California.
—Yo **quiero ir** a Nuevo México.
—Y yo **quisiera viajar** a Europa.
—Pablo **espera volver** a la Argentina.
—La profesora de español **piensa viajar** a Bolivia.
—Mis padres **tienen ganas** de viajar a Florida.

Aquí practicamos

D. *Hoy, ayer y mañana*   Di lo que tú y tus amigos están haciendo, hacen, hicieron y van a hacer.

A	B	C
ayer	yo	hablar por teléfono con sus amigos
de costumbre	?	mirar un programa de televisión
ahora mismo	tú y ?	estudiar para un examen
todos los días	? y yo	comer en un restaurante
anoche	? y ?	salir con sus amigos
el fin de semana próximo		?

E. *Quisiera saber...*   Hazle las preguntas a un(a) compañero(a).

1. ¿Estás en la escuela todos los días? ¿Estuviste en la escuela el sábado pasado? ¿Vas a estar en la escuela el verano próximo?
2. ¿Haces un viaje cada verano? ¿Hiciste un viaje el año pasado? ¿Vas a hacer un viaje el año próximo?
3. ¿Desayunas todos los días? ¿Desayunaste ayer por la mañana? ¿Vas a desayunar mañana por la mañana?
4. ¿Miras algún programa de televisión los viernes? ¿Miraste un programa de televisión el domingo por la noche? ¿Vas a mirar un programa de televisión mañana por la noche?
5. ¿Hablas por teléfono con alguien cada noche? ¿Hablaste por teléfono con alguien anoche? ¿Vas a hablar por teléfono con alguien esta noche?

F. *De costumbre...*   For each of the drawings on page 363, explain what the people do normally (**de costumbre**), what they did in the past, and what they'll do in the future. Begin each explanation with **De costumbre...**, continue it with **Pero...**, and finish it with **Y...** .

Modelo: ¿Qué hace José Luis durante *(during)* las vacaciones de verano?
De costumbre él está escuchando música. Pero el año pasado estuvo en la playa. Y el año próximo piensa viajar a México.

de costumbre	el año pasado	el año próximo

1. ¿Qué hace Vera durante el fin de semana?

de costumbre

el fin de semana pasado

el fin de semana próximo

2. ¿A qué hora llega Marcos a la escuela?

de costumbre

anteayer

el viernes próximo

3. ¿Qué comen Sabrina y Carolina cuando van al centro?

de costumbre

el sábado pasado

el sábado próximo

4. ¿Qué hace Oscar los viernes?

de costumbre

el viernes pasado

el viernes próximo

363

G. *Una entrevista* You are being interviewed by a reporter from your school newspaper about your many travels. Answer the questions using the cues given in parentheses. Follow the models.

Modelos: ¿Esperas viajar a España este año? (no, el año próximo)
No, voy a viajar a España el año próximo.

¿Piensas ir a México? (no, el año pasado)
No, fui a México el año pasado.

1. ¿Piensas ir de vacaciones mañana? (no, hoy)
2. ¿Viajaste a Costa Rica el verano pasado? (no, el mes próximo)
3. ¿Esperas viajar a Madrid? (no, el año pasado)
4. ¿Quisieras visitar la ciudad de México? (sí, el año próximo)
5. ¿Piensas ir a Santa Fé este año? (no, el año pasado)
6. ¿Quieres viajar a Europa el año próximo? (no, el verano pasado)

Aquí escuchamos:
"¿Para qué vas al centro?"

Antes de escuchar

Isabel will invite Pedro to go downtown. How do you think she will say this? How will Pedro say he can or can't accompany her? Before you listen, take a moment to preview the following questions.

Después de escuchar

1. Why does Isabel want to go downtown?
2. When does Isabel want to go?
3. Why can't Pedro go?
4. Why can't Pedro go tomorrow afternoon?
5. When do they decide to go?

Estrategia para la lectura

Sometimes when you read something you run your eyes over the text and pull out key bits of information. This is called *scanning*. For example, if you were reading an advertisement for certain movies currently showing in your town or city, you might run your eyes over the ad and look for titles and names of theatres. Next, you might look for times and days. Finally, you might look for prices. Then, you would use this information to decide what movie you will see, where you will see it, and how much it will cost.

Antes de leer

What sorts of things do you do in the summer to cool off?
Do you like to swim? Where do you swim?

Look at the ads on page 370. What do you think they are advertising?

Here is some information to use for this reading. The summers in Madrid, especially the months of July and August, can be very hot. The temperatures can go as high as 42° C (about 107° F) every day. This is the reason why the largest waterpark in Europe, **Aquopolis**, is located just outside of Madrid. **Aquopolis**, along with many of the other waterparks, provides free bus transportation to the park from various points in Madrid on a daily basis.

Este verano, empápate de agua, sol y diversiones
a mares en AQUOPOLIS.
Deslízate por el Río Rápido, el Lago de la Aventura, etc…
Sigue la corriente de AQUOPOLIS,
será el verano más fresco y divertido de tu vida.

200 P T A S. DESCUENTO
SOBRE PRECIO EN TAQUILLA
UN CUPON POR PERSONA
Aquopolis
OFERTA NO ACUMULABLE CON
OTRAS PROMOCIONES

200 P T A S. DESCUENTO
SOBRE PRECIO EN TAQUILLA
UN CUPON POR PERSONA
Aquopolis
OFERTA NO ACUMULABLE CON
OTRAS PROMOCIONES

Aquopolis
EL PARQUE ACUATICO MAS GRANDE DE EUROPA

En Villanueva de la Cañada, a 20 minutos de Madrid.

Autobuses gratuitos desde:

| | Horarios de salida | |
	Laborables	Sábados y festivos
PZA. ESPAÑA C/ Reyes (junto cine Coliseum)	11,00-12,00	11,00-12,00-13,00
ALCORCON (Estación RENFE)	11,00	11,00-12,00

Parques acuáticos

• **EL ACUATICO DE SAN FERNANDO DE HENARES**. Crtra. de Barcelona, Km. 15,500. Tel. 673 10 13. Abierto durante el día a partir del 7 de junio. Desde el día 11 de junio, también por la noche. Horario: Diurno, de 11 a 20h. Nocturno, de 23 a 8h. Precios: Laborables: niños 850 pts., adultos 1.100 pts. Sábados y festivos: niños 1.100 pts., adultos 1.500 pts. Media jornada: laborables 850 pts., sábados y festivos, 1.200 pts. Bonos 30 días: 6.500 pts.

• **AQUAPALACE**. PºErmita del Santo, 48. Tel. 526 17 79. Horario: Todos los días, de 11 a 20h. Precios: De lunes a viernes: 950 pts, todo el día, 650 pts., 4 horas. Sábados, domingos y festivos: niños 800 pts, adultos 1.100 pts.

• **AQUOPOLIS**. Villanueva de la Cañada. Crtra. de la Coruña. Tel. 815 69 11/86. Abierto hasta el 11 de septiembre. Horario: Junio y septiembre: laborables de 12 a 19h., sábados y festivos de 11 a 19h. Julio y agosto: laborables de 12 a 20h., sábados y festivos de 11 a 19h. Precios: De lunes a viernes: niños 1.000 pts. adultos 1.500 pts. Sábados y festivos: niños 1.100 pts, adultos 1.700 pts.

• **LAGOSUR**. Autovía Madrid – Toledo, Km. 9 (Parquesur). Tel. 686 70 00. Hasta el 11 de septiembre. Junio: de 11 a 19h. Julio, agosto y septiembre: 11 a 20 h. Precios: de lunes a viernes: 700 pesetas., niños y 950, adultos; sábados: 700, niños y 1.100, adultos; domingos y festivos: 800, niños y 1.400, adultos.

Actividades

A. What are the names of the four waterparks advertised?

B. Run your eyes over the ad for **El Acuático de San Fernando de Henares.** What is the telephone number for this park?

C. Run your eyes over the four ads again to look for other numbers. What do you think they refer to?

D. Now scan the four ads to look for the names of months. How late in the year are **Aquopolis** and **Lagosur** open?

E. Finally, scan the four ads and look for days of the week. What do you think the word **festivos** means? What about **laborales?**

F. With a partner, make a chart with the prices for adults on Saturdays at the four parks.

G. Of the four, which is the most expensive for adults on Saturdays?

H. Of the four, which is the cheapest for adults on Saturdays?

Learning Strategies:

Scanning for details, using cognates for meaning

Critical Thinking Strategies:

Drawing inferences, comparing and contrasting

Ya llegamos

Actividades orales

A. ***La semana pasada*** Explain to your classmates what you did last week and in what order. They will ask you questions for clarification. Don't forget to use a variety of verbs to talk about the past and be sure to use appropriate time indicators.

B. ***¡Vivan las vacaciones!*** Imagine that your Spanish class has just won the lottery together. The money will be used for a class trip this coming summer which will be a tour of some Spanish-speaking countries. It has been decided to have a competition to decide the itinerary the class will adopt. The team with the winning itinerary will get to travel first class.

With a partner, agree on an itinerary that includes at least (1) two different places to visit, and (2) four activities to do at each place, in the order you suggest doing them. (Don't forget to use the expressions for talking about a series of actions that you learned on page 344.) Decide on (3) the means of transportation you will take to and from the different places, and (4) how you will get around once there. Then, (5) describe your itinerary to two of your friends, using the different techniques you learned for expressing actions in the future (See box below and page 361.). (6) After listening to the suggested itineraries, create one travel plan, taking the most interesting ideas from each pair. Make any changes necessary to your plans to convince the class to select your proposal. Finally, (7) organize a presentation to the class in which the four of you try to persuade them to adopt your itinerary. Be convincing; you want to travel first class. You may even want to prepare a publicity poster.

Expressions to talk about actions in the future

esperar + *infinitive*
ir + a + *infinitive*
pensar + *infinitive*
querer + *infinitive*
quisiera + *infinitive*
tener ganas de + *infinitive*

C. *¿Qué quieres hacer?* Look at the expressions in the box on page 372 and talk with a partner about your plans for the future. Try to use all of the expressions in your conversation.

Actividades escritas

D. *Una semana típica* Write a short paragraph indicating what you do in a typical week.

E. *Mis últimas vacaciones* Write a short paragraph about what you did during your last vacation.

F. *El verano próximo* Write a short paragraph in which you indicate what you will do next summer.

Conexión

>> **D**o you know what "aerobic" means?

>> **C**an you think of any common activities that are aerobic?

Los ejercicios aeróbicos y la utlilización de energía

AL EMPEZAR

The following passage discusses aerobic exercises and the amount of energy we use (how many calories we burn) when we do certain activities.

LOS EJERCICIOS AERÓBICOS Y LA UTILIZACIÓN DE ENERGÍA

heart / lungs

body

to lose weight / energy use quotient

El término aeróbico significa "vivir en la presencia del oxígeno". Los ejercicios aeróbicos, la natación, el ciclismo y el correr, por ejemplo, estimulan el **corazón** y los **pulmones** con el objetivo de aumentar la cantidad de oxígeno que el **cuerpo** pueda utilizar dentro de un período de tiempo. Los ejercicios aeróbicos también son ideales para quemar calorías y **bajar de peso**, ya que **el coeficiente de utilización de energía (CUE)** de estas actividades es muy alto. Esto quiere decir que utilizamos mucha energía cuando los practicamos.

chart

Cuanto más tiempo se pase haciendo ejercicios aeróbicos, más energía se utiliza. Y las personas de mayor peso suelen utilizar más energía que las de menor peso haciendo la misma actividad. La primera columna del siguiente **esquema** nos da el CUE de varias actividades, algunas aeróbicas y otras no. Se multiplica el CUE por el peso de una persona—en kilogramos—para determinar el número de calorías que se queman haciendo una actividad. ¿Cuánto pesas tú en kilogramos? La fórmula para convertir las **libras** en kilogramos no es muy complicada.

pounds

Fórmula:	libras	X	0,45	=	kilogramos
Ana pesa 100 lbs		X	0,45	=	Ana pesa 45 kilogramos
Pedro pesa 150 lbs		X	0,45	=	Pedro pesa 68 kilogramos

Ya mencionamos que las personas de mayor peso queman más calorías que las de menor peso haciendo la misma actividad. ¿Quién utiliza más energía haciendo las actividades de la lista, Pedro o Ana?

Actividad	CUE	X (se multiplica por)	El peso			Calorías por minuto
El boliche	0,0471	X	(Ana)	45kg	=	2,1
			(Pedro)	68kg	=	3,2
Caminar 1 milla en 17 minutos	0,0794	X	(Ana)	45kg	=	3,5
			(Pedro)	68kg	=	5,4
El ciclismo 1 milla en 6,4 minutos	0,0985	X	(Ana)	45kg	=	4,4
			(Pedro)	68kg	=	6,7
La natación	0,1333	X	(Ana)	45kg	=	6,0
			(Pedro)	68kg	=	9,1
Correr 1 milla en 10 minutos	0,1471	X	(Ana)	45kg	=	6,6
			(Pedro)	68kg	=	10,0

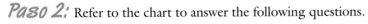

meta final

ACTIVIDAD

Paso 1: Work with a partner to match the term in column A with its definition in column B. Record your choices on a separate sheet of paper. Prepare for class discussion!

A	B
_____ 1. el kilogramo	A. unidad de energía
_____ 2. la caloría	B. montar en bicicleta
_____ 3. el ciclismo	C. nadar
_____ 4. aeróbico	D. gas que respiramos
_____ 5. los pulmones	E. unidad de peso del sistema métrico
_____ 6. el oxígeno	F. en la presencia del oxígeno
_____ 7. la natación	G. órganos internos que usamos para respirar

Paso 2: Refer to the chart to answer the following questions.

1. Ana caminó por 30 minutos ayer por la tarde (velocidad = 1 milla en 17 minutos). ¿Cuántas calorías quemó ella?
2. Pedro comió una pizza que contenía unas 500 calorías el viernes por la noche. ¿Cuántos minutos tiene que nadar para quemar esas calorías?
3. Una persona misteriosa corrió en el parque por 45 minutos. Sabemos que la persona quemó 450 calorías. ¿Quién fue al parque? ¿Pedro o Ana?

¿Qué ves?

>> What are the people in these photographs doing?

>> Where are they?

>> Why are they there?

OBJECTIVES

IN THIS UNIT YOU WILL LEARN:

☐ To express what you and others like or dislike;

☐ To give informal commands;

☐ To ask for and understand information about making purchases;

☐ To make purchases in stores;

☐ To indicate quantities;

☐ To point out people, places, and objects;

☐ To compare prices, objects, and people.

seis

UNIDAD

Vamos de compras

16

VAMOS AL CENTRO COMERCIAL

—Quiero comprar un disco compacto nuevo.
—Yo también. ¡Vamos!

Objectives:

>>> **M**aking purchases and choices

>>> **E**xpressing quantity

>>> **A**sking prices

Strategies:

>>> **S**upporting an opinion

>>> **C**omparing and contrasting

>>> **M**aking associations

>>> **E**valuating based on personal tastes

PRIMERA ETAPA

Preparación

〉〉 **D**o you like to go shopping? Why, or why not?

〉〉 **W**here do you usually go to buy the things you need?

〉〉 **W**hat kinds of questions do you normally need to ask when you are shopping?

〉〉 **D**o you do your grocery shopping at the same place where you buy such items as records, clothes, shoes, and sporting goods?

//-//-//-//-//-//-//-//-//
Learning Strategy:
Previewing

En la tienda de música

Anoche Beatriz y Mónica **fueron** a un concierto de rock en el Parque Luna. **A ellas les encantó** escuchar a su grupo favorito Juan Luis Guerra y los 440. Hoy Mónica quiere comprar uno de sus discos compactos. **Por eso**, van a la tienda de música "La Nueva Onda". Beatriz quiere comprar un disco compacto de Jon Secada, pero es muy **caro.**

went / They loved

Because of this

expensive

Beatriz:	¡Qué pena! No tengo **suficiente** dinero para comprar el disco compacto.
Mónica:	Mira, yo encontré la cinta de Juan Luis Guerra y los 440 que me gusta y es muy **barata.**
Beatriz:	**A ver.** ¿Dónde están las cintas?
Mónica:	**Allí**, al lado de los vídeos.
Beatriz:	¡Super! Aquí está la cinta que me gusta a mí.

What a shame! / enough

inexpensive
Let's see.
There

¡Aquí te toca a ti!

A. *Para mi cumpleaños...* Complete the following sentences that make up your "wish list" for your next birthday.

1. Yo quiero…
2. Quisiera…
3. Necesito…
4. Por favor, compre…
5. ¿Tienes suficiente dinero para comprar… ?

//-//-//-//-//-//-//-//-//
Critical Thinking Strategy:
Evaluating based on personal taste

B. *Los regalos*   You are at **"La Nueva Onda"**, buying presents for your family and friends. (1) Decide which tapes or CDs you will get for whom. (2) Put together a list (of at least four people and gifts) as you make your decisions. When you have made your choices, (3) discuss them with your partner. As you go through your list, (4) make some comment explaining each choice.

 Modelo:

Student 1:	*Pienso comprar este disco compacto para mi prima. [X] es su cantante favorito. Y esta cinta es para papá. Escucha siempre la música de [X].*
Student 2:	*Buena idea. Yo voy a comprar esta cinta para mi hermano. Le gusta mucho el jazz latino. Quisiera comprar el disco compacto pero es muy caro.*

Pronunciación: *The consonant r*

A single **r** within a word is pronounced like the *dd* in the English words *daddy* and *ladder*, that is, with a single tap of the tip of the tongue against the gum ridge behind the upper front teeth.

Práctica

C.   Escucha a tu maestro(a) cuando lee las siguientes palabras y repítelas después para practicar la pronunciación.

1. cámara	**4.** cuatro	**7.** libro	**9.** parque
2. pájaro	**5.** pintura	**8.** hermano	**10.** serio
3. farmacia	**6.** estéreo		

ESTRUCTURA

The verb gustar

You are already familiar with the verb **gustar** and its use in the following expressions:

Me gusta la música rock.	*I like* rock music.
Te gusta bailar.	*You like* to dance.

In order to express what someone else likes or dislikes, the pronouns **le** (singular) and **les** (plural) are used. The pronoun **nos** is used for **nosotros(as).**

Le gusta Jon Secada.	*You (formal) / He / She like(s)* Jon Secada.
Les gusta el concierto.	*You (plural) / They like* the concert.
Nos gusta la música latina.	*We like* Latin music.

If you want to clarify who likes something, the preposition **a** must be placed before the noun or pronoun that identifies the person(s).

A Luis le gusta el jazz.	*Luis* likes jazz.
A Ana y Javier les gusta el disco compacto.	*Ana and Javier* like the CD.
A Ud. le gusta el disco compacto.	*You* like the CD.
A Uds. les gusta la cinta.	*You (plural)* like the tape.
A Lucy y a mí nos gusta bailar.	*Lucy and I* like to dance.

Remember that **gusta** (singular) and **gustan** (plural) agree in number with the words that follow them (the subject).

A mi hermana le **gusta la tienda.**	My sister *likes the store.*
A mi hermana le **gustan los discos compactos.**	My sister *likes CDs.*

The verb **encantar** (*to like very much, to love*) follows the same pattern as **gustar.**

Aquí practicamos

D. *Los gustos* Ask two classmates what they like most. After they answer, indicate what the two of them like in common. If they don't like the same thing, indicate what each of your classmates likes. Follow the model.

Modelo:

Tú:	*¿Les gusta más la radio o la grabadora?*
Estudiante A:	*Me gusta más la grabadora.*
Estudiante B:	*Me gusta más la grabadora.* o: *Me gusta la radio.*
Tú:	*Ah, a los dos les gusta la grabadora.* o: *Ah, a él/ella le gusta la grabadora y a él/ella le gusta la radio.*

1. los discos compactos o las cintas
2. el concierto o la película
3. ir de compras o hablar por teléfono
4. la computadora o la máquina de escribir
5. el jazz o la música clásica
6. las fotografías o los vídeos
7. la televisión o el cine
8. la radio o la grabadora
9. bailar o mirar la televisión

Learning Strategies:

Interviewing, reporting

Critical Thinking Strategies:

Evaluating based on personal tastes, comparing and contrasting

E. *¿Qué les gusta hacer?*   Do you know your friends and family well? What is the one thing they most like to do? Follow the model.

 mi hermana
A mi hermana le gusta estudiar.

1. mi mejor amigo(a)
2. mi madre
3. mis abuelos
4. mis compañeros de clase
5. mis primos
6. mi padre
7. mi hermano(a)
8. mis profesores

F. *El concierto de rock*   Explain who really liked the concert and who did not like it. Follow the models.

 a mi hermano / sí
A mi hermano le encantó el concierto.

a mis padres / no
A mis padres no les gustó el concierto.

1. a Benito y a mí / sí
2. a Laura / no
3. a mi prima / no
4. a mí / sí
5. a ellos / no
6. a Ud. / sí
7. a nosotros / sí
8. a Uds. / sí
9. a ella / no
10. a Eduardo y a mí / sí

G. *¿Qué le encanta a tu compañero(a)?*   Find out from a classmate the things that he or she likes and loves to do and eat, the places that he or she likes to go, and the music or group (**grupo**) that he or she likes to listen to. Then report that information to the class. Work with a partner and follow the model.

Modelo:
        Tú: *¿Qué te gusta hacer?*
Compañera: *A mí me gusta… y me encanta…*
        Tú: *A Anita le gusta… y le encanta…*

Aquí escuchamos:
"Me gusta la música…"

Antes de escuchar

Isabel and Miguel are giving information about their likes and dislikes. Based on what you've learned in this **etapa**, what are some of the likes and dislikes you expect them to talk about?

START

Después de escuchar

Make a list of the things that Isabel likes and another of the things that Miguel likes. Be prepared to indicate in Spanish which preferences they have in common.

Contesta las preguntas sobre la conversación entre Isabel y Miguel.

1. ¿A quién le gustan muchos tipos de música?
2. ¿Qué música le gusta más a Isabel? ¿y a Miguel?
3. ¿Por qué le gustan más a Miguel las cintas que los discos compactos?
4. ¿A quién le gusta Jon Secada?
5. ¿Quiénes le gustan más a Miguel?
6. ¿Adónde van a ir los dos?

¡Adelante!

EJERCICIO ORAL

H. *¿Qué te gusta hacer los fines de semana?* Work in pairs and (1) tell your partner the things that you like to do on weekends. (2) Find out if there are activities that you both like. (3) Then report back to the class.

> —¿Qué te gusta hacer los fines de semana?
> —A mí me gusta charlar con mis amigos.
> —A mí también me gusta charlar con mis amigos.
> (To the class) —A nosotros nos gusta charlar con nuestros amigos.

EJERCICIO ESCRITO

I. *Un diálogo de contrarios* Imagine that you and another student have a relationship that is based on opposites. The two of you are friends, despite great differences in likes, dislikes, interests, and possessions. Make up some details about your two lives and write a dialogue together of about twelve sentences in length (or about six to eight comments from each individual).

SEGUNDA ETAPA

Preparación

>> **W**hat are some of the items that you will find at a stationery store or in the paper goods section of a department store?

>> **W**hat are some of the questions that a person who works in a store usually asks a customer?

En la papelería

En la papelería: At the stationery store

How may I help you?	—Buenos días, muchachos. **¿En qué puedo servirles?**
typewriter paper	—Necesitamos **papel para escribir a máquina.** ¿Tiene?
sheets	—¡Cómo no! ¿Cuántas **hojas** quieren?
airmail paper	—Diez, por favor. ¿Y **papel de avión?**
Here you are. / Anything else?	—**Aquí tienen. ¿Algo más?**
birthday cards / Mother's Day card	—Sí, yo necesito tres **tarjetas de cumpleaños** y una **tarjeta del Día de la Madre.**
	—Acabamos de recibir unas muy bonitas. Mira aquí.
envelopes	—Mm… Sí, son muy bonitas. ¿Vienen con **sobres?**
	—¡Pues, claro!
That's all for today.	—Bien. **Es todo por hoy.**

¡Aquí te toca a ti!

A. *¿Qué compraron en la papelería?* Mira las fotos en la página 385 y di qué compró cada persona. Sigue el modelo.

 Modelo: Estela
Estela compró una tarjeta de cumpleaños.

Estela

1. La Srta. Balboa

2. Ignacio

3. Inés

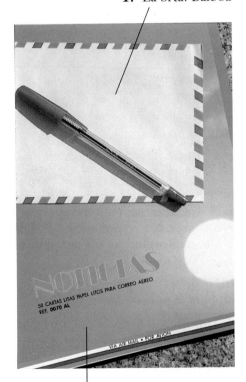

4. Cristina

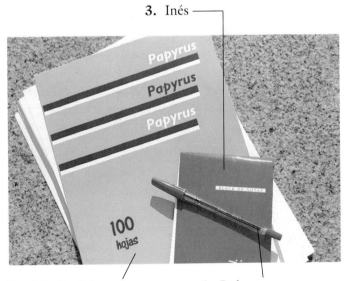

5. el Sr. Rodríguez

6. Roberto

B. ¿Adónde vas para comprar... ? Mira los dibujos y di adónde vas para comprar cada cosa. Sique el modelo.

Modelo: discos compactos
Voy a la tienda de música para comprar discos compactos.

1.

2.

3.

4.

5.

6.

7.

Repaso

Learning Strategies:

Describing personal tastes, making recommendations

Critical Thinking Strategy:

Making associations

C. *En la tienda de música* You are shopping for presents for three of your friends at **"La Nueva Onda."** Together with another student, (1) play the role of the clerk and the customer at a record store. (2) Tell the clerk the music your friends like. The clerk will make suggestions for each gift. (3) Buy two CDs and a tape. (4) Pay and leave.

 Modelo: —¿En qué puedo servirle?
—A mi amiga Claudia le gusta la música clásica. Quiero comprar un disco compacto para ella. ¿Qué tiene Ud.?

Pronunciación: The consonant rr

An **rr** (called a trilled *r*) within a word is pronounced by flapping or trilling the tip of the tongue against the gum ridge behind the upper front teeth. When an **r** is the first letter of a Spanish word, it also has this sound.

Práctica

D. Escucha a tu maestro(a) cuando lee las siguientes palabras. Después repítelas para practicar la pronunciación.

1. borrador
2. perro
3. correo
4. barrio
5. aburrido
6. radio
7. Roberto
8. rubio
9. río
10. música rock

ESTRUCTURA

The imperative with *tú*: familiar commands

—Luis, **mira** las tarjetas de cumpleaños.   Luis, *look* at the birthday cards.
—Son muy bonitas. **Compra** dos.   They are very pretty. *Buy* two.

In Chapter 8, you learned to give orders, directions, and suggestions using the formal command forms (**Ud.** and **Uds.**). Here you will learn the informal command form **(tú),** used to make requests of family members, peers, or younger people.

Regular Familiar Command

Affirmative		
Verbs ending in -**ar: bailar**	Verbs ending in -**er: beber**	Verbs ending in -**ir: escribir**
baila	**bebe**	**escribe**

1. The *regular affirmative **tú** command* has the same ending as the third-person singular (**él, ella**) of the present tense.

2. The verbs **decir, hacer, ir, poner, salir, ser, tener,** and **venir** have irregular affirmative command forms.

decir	**di**	ir	**ve**	salir	**sal**	tener	**ten**
hacer	**haz**	poner	**pon**	ser	**sé**	venir	**ven**

Aquí practicamos

E. Da la forma del mandato con *tú* de los siguientes verbos.

1. hablar
2. comer
3. hacer
4. mirar
5. leer
6. salir
7. doblar
8. comprar
9. decir
10. correr
11. descansar
12. ser
13. escuchar
14. escribir
15. tener

F. A tu hermano   Use the command form to get your younger brother to do what you want. Follow the model.

 caminar al quiosco de la esquina
Camina al quiosco de la esquina.

1. venir aquí
2. ser bueno
3. hacer la tarea
4. poner la radio
5. salir de mi cuarto

6. ir al quiosco de periódicos
7. comprar mi revista favorita
8. usar tu dinero
9. tener paciencia
10. decir la verdad

G. Consejos   Your best friend has problems at school. Give him or her some pieces of advice on what to do to improve the situation. Use these verbs in complete sentences. Follow the model.

estudiar   escuchar   trabajar   hablar   hacer   practicar   ir
venir   escribir   leer   llegar   decir   salir

Modelo: *Haz la tarea todos los días.*
Llega a clase temprano.

Aquí escuchamos:
"Para mi computadora..."

Antes de escuchar

In preparation for this conversation between a clerk and a customer, think about some of the items you would buy for use with a computer. Some of the same vocabulary that you already know in Spanish applies. Can you give some examples?

Now read the following questions to get an idea of what to listen for in the conversation.

Después de escuchar

1. ¿Qué necesita el señor que va a la papelería?
2. ¿Cómo se venden los disquetes para la computadora?
3. ¿Cuántas cintas compra el señor?

4. ¿Qué le pregunta la empleada si necesita el señor?
5. ¿Qué dice él cuando ella le pregunta eso?
6. ¿Qué recuerda el hombre que necesita comprar para su esposa?

EJERCICIO ORAL

H. Ve a la papelería You need computer disks from the stationery store, but you have to prepare for a major test. (1) Call your friend and explain the situation. (2) Ask him or her to do you a favor and go to the store to buy the disks for you. (3) Tell him or her one other thing that you need from the stationery store. (4) After your friend agrees to do this errand, tell him or her when and where to meet you to deliver the purchases. (5) Remember to thank your friend for the help. Here is the beginning of your conversation. Work with a partner and finish the conversation. Use informal commands as needed to make your requests.

Modelo:

Tú:	*¡Hola, Ester!*
Amiga:	*¡Hola! ¿Qué tal?*
Tú:	*Bien, pero tengo mucho que hacer.*
Amiga:	*¿Qué tienes que hacer?*
Tú:	*…*

Learning Strategy:

Negotiating

EJERCICIO ESCRITO

I. Consejos One of your friends has some problems with school work. He or she has asked you what to do in order to be more successful. Try to help by writing a list of eight suggestions for improving the situation. Use the informal command forms of the following verbs in the sentences you write: **estudiar, trabajar, hablar, hacer, practicar, escribir, decir, tener, salir, ver.** Then rearrange your sentences in order of priority, starting with the three most effective suggestions for ensuring your friend's success.

Learning Strategies:

Listing, making recommendations

Critical Thinking Strategies:

Evaluating, prioritizing

TERCERA ETAPA

Preparación

>> **W**here do you go to shop for sports equipment of all kinds?

>> **W**hat are some examples of sports equipment?

>> **W**hat items do you usually buy when you go to a sporting goods store?

>> **W**hich sports require the most expensive equipment? the least expensive?

///-//-//-//-//-//-//-//

Learning Strategies:

*Previewing,
brainstorming*

La tienda de deportes:
  The sporting goods store

La tienda de deportes

Elsa y Norma entran en una tienda de deportes.
—Sí, señoritas, ¿qué necesitan?

how much the racket costs /
  display window / Good eye.

—Quisiera saber **cuánto cuesta la raqueta** en el **escaparate**.
—¡Ah! **Buen ojo**. Es una raqueta muy buena y cuesta 120 dólares.

on sale

—¿Cómo? ¿No está **en oferta**?
—No, señorita. La oferta terminó ayer.

tennis balls / what price are
  they?

—¡Qué pena! Bueno. Y las **pelotas de tenis, ¿qué precio tienen?**
—Mm… tres dólares.

I'll take / tennis shoes

—Bueno, **voy a llevar** tres. Puedo ver los **zapatos de tenis** también, por favor.
—Por supuesto. ¿Algo más?

skis

—Sí. ¿Venden **esquíes?**
—Sí, pero no hay más. Vendimos todos los esquíes en la oferta.
—Mm… bueno. Gracias.

At your service.

—**A sus órdenes.**

¡Aquí te toca a ti!

A. Necesito comprar...   You are in a sporting goods store and you want to examine some items (p. 391) before you buy. Ask to see them.

Modelo: pelotas de tenis
  *Quisiera ver las pelotas de
  tenis, por favor.*

1.

2.

3.

4.

5.

6.

B. ***¿Cuánto cuesta...?***   Now you want to know the price of different items in the sporting goods store. Ask the clerk. In pairs, play the role of the customer and clerk. The person playing the clerk should make up reasonable prices for each item in Activity A. Follow the model.

    pelotas de tenis
       —*Buenos días. ¿Cuánto cuestan las pelotas de tenis en el*
        escaparate?
       —*Cuestan 3 dólares por tres.*
       —*Mm… bien. Voy a llevar seis. Aquí tiene 6 dólares.*

¿Qué crees?

The site of the 1992 Olympic Games:

a) Spain
b) Korea
c) Mexico
d) U.S.A.

respuesta

Repaso

C. ***Mis libros favoritos***   You need to buy a present for a friend. You have decided to get something from a bookstore, but you need some advice. Ask a classmate to suggest three books that you could buy as a present. (He or she should use the **tú** command to make the suggestions.)

Learning Strategy:

Making recommendations

ESTRUCTURA

The imperative with tú: negative familiar commands

No compres los esquíes.
No lleves la raqueta.

Don't buy the skis.
Don't take the racket.

The negative **tú** command is different from the affirmative **tú** command. Study the chart.

Regular Familiar Command

Negative

Verbs ending in -**ar**: **bailar**	Verbs ending in -**er**: **beber**	Verbs ending in -**ir**: **escribir**
no bailes	**no bebas**	**no escribas**

1. To form the *regular negative tú command,* drop the **o** from the **yo** form of the present tense and add **es** for -**ar** verbs and **as** for -**er** and -**ir** verbs:

yo bailo	→ **bail-**	→ **no bailes**
yo bebo	→ **beb-**	→ **no bebas**
yo escribo	→ **escrib-**	→ **no escribas**

2. Verbs that end in -**car**, -**gar**, or -**zar** such as **practicar, llegar,** and **cruzar** change the spelling in the negative **tú** command: **c** → **qu** — **no practiques,** g → **gu** — **no llegues,** and **z** → **c** — **no cruces.**

3. The negative **tú** command of the eight irregular verbs you learned in the last **etapa** follow the same rule as the regular negative **tú** commands, except for **ir** and **ser.**

decir	**no digas**	poner	**no pongas**	tener	**no tengas**
hacer	**no hagas**	salir	**no salgas**	venir	**no vengas**
ir	**no vayas**	ser	**no seas**		

a

Aquí practicamos

D. Da la forma negativa del mandato con *tú* de los siguientes verbos.

1. esquiar aquí
2. llevar los libros
3. ir al parque
4. comer en tu casa
5. ser antipático
6. vender tus pelotas de tenis
7. comprar los zapatos allí
8. salir de la tienda
9. cruzar la calle
10. tener miedo *(be afraid)*

E. Tell your friend not to do these things. Work in pairs. Then reverse roles and repeat.

1. ser malo
2. llegar tarde
3. tener problemas
4. doblar a la derecha
5. escribir en el libro
6. buscar tus cuadernos
7. mirar mucho la TV
8. venir solo a la fiesta
9. poner la radio en clase
10. decir malas palabras

F. *Consejos* You are new in the neighborhood and don't know where to go for the best buys. Your friend will direct you to various shops in town to get good prices and good quality. Work with a partner and follow the model.

Modelo: —*Voy a comprar carne en la Carnicería Montoya.*
—*No compres allí. Compra en la Carnicería Martín. Es mejor* (better).

1. Como en el restaurante La Estancia.
2. Hago compras en la Frutería la Sevillana.
3. Voy a la Panadería López.
4. Escucho discos compactos en la tienda de música Cantar y Bailar.
5. Busco lápices y borradores en la Papelería Mollar.
6. Miro las flores en la Florería La Rosa Roja.

Aquí escuchamos:
"El tenista"

Antes de escuchar

Read the statements on page 394 to get an idea of the content of the conversation before listening.

Read the statements on page 394

//-//-//-//-//-//-//-//-//-//-//
Learning Strategy:
Previewing

Learning Strategy:

Listening for details

Después de escuchar

Decide whether the following statements are true or false. If something is false, indicate what the correct information should be, based on the conversation.

1. The customer wants to buy some tennis shoes.
2. The customer indicates that he already has a tennis racket.
3. The customer wants a larger tennis racket.
4. The saleswoman says that the large rackets are still on sale.
5. The price of the racket is $199.
6. The offer comes with a free can of tennis balls.
7. The man decides not to buy the racket because it is too expensive.

Learning Strategies:

Interviewing, making recommendations, supporting opinion

Critical Thinking Strategies:

Analyzing, making associations between personal preferences and sports

Learning Strategies:

Organizing ideas in a paragraph, supporting opinion

Critical Thinking Strategy:

Evaluating

¡Adelante!

EJERCICIO ORAL

G. *¿Qué deporte?*   Your friend wants to take up a new sport and asks you for advice because you are familiar with a number of sports. (1) Ask your friend about his or her preferences for season, team, or individual sports. Find out if your friend likes to play sports for competition or pleasure, and about any equipment to which he or she has access. (2) Choose a sport and advise your friend to take it up. Explain why, basing your decisions on your friend's talents and preferences. (3) Tell him or her what to buy in order to start practicing.

EJERCICIO ESCRITO

H. *Mi deporte preferido*   Write six to eight sentences about your favorite sport, indicating why you like it, how often you participate in that sport, where, and with whom.

Vocabulario

Para charlar

Para expresar gustos

me / te / le / les / nos encanta(n)
me / te / le / les / nos gusta(n)

Lugares para comprar

una papelería
una tienda de deportes
una tienda de música

Expresiones para comprar

¿Algo más?
A sus órdenes.
Aquí tiene(n).
¿En qué puedo servirle(s)?
Es todo por hoy.
No hay más.
¿Qué necesita(n)?
Voy a llevar…

Para preguntar el precio

¿Cuánto cuesta(n)?
¿Qué precio tiene(n)?
¿No está(n) en oferta?

Temas y contextos

Una tienda de música

una cinta
un disco compacto
un vídeo

Una papelería

una hoja
el papel de avión
el papel para escribir a máquina
un sobre
una tarjeta de cumpleaños
una tarjeta del Día de la Madre

Una tienda de deportes

unos esquíes
una pelota de tenis
una raqueta
unos zapatos de tenis

Vocabulario general

Sustantivos

un centro comercial
un escaparate
el precio

Adjetivos

barato(a)
bonito(a)
caro(a)
favorito(a)
suficiente

Otras expresiones

A ver.
Buen ojo.
fueron
por eso
¡Qué pena!
¡Super!

Lectura cultural

Estrellas musicales latinas

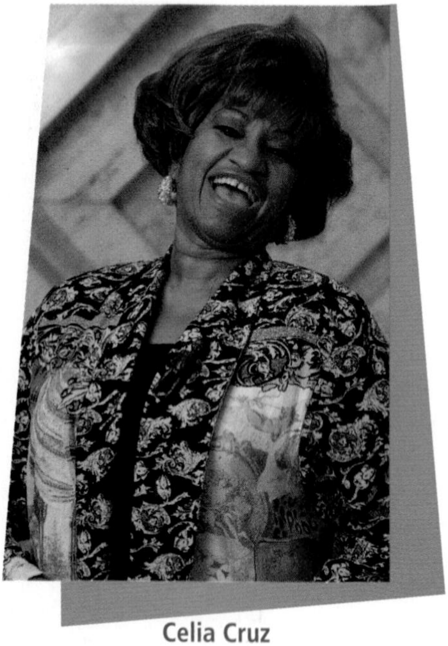

Celia Cruz

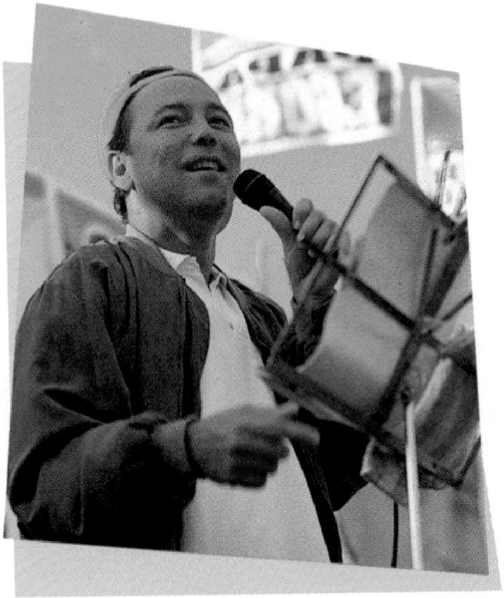

Rubén Blades

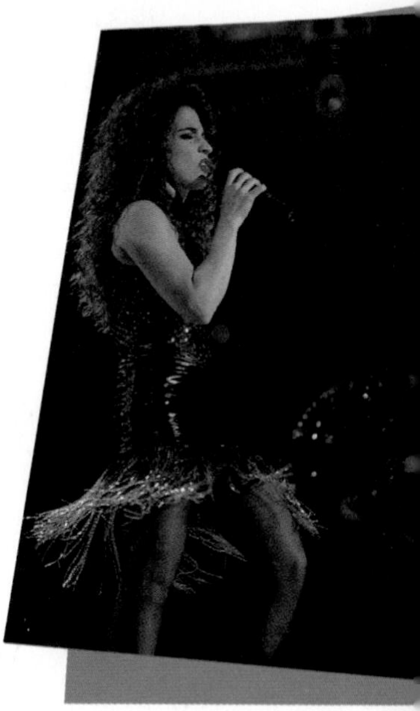

Gloria Estefan

Learning Strategies:

Previewing, brainstorming

Critical Thinking Strategy:

Making associations

Antes de leer

1. Look at the photos to see if you recognize these people. What do they do?
2. Do you know the names of any other Spanish-speaking representatives of this profession? Where are they from?

Guía para la lectura

A. Read the first sentence of each paragraph of the reading passage on page 397 to decide who is described there. Where is each person from?

B. Read each paragraph quickly and make a list of some of the key words that are related to what these people do. Were you able to find at least six?

C. Now answer the following questions about the entire passage according to the information you find in it.

1. Which person studied at a university in the U.S.?
2. Who performs in two languages?
3. Which one often appears with another famous person?
4. Who is particularly concerned about social problems?

Estrellas musicales latinas

arios cantantes del mundo hispano tienen fama internacional. Son verdaderas estrellas de la música latina y las tiendas de música venden sus cintas y discos compactos como tortillas calientes. Aquí presentamos información sobre cuatro de los cantantes más populares.

Celia Cruz, "la reina de la salsa", es cubana y tiene una voz potente, con toda la gracia y el color de los trópicos. Embajadora de la música del Caribe, viaja constantemente por el mundo, actuando en compañía de Tito Puente, otro salsero legendario. Muchas personas que van a los conciertos de Celia Cruz se ponen a bailar porque es imposible resistir el ritmo.

Gloria Estefan vive en Miami desde hace años. En su vida y en su música es completamente bilingüe, o sea, habla y canta en

Juan Luis Guerra

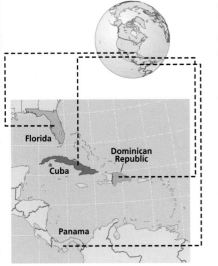

español y en inglés. Aunque sus canciones más conocidas son en inglés con el grupo *Miami Sound Machine,* Gloria Estefan confiesa que las emociones le vienen en español. En el álbum "Mi tierra" canta doce canciones nuevas exclusivamente en español.

Rubén Blades, panameño educado en la universidad de Harvard, trae una dimensión social y panamericana a la salsa. Escribe muchas de sus canciones y cuenta historias como nadie. Canciones como "Decisiones" y "Buscando América" reflejan la vida y la realidad latinoamericana.

Juan Luis Guerra, de la República Dominicana, pone de moda otra vez el merengue, la música de su país. Canta sobre los problemas sociales y económicos de su gente mientras que los invita a desahogarse de la mejor manera que saben: bailando. Con canciones como "Ojalá que llueva café" y "Burbujas de Amor" este cantante dinámico le da al merengue una nueva popularidad.

¿CUÁNTO CUESTA...?

—Quisiera medio kilo, por favor.
—Bueno. Son 500 pesos.

Objectives:

>>> **M**aking purchases and choices
>>> **E**xpressing quantity
>>> **A**sking for prices

Strategies:

>>> **E**xpressing preferences
>>> **N**egotiating
>>> **C**ategorizing
>>> **P**rioritizing

PRIMERA ETAPA

Preparación

>> **H**ave you ever been to an open-air market? If so, where? when?

>> **W**hat kinds of products can you buy in a market?

>> **H**ow is the shopping experience in a place like this different from going to a regular grocery store?

Día de feria

Ayer jueves fue **día de feria** en Oaxaca. La señora Fernández caminó **hasta** la plaza cerca de su casa donde **cada** semana hay un **mercado al aire libre.** A la señora Fernández le gusta comprar las frutas y los **vegetales** que **ofrecen** los **vendedores** porque son productos **frescos** y baratos. **Además** a ella le encanta **regatear.** Hoy, piensa comprar vegetales para una **ensalada.**

market day / as far as
each / open-air market
vegetables / offer
sellers / fresh / Besides
to bargain / salad

Sra. Fernández: ¿Cuánto cuesta el **atado** de zanahorias?

bunch

      Vendedora: 1.300 pesos.

Sra. Fernández: Bueno, 2.000 pesos por **estos** dos atados.

these

      Vendedora: Tenga, 2.100.

Sra. Fernández: Está bien.

399

COMENTARIOS CULTURALES

▪ *Los mercados al aire libre*

Open-air markets are characteristic of all Hispanic countries. In rural areas, these markets are particularly important since they offer a place where people from the surrounding communities can meet to buy, sell, and socialize. Once a week, vendors and shoppers gather in a designated location, often the main plaza of a small town. Farmers come from all over the local countryside, bringing vegetables and fruit they have grown on small plots of land. One can also buy pots, pans, brooms, soap, and other household items at the markets, as well as regional handicrafts such as brightly woven cloth, colorful shirts, embroidered dresses, musical instruments, wooden carvings, and so on. More and more commonly, there are even manufactured goods and high-tech equipment such as radios and televisions for sale.

¡Aquí te toca a ti!

A. ¿Qué son?   Identifica las frutas y los vegetales abajo y en la página 401.

Guisantes

Cepolla(s)

Zanahoria

manzanas

1.   2.   3.   4.

uvas

naranjas

maíz

peras

5.   6.   7.   8.

limones

tomates

lechuga

patatas

9. 10. 11. 12.

B *Preparando una ensalada* You and your friend are making a salad for a class party. Decide whether you will make a fruit salad or a green salad. Then, as you examine the contents of the refrigerator (shown in the following drawings), take turns identifying what there is. Together make a list of the items you want for your salad and a list of those which you don't. Follow the model.

Modelo:
Student 1: *Hay maíz. ¿Quieres maíz?*
Student 2: *Sí, quiero maíz. Me gusta el maíz.*
o:
No, no me gusta mucho el maíz.
o:
¡Claro que no! ¡Es una ensalada de frutas!

1. 2. 3. 4. 5.

6. 7. 8. 9. 10.

Repaso

fresa

C. *La oferta* You and your friend have saved some money to shop for sporting goods at a flea market. One of you is attracted to the newer, more expensive items. The other is always looking for bargains. Take turns trying to persuade each other as in the model on page 402. (Note that the first item in each pair is the more expensive one.)

Modelo: **Student 1:**   *Voy a comprar la pelota de fútbol.* o:
Mira la pelota de fútbol. o:
¡Qué buena pelota de fútbol!

Student 2:   *Pero no compres la pelota de fútbol. Compra las pelotas de tenis. Son más baratas.*

Student 1:   *Tienes razón* (You're right). *Voy a llevar las pelotas de tenis.* o:
No, yo prefiero la pelota de fútbol.

1. raqueta grande / pequeña
2. zapatos nuevos / usados
3. esquíes para la nieve / esquíes para el agua
4. fútbol nuevo / viejo
5. bicicleta Cinelli / Sprint
6. pelota de básquetbol / pelota de fútbol

Pronunciación: The consonant *f*

The consonant **f** in Spanish is pronounced exactly like the *f* in English.

Práctica

D.   Escucha a tu maestro(a) cuando lee las siguientes palabras. Después repítelas para practicar la pronunciación.

1. fútbol
2. flor
3. ficción
4. frente
5. final
6. farmacia
7. favorito
8. fresco
9. alfombra
10. suficiente

ESTRUCTURA

Demonstrative adjectives

¿Quieres **estas** manzanas verdes o **esas** manzanas rojas?
Do you want *these* green apples or *those* red apples?

Quiero **aquellas** manzanas **allá.**
I want *those* apples *over there.*

Demonstrative adjectives are used to point out specific people or things. They agree in number and gender with the nouns that follow them. There are three sets of demonstrative adjectives:

este   *this*   **ese**   *that*   **aquel**   *that over there*

To point out people or things…

	a. near the speaker	b. near the listener	c. far from both speaker and listener
Sing. masc.	**este** limón	**ese** limón	**aquel** limón
Sing. fem.	**esta** manzana	**esa** manzana	**aquella** manzana
Plural masc.	**estos** limones	**esos** limones	**aquellos** limones
Plural fem.	**estas** uvas	**esas** uvas	**aquellas** uvas

Aquí practicamos

E. Replace each definite article with the correct demonstrative adjective, according to its column heading. Follow the model.

 Modelo: la papa   **a. near the speaker:** *esta papa*
                                  b. near the listener: *esa papa*
                                  c. far from both: *aquella papa*

a. near the speaker	**b. near the listener**	**c. far from both**
1. la manzana	**4.** el limón	**7.** el maíz
2. el limón	**5.** los tomates	**8.** las peras
3. los pasteles	**6.** las fresas	**9.** el queso

F. *¿Prefiere estas manzanas o esos tomates?*   You are the checkout person at a grocery store. Your customer is undecided about what to buy. Offer him or her choices according to the cues. Work in pairs.

 *Modelo:*   fresas / uvas
                          —*¿Prefiere Ud. estas fresas o esas uvas?*
                          —*Prefiero estas uvas, por favor.*

1. naranjas / manzanas	**4.** maíz / guisantes	**7.** uvas / fresas
2. banana / pera	**5.** tomates / lechuga	**8.** zanahorias /
3. limón / papas	**6.** cebollas / bananas	naranjas

Palabras útiles

Expressions of specific quantity

¿Cuánto cuesta **un litro** de leche?   How much is *a liter* of milk?
Quisiera **medio kilo** de uvas.   I would like *a half kilo* of grapes.

The following expressions are used to indicate quantities.

un kilo de	a kilogram of
medio kilo de	a half kilogram of
una libra de	a pound of
50 gramos de	50 grams of
un litro de	a liter of
una botella de	a bottle of
una docena de	a dozen of
un pedazo de	a piece of
un atado de	a bunch of
un paquete de	a package of

G. Usa la información entre paréntesis para contestar las preguntas de los vendedores. Sigue el modelo.

> **Modelo:** ¿Qué desea? (2 kilos de tomates / 1 kilo de uvas)
> *Necesito dos kilos de tomates y un kilo de uvas.*

1. ¿Qué necesita hoy? (1/2 kilo de lechuga / un atado de zanahorias)
2. ¿Qué quisiera? (200 gramos de jamón / 2 docenas de peras)
3. ¿Qué desea? (1/2 litro de leche / 1 botella de agua mineral)
4. ¿En qué puedo servirle? (1/2 docena de naranjas / 2 kilos de uvas)
5. ¿Necesita algo? (3 botellas de limonada / 1 paquete de mantequilla)

Learning Strategy:

Reporting based on visual information

H. **¿Cuánto compraron?**   Mira los dibujos en la página 405 y di cuánto de cada cosa compró la persona indicada.

> **Modelo:** ¿Qué compró Juanita?
> *Ella compró cincuenta gramos de queso.*

1. ¿Qué compró Mercedes?

2. Qué compró el señor González?

3. ¿Qué compró Antonio?

4. ¿Qué compró Maribel?

5. ¿Qué compró la señora Ruiz?

6. ¿Qué compró Francisco?

I. En el mercado   You are shopping in an open-air market in Puerto Rico. Ask the seller the price of each item, and then say how much you want to buy. Work with a partner, playing the roles of buyer and seller. Use the cues provided and follow the model.

Modelo: zanahorias: 2 dólares el atado / 2 atados
—*¿Cuánto cuestan estas zanahorias?*
—*Dos dólares el atado.*
—*Quiero dos atados, por favor.*
—*Aquí tiene. Cuatro dólares, por favor.*

1. leche: 2 dólares la botella / 3 botellas
2. naranjas: 3 dólares la docena / 1/2 docena
3. papas: 2 dólares el kilo / 500 gramos
4. cebollas: 1.50 dólares el kilo / 1/2 kilo
5. mantequilla: 2.50 dólares el paquete / 2 paquetes
6. pastel: 1 dólar el pedazo / 2 pedazos

Aquí escuchamos:
"De compras en el mercado"

Antes de escuchar

You will hear a conversation between Mr. Estévez and a vendor at the market.

1. What kind of products are sold in an open-air market?
2. What do you expect the conversation between the shopper and the vendor will be about?
3. What are some of the questions a shopper and a vendor usually ask each other?

START

Después de escuchar

Mira la lista de palabras que hay a continuación. Haz una lista de las cosas que compró el Sr. Estévez.

cebollas	fresas
plátanos	maíz
guisantes	uvas
mangos	zanahorias
tomates	manzanas
aguacates	lechuga
papas	melón

¡Adelante!

EJERCICIOS ORALES

J. **El postre** (dessert)   Your mother has put you in charge of buying some fruit for dessert. Work in pairs and follow the directions.

Sales person	Customer
1. Greet the customer.	**a.** Greet the salesperson.
2. Ask what he or she needs to buy.	**b.** Say that you need some fruit for dessert **(para el postre).**
3. Offer a choice of fruits.	**c.** Decide what you are going to buy. Ask how much the fruit(s) cost(s).
4. Tell him or her the price(s).	**d.** Bargain over the price.
5. Agree on the price. Ask if he or she needs something else.	**e.** Answer.
6. Respond if necessary; then end the conversation.	**f.** End the conversation.

K. ¿Te gusta más… ? You and your friend have just won the lottery and you want to buy a number of things. (1) Bring to class pairs of magazine pictures of at least five objects (two different versions of each) whose names you know in Spanish and that you would like to own. (Catalogs will be a good source for finding multiples of objects.) (2) Following the model, get each other's opinion about which items you each like better. (Remember to make the agreement with **este** and **ese.**) (3) Make a list of the first five things you plan to buy together with your winnings.

Student 1: *¿Te gusta más esta bicicleta americana o esta bicicleta italiana?*
Student 2: *Prefiero esa bicicleta italiana. Y tú, ¿prefieres este viaje a Madrid o este viaje a Barcelona?*
Student 1: *A mí me gusta más ese viaje a Madrid.*

Cooperative Learning
Learning Strategy: Negotiating
Critical Thinking Strategy: Prioritizing

EJERCICIO ESCRITO

L. ¿Qué comemos? Your family has invited an exchange student from Spain, who is your friend at school, to join you for dinner. His parents are in town and are also invited. Work with a classmate to write up a shopping list of eight food items that you need to buy for the dinner, indicating the quantity or amount of each. (Look at p. 404 to review the vocabulary for amounts.) Consider drinks, salads, vegetables, meat, and desserts.

Cooperative Learning
Learning Strategy: Listing
Critical Thinking Strategy: Categorizing

SEGUNDA ETAPA

Preparación

》》 What are some of the differences between shopping at a supermarket and an open-air market?

》》 What products can you find at a supermarket that you could not get at an open-air market?

》》 When you go shopping for food, where do you prefer to go? Why?

En el supermercado

Once / for
food
together
dairy products
packaged goods
cans / soup / tuna / oil
cookies

Una vez por semana Ricardo hace las compras en el supermercado **para** su mamá. Hoy Roberto también tiene que ir al supermercado para comprar **alimentos** para su familia. Los dos amigos van **juntos.** Primero, van a la sección de los **productos lácteos** porque Ricardo tiene que comprar mantequilla, leche, yogur, crema y queso. También van a la sección de las **conservas** porque necesitan tres **latas** de **sopa** y una lata de **atún,** una botella de **aceite** y un paquete de **galletas.**

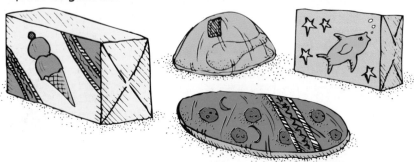

Luego pasan por la sección de los productos **congelados** porque Roberto tiene que comprar **pescado**, una pizza, un pollo y también: ¡**helado** de chocolate, por supuesto! A Roberto le encanta el helado.

Then they pass by / frozen
fish / ice cream

Para terminar, ellos compran pastas, **harina**, azúcar, **sal, pimienta**, arroz y mayonesa. El **carrito** de Roberto está muy **lleno**.

flour / salt / pepper
shopping cart / full

COMENTARIOS CULTURALES

Las frutas y los vegetales tropicales

In the tropical parts of Central and South America, Mexico, and the Caribbean, many kinds of delicious vegetables and fruits are commonly available for everyday consumption. You may be familiar with the **aguacate** (avocado) and the **chile** (hot green or red pepper). Fruits such as **papayas** (small melon-like fruit) and **mangos** (peach-like fruit) can be found fresh as well as in fruit juices in many supermarkets in the U.S. The **plátano** (a large green banana) is eaten frequently with meals in a number of Hispanic countries. It is generally served fried or boiled. The **mamey** (coconut-like fruit) and the **zapote** (fruit shaped like an apple with green skin and black pulp inside) can often be found on the Mexican table as a much appreciated dessert. Another popular dessert is guava paste, served with fruit or cheese.

¡Aquí te toca a ti!

A. *En el carrito de Lidia hay...* Lidia's mother sent her to the store. But since Lidia forgot the shopping list, the shop assistant helps her to remember by mentioning some items. Work with a partner playing the roles of the shop assistant and Lidia. Look at the drawings on page 410 and indicate what she's buying. Follow the model.

Modelo: **Clerk:**   *¿Necesitas arroz?*
            Lidia: *No, pero necesito pasta.*

1. ¿Necesitas harina?   **2.** ¿Necesitas pimienta?   **3.** ¿Necesitas pollo?

4. ¿Necesitas galletas?   **5.** ¿Necesitas yogur?   **6.** ¿Necesitas mayonesa?

B. *Preferencias personales*   Your father always likes to give you a choice when he prepares meals. He is preparing this week's menu. Tell him what you would like each day from the choices given. Then, with your partner, set up a different menu for the following week, agreeing on what to serve each day. Follow the model.

 Modelo: ¿Quisieras carne o pescado hoy?
Quisiera carne, por favor.

1. ¿Quisieras pollo o atún el lunes?
2. ¿Quisieras yogur o helado el martes?
3. ¿Quisieras pizza o pescado el miércoles?
4. ¿Quisieras pasta o papas el jueves?
5. ¿Quisieras pollo o sopa el viernes?
6. ¿Quisieras mayonesa o aceite en la ensalada el sábado?
7. ¿Quisieras fruta o helado el domingo?

Repaso

C. *¿Preparamos una sopa de vegetales?*   Your favorite aunt and uncle are coming for dinner tonight. They are strict vegetarians; so you have to plan the meal carefully. You've decided to serve vegetable soup and fruit salad. With a classmate, write a double shopping list, one of fruits and one of vegetables. Include at least five items on each list. Then, since your budget may not allow you to purchase all the items, rewrite the two lists, naming the fruits and vegetables in the order in which you would prefer to include them in the menu.

 Modelo: *En la sopa podemos poner _____.*
En la ensalada de frutas podemos poner _____.

ESTRUCTURA

The interrogative words *cuál* and *cuáles*

The words **¿cuál?** *(which)* and **¿cuáles?** *(which ones)* are used when there is the possibility of a choice within a group.

¿Cuáles prefiere, las manzanas
verdes o las manzanas rojas?

Which ones do you prefer, the
green apples or the red apples?

In some cases, in English you use the question word *what,* while in Spanish you use **cuál,** as in the examples above. Notice the idea of a choice within a group: *Of all possible addresses / names, which one is yours?*: **¿Cuál es tu dirección / nombre?**

¿Cuál es tu nombre?
¿Cuál es tu dirección?

What is your name?
What is your address?

Aquí practicamos

D. ¿Cuál quieres?   You are babysitting for a young child who doesn't speak very clearly yet. You are trying to guess what he wants by offering him some choices. Follow the model.

 Modelo: este libro grande / aquel libro pequeño
¿Cuál quieres, este libro grande o aquel libro pequeño?

1. el vídeo de Mickey Mouse / el vídeo de Blanca Nieves *(Snow White)*
2. esta fruta / ese pan dulce

 ¿Qué crees?

Chocolate is a product that originally came from:

a) Switzerland
b) Europe
c) Mexico
d) South America

 respuesta

411

3. este sándwich de queso / aquél de jamón
4. este chocolate / ese jugo
5. estas uvas / esas fresas
6. este helado de chocolate / esa botella
   de leche

//·//·//·//·//·//·//·//·//·//

Learning Strategies:

*Interviewing, requesting
and providing
information*

E. *Preguntas personales*   When you are applying for a part-time
job in the local grocery store, the interviewer asks you a series of personal
questions. With your partner role play the interview, switching roles after
completing the first interview. (Use **cuál** and **cuáles** in your questions.)

  tu nombre
        ¿Cuál es tu nombre?

1. tu nombre
2. tu dirección
3. tu número de teléfono
4. tus días preferidos para trabajar
5. tu modo de transporte

Nota gramatical

Demonstrative pronouns

| Ese yogur no es muy bueno. **Éste** aquí es mejor. | That yogurt is not very good. *This one* here is better. |

1. Demonstrative pronouns are used to indicate a person, object, or place
   when the noun itself is not mentioned.

2. Demonstrative pronouns have the same form as demonstrative adjectives,
   but they add an accent mark to show that they have different uses and
   meanings.

éste **ésta**	} *this one*	**éstos** **éstas**	} *these*
ése **ésa**	} *that one*	**ésos** **ésas**	} *those*
aquél **aquélla**	} *that one (over there)*	**aquéllos** **aquéllas**	} *those (over there)*

c

3. Demonstrative pronouns agree in gender and number with the nouns they replace.

Esta manzana es roja, **ésa** amarilla y **aquélla** verde.	This apple is red, *that one* yellow, and *that one over there* green.
Me gusta más esta naranja que **ésa** o **aquélla.**	I like this orange better than *that one* or *that one over there.*

4. When using demonstrative pronouns, it is helpful to use adverbs of location to indicate how close to you an object is. The location helps you decide whether you should refer to the object using **éste(a)**, **ése(a)**, or **aquél(la)**.

You have already learned **aquí** *(here)*. Here are two other adverbs you can use to talk about location:

allí *there*	**allá** *over there*
¿Quieres **esta** lechuga **aquí, ésa allí** o **aquélla allá?**	Do you want *this* lettuce *here, that one there,* or *that one over there?*

Aquí practicamos

F. ¿Cuál? You are doing some shopping with a friend. Because there are so many items to choose from, you have to explain which objects you are discussing. Use **éste(a)**, **ése(a)**, or **aquél(la)** in your answer, according to the cue in parentheses. Follow the model.

Modelo: ¿Qué libros vas a comprar? **(those)**
Voy a comprar ésos.

1. ¿Qué calculadora vas a comprar? **(this one)**
2. ¿Qué frutas vas a comprar? **(those over there)**
3. ¿Qué galletas quieres? **(those)**
4. ¿Qué paquete de arroz quieres? **(this one)**
5. ¿Qué pescado vas a comprar? **(that one)**
6. ¿Qué jamón quieres? **(that one over there)**

G. ¿Cuál prefieres? Use the cues provided on page 414 to tell what you prefer. Remember to make the pronoun agree with the noun provided. Work with a partner and follow the model.

Modelo: queso / allí
—*¿Cuál prefieres?*
—*Prefiero ése allí.*

1. paquete de mantequilla / allí
2. botella de aceite / allá
3. paquete de arroz / aquí
4. lata de sopa / allá

5. paquete de galletas / allí
6. lata de atún / allá
7. paquete de harina / aquí

Aquí escuchamos:
"Por favor, compra..."

Learning Strategy:

Previewing

Antes de escuchar

Review the vocabulary in this chapter to prepare for the conversation between Teresa and her mother about which grocery items to buy. Also read the following questions to help you anticipate what you will hear.

START

Learning Strategy:

Listening for details

Después de escuchar

Complete the following sentences in English based on information provided in the conversation.

1. The person who is going to do the shopping is . . .
2. The shopping will be done at . . .
3. Three of the items on the shopping list are . . .
4. The kind of meat that will be served for dinner is . . .
5. Some of the fruit to be bought is . . .
6. The dessert will be . . .

EJERCICIO ORAL

Cooperative Learning

Learning Strategy:

Negotiating

H. **Un picnic**   You and your friend are planning a picnic. At the delicatessen you have to decide what you want to buy, but you don't always agree with each other. For each suggestion you make, your friend disagrees and tells you to buy something else. Work with a partner. Use the cues provided and follow the model on page 415. Finally, decide on five items that you both are willing to take to the picnic.

Modelo: estos sándwiches de atún / esos sándwiches de pollo

—*¿Vamos a llevar estos sándwiches de atún?*
—*No, no lleves ésos de atún. Lleva ésos de pollo.*

1. esa ensalada de frutas / aquella
   ensalada verde
2. esos tacos de carne / aquellos
   tacos de queso
3. estos licuados de banana /
   esos licuados de fresa
4. este helado de fresas / ese yogur
   de fresas

5. aquella tortilla de jamón /
   esa tortilla de papas
6. este pastel de fresas / aquel
   pastel de manzanas
7. esa salsa de tomate / esta
   salsa de chile
8. esa sopa de pollo / esta
   sopa de pescado

EJERCICIO ESCRITO

I. *¿Cuánto cuesta todo esto?*

You and two friends are planning a dinner for some classmates. You are on a tight food budget. You have only $16 to spend—$3 for beverages, $3 for dessert (**el postre**), and $10 for the main course (**el plato principal**). Compare the prices on the lists and decide how much you can buy of each thing without going over the limit. After you decide, write down what you will buy and how much you will have spent. Work with two classmates and follow the model. Be prepared to report to the class on your final menu and its cost.

Cooperative Learning

Critical Thinking Strategy:

Analyzing

PRODUCTOS CONGELADOS
Pescado . . . . .1 kilo/**$5**
Pizza **$5**
Papas fritas *(fried)* . .**$2**
Pollo . . . . .2/**$5**
Vegetales **$2**
Helado **$4**

PRODUCTOS LÁCTEOS
Yogur . . . . .3/**$2**
Leche . . . . .1 litro/**$1**
Mantequilla **$1**
Crema . . . . .2/**$1**
Queso **$2**

OTROS PRODUCTOS
Pan **$1**
Galletas **$2**
Arroz **$2**
Pastas **$2**
Lechuga **$1**
Tomates . . . . . . .1 kilo/**$2**

BEBIDAS
Café . . . . .1 kilo/**$5**
Refrescos . . . . . . .2 litros/**$2**
Agua mineral . . . . .1 litro/**$2**
Limonada . . . . . . .2 litros/**$3**

CONSERVAS
Sopa . . . . .2/**$1**
Atún . . . . .2/**$2.50**
Salsa de tomate . . .2/**$1.50**
Aceitunas . . . . . . .2/**$1.50**

Modelo: —*¿Qué vamos a servir?*
—*Bueno, para el plato principal, ¿por qué no*
   preparamos pollo con papas fritas y vegetales?
—*A ver. El pollo cuesta...*

Vocabulario

Para charlar

Para preguntar sobre preferencias

¿Cuál prefieres… ?
¿Cuál quieres… ?

Temas y contextos

Cantidades

un atado de
una botella de
una docena de
50 gramos de
un kilo de
una libra de
un litro de
medio kilo de
un paquete de
un pedazo de

Productos congelados

el helado
el pescado
el pollo

Productos lácteos

la crema
un yogur

Productos varios

el azúcar
una galleta
el harina
la mayonesa
la pasta
la pimienta
la sal

Vocabulario general

Sustantivos

los alimentos
un carrito
una feria
un mercado al aire libre
un(a) vendedor(a)

Otras palabras y expresiones

además
allá
allí
aquél(la) / aquéllos(as)
cada
ése(a) / ésos(as)
éste(a) / éstos(as)
hasta
juntos
luego
para
una vez

Verbos

ofrecer
pasar
regatear

Adjetivos

amarillo(a)
aquel(la)
ese(a)
este(a)
fresco(a)
lleno(a)
rojo(a)
verde

Conservas

el aceite
una lata de atún
una lata de sopa

Frutas

una banana
una ensalada de frutas
la fresa
un limón
una manzana
una naranja
una pera
una uva

Vegetales

una cebolla
una ensalada de vegetales (verde)
un guisante
la lechuga
el maíz
una papa
un tomate
una zanahoria

Lectura CULTURAL

EL MERCADO DE LOS AZTECAS QUE VIO HERNÁN CORTÉS

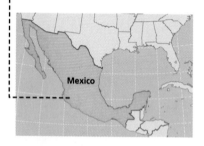

Mexico

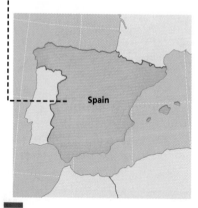

Spain

Antes de leer

1. Look at the picture on page 418 and the title of the passage. What do you think it is going to be about?
2. Who are some of the first people from Europe to explore the New World?
3. What do you know about Spain's role in this exploration?

Guía para la lectura

A. Read the first paragraph to determine . . .
   1. who is being talked about.
   2. what this person sent to the emperor of Spain.
   3. what the next two paragraphs will be about.

B. Read the second paragraph and find . . .
   1. the names of two cities.
   2. the number of people who went to the Aztec market.

C. Now read the last paragraph and make a list of things sold at the market. Did you find at least five items?

El mercado de los aztecas que vio Hernán Cortés

En 1519, cuando el conquistador Hernán Cortés y sus hombres llegaron a Tenochtitlán, una ciudad de 300.000 habitantes, vieron maravillosos edificios de piedra, pirámides, templos, palacios y torres. Ésta era la capital del imperio azteca. En sus cartas al emperador de España, Cortés describió la gran ciudad. Esta descripción del mercado que vio Cortés viene en parte de una de estas cartas.

La ciudad de Tenochtitlán es grande y admirable. Es más grande que Granada en España, cuando tomamos esa ciudad en 1492. Tiene muchos edificios más y mucha más gente. Hay en la ciudad de los aztecas un mercado en que todos los días hay 30.000 personas o más que venden y compran.

Este mercado tiene muchas cosas de la tierra como pan, carne, aves, y muchos vegetales y muchas otras cosas buenas que los aztecas comen. También hay cosas como ropa y zapatos. Hay joyerías de oro y plata, piedras preciosas y plumas. Todas las cosas son de tan buena calidad como puede ser en todas las plazas y mercados del mundo y las personas que van allí son gente de toda razón y buena conducta.

18

¿QUÉ QUIERES COMPRAR?

—Quiero comprar zapatos nuevos.
—Pues, éstos son bonitos y no son caros.

Objectives:

>>> **M**aking purchases and choices

>>> **C**omparing things

Strategies:

>>> **B**rainstorming

>>> **C**omparing and contrasting

>>> **M**aking associations

PRIMERA ETAPA

Preparación

Look at the title and the drawings.

>> **W**hat do you think the name of the store below means?

>> **W**hat are some of the clothing items that are missing in the drawings? Do you know how to say *hat* in Spanish?

>> **W**hat kinds of things do you say when you make comparisons?

Learning Strategy:

Previewing

Critical Thinking Strategy:

Drawing inferences

Tienda "La Alta Moda"

Hoy sábado Mercedes y Sarita van de compras al centro comercial en El Paso, Texas. Ellas necesitan comprar un **regalo** para el cumpleaños de Rosa. También a ellas les gusta **ir de escaparates.**

gift
to window-shop

—Aquí tienen **ropa** muy moderna.

clothes

—¡Mira esta **falda azul**! ¡Qué linda!

blue skirt

—A Rosa le va a gustar ese color. Con este **cinturón negro** es muy bonita. Creo que le va a gustar.

black belt

—Sí, tienes razón. Perfecto. Ahora yo necesito un **vestido** para mí.

dress

—Aquí al frente hay una boutique muy elegante.

—Mm… entonces, **seguro** que es cara.

surely

—Vamos a ir de escaparates.

421

LOS COLORES

una camisa roja

un suéter azul

una chaqueta verde

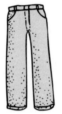

pantalones amarillos

una falda blanca

un impermeable negro

¡Aquí te toca a ti!

A. ¿Qué llevan hoy? In your job as fashion reporter for the school newspaper, you need to know what everyone is wearing. Describe each person's outfit in the drawings shown below and on page 423, following the model.

Modelo: *Luis lleva una camisa roja con unos pantalones blancos.*

Luis

1. Roberta

2. Nadia

3. Alfonso

4. Arturo

5. Olga

6. Esteban

B. *¿Dónde trabajas durante* (during) *las vacaciones?* You have decided to get a sales job this summer at a store in the local shopping center. Explain where you are working and what you sell. Follow the model.

> *Modelo:* tienda de música
> *Voy a trabajar en la tienda de música, y voy a vender discos compactos y cintas.*

1. papelería
2. tienda de deportes
3. tienda de música
4. tienda de ropa para mujeres
5. tienda de ropa para hombres
6. tienda de ropa para niños

C. *¿Qué ropa llevas a la fiesta?* You are trying to decide what to wear to the party tonight. Using the items of clothing on page 421 and your favorite colors, put together your outfit. Work with a partner. Be prepared to report back to the class. Follow the model.

> *Modelo:* —*¿Qué vas a llevar a la fiesta?*
> —*Voy a llevar unos patalones negros y un suéter rojo.*

Repaso

D. *En el mercado* You need to get fruits and vegetables to accompany your dinner. In pairs, play the role of the shopkeeper and the customer. Remember that all the produce is not available all year round. Before you begin, (1) make a list of what you want to buy. (2) Your partner will make a list of what is available. (3) Then create your own conversation, following the model.

> *Modelo:* —*Buenos días, señorita (señor). ¿Qué desea?*
> —*¿Tiene fresas?*
> —*Sí, ¿cuánto quiere?*
> —*Medio kilo, por favor.*
> —*Aquí tiene. ¿Algo más?*

Critical Thinking Strategy:

Making associations

Learning Strategy:

Describing based on personal information

Cooperative Learning

Learning Strategies:

Listing, negotiating

Critical Thinking Strategy:

Comparing

Pronunciación: The consonant *l*

The consonant **l** in Spanish is pronounced like the *l* in the English word *leak*.

Práctica

E. Escucha a tu maestro(a) cuando lee las siguientes palabras. Después repítelas para practicar la pronunciación.

1. lápiz
2. leche
3. listo
4. inteligente
5. papel

6. libro
7. luego
8. malo
9. abuela
10. fútbol

ESTRUCTURA

Expressions of comparison

Hoy hay **menos** clientes **que** ayer.	Today there are *fewer* customers *than* yesterday.
Estos discos compactos son **más** caros **que** ésos.	These CDs are *more* expensive *than* those.

1. To establish a comparison in Spanish, use these phrases:

más... que	*more . . . than*
menos... que	*less . . . than*

2. A few adjectives have an irregular comparative form and do not make comparisons using **más** or **menos.**

bueno / buen *(good)*	→	**mejor(es)** *(better)*
malo / mal *(bad / sick)*	→	**peor(es)** *(worse)*
joven *(young)*	→	**menor(es)** *(younger)*
viejo *(old)*	→	**mayor(es)** *(older)*

Estos vestidos son **mejores que** esas blusas.	These dresses are *better than* those blouses.
Yo soy **menor que** mi hermano.	I am *younger than* my brother.

Aquí practicamos

F. ¿Qué tienes?   You are in a bad mood today and disagree with everyone. Say the opposite of what you hear.

> **Modelo:**   Pedro tiene más cintas que Juan.
> *No, Pedro tiene menos cintas que Juan.*

1. Rafael tiene más dinero que José.
2. Anita tiene más amigas que Pilar.
3. Yo tengo más paciencia que tú.
4. Tomás tiene más camisas que Alfonso.
5. Tú tienes más faldas que yo.
6. Mi familia tiene más niños que tu familia.

G. ¿Cuál es mejor?   Express which one of the two items shown in the drawings would be a better addition to your wardrobe. Follow the model.

> **Modelo:**   falda roja / chaqueta negra
> *Para mí, una falda roja es mejor que una chaqueta negra.*

1.   2.   3.   4.

5.   6.   7.   8.

H. *Mis amigos y yo* Use the nouns provided to compare yourself to your friends. Use the expressions **más... que** and **menos... que.** Follow the model.

 Modelo: hermanas
Yo tengo menos hermanas que mi amiga Ana.

1. hermanos
2. tíos
3. amigos
4. radios

5. cintas
6. libros
7. dinero
8. bicicletas

Aquí escuchamos:
"¿Más o menos?"

Antes de escuchar

Review the expressions for making comparisons found in this **etapa.** Now look at the true/false statements in preparation for listening to the conversation.

Después de escuchar

Decide whether the following statements are true or false. If something is false, provide the correct information according to the conversation.

1. Patricia sees a blue blouse that costs $55.
2. The blue blouse is more expensive than the green one.
3. The green blouse is prettier than the blue one.
4. Patricia has a lot of money and doesn't care about the cost of the blouses.

5. Elena sees some blouses on sale that cost less than the other blouses.
6. Patricia doesn't like the white blouse.
7. Patricia says that she is going to buy a black skirt.

EJERCICIO ORAL

I. Mis parientes (relatives)   Using the vocabulary that you have learned in earlier chapters, tell your classmates how many grandparents, aunts, uncles, cousins, brothers, and sisters you have. As you mention the different numbers, a classmate says that he or she has more or fewer than you. Follow the model.

//-//-//-//-//-//-//-//-//-//

Critical Thinking Strategy:

Comparing and contrasting

Tú:	*Yo tengo tres hermanos.*
Compañero(a):	*Yo tengo menos hermanos que tú.*
	Tengo un hermano.

EJERCICIO ESCRITO

J. La vida de la gente famosa   You are a reporter for the school paper and are responsible for this month's gossip column. Imagine that you have interviewed several celebrities and are comparing their lifestyles. Choose your own celebrities and write a series of eight comparisons in all. Be prepared to read them back to the class.

//-//-//-//-//-//-//-//-//-//

Learning Strategies:

Listing, describing

Critical Thinking Strategies:

Evaluating, analyzing, comparing and contrasting

Modelo: *Jay Leno tiene más _____*
que David Letterman. Paula Abdul
es menos _____ que Diana Ross.

SEGUNDA ETAPA

Preparación

//-//-//-//-//-//-//-//
Learning Strategy:
Previewing

>> **W**here do you usually go to buy shoes?

>> **W**hat kind of shoes do you like to wear most?

>> **W**hat questions do you usually ask at a shoestore?

Zapatería "El Tacón"

¡Aquí te toca a ti!

A. *En la zapatería*   You need to get some new shoes. When the clerk asks you, tell him or her what you want to see. Take turns with your partner in playing the role of the clerk. Follow the model.

> —*¿En qué puedo servirle?*
> —*Quisiera ver unos zapatos de tacón.*

B. *¿Qué número?*   Now go back to Activity A and give your shoe size to the clerk. Use your European size. Refer to the chart on page 431 for sizes.

> —*¿En qué puedo servirle?*
> —*Quisiera ver unos zapatos de tenis.*
> —*¿Qué número?*
> —*Cuarenta y tres, por favor.*

Learning Strategy:

Reading a chart

Repaso

C. *La ropa de María y Marta*   Use the information provided in the following chart to make comparisons about María's and Marta's clothes. Remember the expressions for comparison **más... que** and **menos... que.** Follow the model.

Critical Thinking Strategy:

Comparing

> *Modelo:*   *María tiene menos camisetas que Marta.*

	María	Marta
CAMISETAS	5	6
FALDAS	2 faldas cortas 1 falda larga 2 faldas negras	1 falda azul 1 falda amarilla
VESTIDOS	1 vestido de fiesta 1 vestido rojo 1 vestido verde	1 vestido de fiesta 4 vestidos rojos 1 vestido verde
SUÉTERES	5	4
CINTURONES	1	3
PANTALONES	4	2

ESTRUCTURA

Expressing equality

To express equality in Spanish, use the phrase **tan** + adjective / adverb + **como** = *as . . . as.*

El carrito de Roberto está **tan** lleno **como** el de Ricardo.	Robert's shopping cart is *as* full *as* Richard's.
Margarita compra **tan** frecuentemente **como** Linda.	Margarita shops *as* frequently *as* Linda.

Another way to make comparisons in Spanish is with the words **tanto** and **como**. **Tanto** and **como** are used with nouns, as in these examples.

Este señor compró **tanta** mercadería **como** esa señora.	This man bought *as* much merchandise *as* that woman.
Laura compró **tantos** huevos **como** Sonia.	Laura bought *as* many eggs *as* Sonia.

> **tanto(a)** + noun + **como** = *as much* + noun + *as*
> **tantos(as)** + noun + **como** = *as many* + noun + *as*

The words **tanto(a)/tantos(as)** agree in gender and number with the nouns that follow.

Aquí practicamos

D. Los gemelos   Because they are identical twins, Nicolás and Andrés are the same in almost every way. Compare them using the cues given. Follow the model.

 alto
Nicolás es tan alto como Andrés.

1. inteligente	**3.** bueno	**5.** bajo	**7.** guapo
2. gordo	**4.** energético	**6.** simpático	**8.** divertido

E. Nicolás come tanta comida como Andrés.   The twins' mother is always careful to serve them exactly the same amount of food. Describe what they have on their plates, using the cues on page 431. **¡OJO!** *(Watch out!)* Don't forget to use the correct form of **tanto.**

 helado
Nicolás tiene tanto helado como Andrés.

1. papas fritas
2. pescado
3. carne
4. galletas

5. queso
6. fruta
7. pastas
8. pollo

F. *¡Yo soy mejor que tú!* Some people always think that they are the best. With a classmate, have a bragging contest. Use the cues and your imagination. Follow the model.

Critical Thinking Strategy:

Comparing

> **Modelo:** mi casa / bonita
> —*Mi casa es tan bonita como la casa del presidente.*
> —*No importa.* (That doesn't matter.) *Mi casa es más bonita que la casa del presidente.*

1. mis notas / altas
2. mi madre / inteligente
3. mi hermana / bonita
4. mi padre / importante
5. mi tío / rico
6. mi hermano / divertido

COMENTARIOS CULTURALES

Tallas internacionales

Shoe sizes are different in Spain and Latin America than they are in the U.S.

Men's shoes

U.S.	8	9	10	11	12	13
Spain	41	42	43	44	45,5	47

Women's shoes

U.S.	4 1/2	5 1/2	6 1/2	7 1/2	8 1/2	9 1/2
Spain	35,5	36,5	38,5	39,5	40,5	42

 ¿Qué crees?

If you go shopping in Mexico City, in which place would you bargain?

a) supermarket
b) drug store
c) open-air market
d) department store

respuesta

Aquí escuchamos:
"¿De qué talla?"

Antes de escuchar

Review the expressions of equality found in this **etapa**. Now look at the questions to anticipate the content of the conversation you will hear between a shoe salesman and a customer.

START

LOS COMPAÑEROS
EN EL INTERIOR

27 AL 35   35   36   37

c

Después de escuchar

Choose the statement that best matches the information provided in the conversation.

1. Francisco wants to buy . . .
   a. a pair of brown shoes.
   b. a pair of black shoes.
   c. a pair of white shoes.
2. Francisco's shoe size is . . .
   a. 10 to 10 1/2.
   b. 9 to 9 1/2.
   c. 11 to 11 1/2.
3. The price of the first pair of shoes that the salesman brings out is . . .
   a. $85.
   b. $65.
   c. $75.

4. The problem with the first pair of shoes is that . . .
   a. they are the wrong color.
   b. they are not the right size.
   c. they are too expensive.
5. The second pair of shoes costs . . .
   a. more than the first pair.
   b. the same as the first pair.
   c. less than the first pair.
6. Francisco is most concerned about . . .
   a. the price of the shoes.
   b. the style of the shoes.
   c. the brand name of the shoes.

¡Adelante!

EJERCICIO ORAL

G. *¿Cuánto cuesta todo esto* (all this)? Work with a partner. You need new shoes, socks, and a bag for this season. You have $40 to spend. On page 434 are the ads for two different shoe stores. Compare their prices and decide where you can get the best deals and what you can buy without going over the limit. Follow the model.

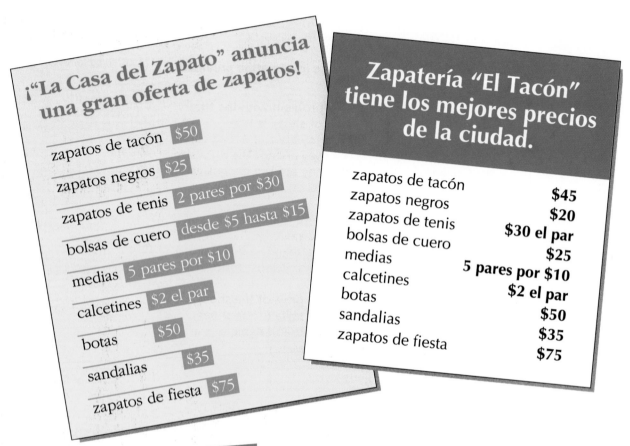

¡"La Casa del Zapato" anuncia una gran oferta de zapatos!

zapatos de tacón $50

zapatos negros $25

zapatos de tenis 2 pares por $30

bolsas de cuero desde $5 hasta $15

medias 5 pares por $10

calcetines $2 el par

botas $50

sandalias $35

zapatos de fiesta $75

Zapatería "El Tacón" tiene los mejores precios de la ciudad.

zapatos de tacón	$45
zapatos negros	$20
zapatos de tenis	$30 el par
bolsas de cuero	$25
medias	5 pares por $10
calcetines	$2 el par
botas	$50
sandalias	$35
zapatos de fiesta	$75

Modelo: *Los zapatos de tacón son más caros en "La Casa del Zapato". Los zapatos de fiesta cuestan tanto en "La Casa del Zapato" como en la zapatería "El Tacón".*

EJERCICIO ESCRITO

H. **Comparaciones** With your partner, (1) discuss the differences between two quite different stores with which you are both familiar. Consider such factors as location (**la localidad**), prices (**los precios**), service (**el servicio**), merchandise quality (**la calidad**), brand names (**las marcas**), sizes (**las tallas**), variety of departments or offerings (**la variedad disponible**), customers (**la clientela**), background music (**la música de fondo**), etc. (2) Make a list of at least four differences between the two stores. (3) Then decide on three items that you would prefer to purchase in each store.

Vocabulario

Para charlar

Para hacer comparaciones

mayor
más… que
mejor
menor
menos… que
peor

Para establecer igualdad

tan / tanto… como

Temas y contextos

Una tienda de ropa

un abrigo
una blusa
una camisa
una camiseta
una chaqueta
un cinturón
una falda
un impermeable
unos pantalones
un suéter
un vestido

Una zapatería

una bolsa de cuero
una bota
unos calcetines
unas medias
unas sandalias
un zapato
un zapato de tacón
un zapato de tenis

Vocabulario general

Sustantivos

una boutique
la moda

Verbos

llevar

Adjetivos

azul
blanco
moderno(a)
negro
seguro(a)

*L*ectura
CULTURAL

Spain

INÉS SASTRE, SUPERMODELO ESPAÑOLA

////-//-//-//-//-//-//

Learning Strategies:

Previewing, brainstorming, reading for main ideas, using cognates and context for meaning

Antes de leer

1. Look at the photos that accompany this reading. What do you think it will be about?
2. Are you familiar with names of some of the famous people who do this sort of work?
3. Now look at the title. What is the person's name and what country is she from?

**izquierda: Claudia Schiffer;
derecha: Naomi Campbell**

Guía para la lectura

A. Look at the subtitles of the text. Make a prediction about what you think will be the topic of each subdivision.

1.   # 2.   # 3.

B. Read the first paragraph and find three names. Where are these women from?

C. Now read the second paragraph to determine . . .
1. why Inés Sastre is so famous.
2. what three countries are mentioned.

D. Read the third paragraph and answer the following questions.
1. How old is Inés Sastre?
2. Where was she born?
3. What movie did she appear in?

Inés Sastre, supermodelo española

Club de famosas

oy día, las supermodelos son tan univer-salmente famosas como las estrellas de cine y los músicos "pop". En las revistas de todo el mundo vemos las fotos de la alemana Claudia Schiffer, la esta-dounidense Cindy Crawford y la inglesa Naomi Campbell. Muy pronto, una modelo española va a formar parte de este "club de famosas" en el mundo de la moda.

Una entre mil

Recientemente, la compañía cosmética Max Factor selec-cionó a Inés Sastre entre más de mil modelos para represen-tar su nueva línea de productos de belleza en Europa, Estados Unidos y Japón. Nos dice: "Me llamaron en París para hacer la primera prueba. Al poco tiempo me invitaron a hacer el primer anuncio en Nueva York. Obviamente éste es un momento muy importante en mi carrera".

Éxito

¿Quién es esta española que tan joven tiene tanto éxito? Inés Sastre sólo tiene 19 años. Nació en Madrid, que todavía es su ciudad preferi-da. A la edad de 13 años fue actriz en la película *El dorado.* Empezó a trabajar como modelo y a los 16 años recibió un prestigioso premio internacional: "The Look of the Year", de la agencia de modelos Elite. Ahora participa en los más importantes desfiles de moda en su país y en el resto de Europa.

Aqui leemos

Estrategia para la lectura

In this unit you can practice all your reading skills. Any piece of writing is designed to be read for a particular purpose. If you keep the purpose in mind, you can use your background knowledge and the context to help you predict and understand the content. As you know, cognates are very helpful to English readers of Spanish. But good readers use them carefully because false cognates can mislead you. By combining all your sources of information, you can make the best guesses about content.

Antes de leer

The reading in this unit is related to shopping. Before looking at it, think about your own shopping experiences and answer these questions.

>> **W**hen you go into a department store, how do you know where to find the articles you need? By browsing? By looking at a store directory?

>> **H**ow are store directories organized? What are four or five categories you expect on a store directory?

>> **W**hat store departments are most familiar to you? What Spanish words do you know that are related to those departments?

On page 439, you'll see a directory from **El Corte Inglés,** a famous department store in Madrid. You can read it just like anyone else who would be shopping in the store. But, like anyone else, you would probably have particular items in mind that you want to look for. No one ever reads such a directory in detail from top to bottom! So on the first reading, just try to get a general idea of what is offered in this store and of how the store is organized. Look for cognate words that can help you understand the directory. Then do the **Actividades**, which will instruct you to find particular information.

Departamentos:
Tejidos. Boutique. Mercería. Sedas. Lanas. **Supermercado.** Alimentación. Limpieza. **Imagen y Sonido.** Hi-Fi. Ordenadores. Radio. TV. Vídeos. Librería. Palelería.

1.er SOTANO

Servicios:
Patrones de moda. Revelado rápido de Fotografías. Consultorio Esotérico.

Departamentos:
Complementos de Moda. Perfumería y Cosmética. Joyería. Bisutería. Bolsos. Fumador. Marroquinería. Medias. Pañuelos. Relojería. Sombreros. Turismo. Fotografía.

PLANTA BAJA

Servicios:
Reparación relojes y joyas. Estanco. Quiosco de Prensa. Información. Servicio de Intérpretes. Objetos perdidos. Optica 2000. Filatelia y Numismática. Empaquetado de Regalos.

Departamentos:
Hogar Menaje. Artesanía. Cerámica. Cristalería. Cubertería/Accesorios Automóvil. Bricolaje. Loza. Orfebrería. Porcelanas (Lladró, Capodimonte). Platería. Regalos. Vajillas. Saneamiento. Electrodomésticos. Muebles de Cocina.

1.a PLANTA

Servicios:
Reparación de Calzado. Plastificado de Carnet. Duplicado de llaves. Grabación de objetos. Floristería. Listas de Boda.

Departamentos:
Niños/as. (4 a 10 años) Confección. Boutiques. Complementos. Juguetería. **Chicos/as.** (11 a 14 años) Confección. Carrocería. Canastillas. Regalos bebé. Zapatería bebé. **Zapatería.** Señoras, Caballeros y Niños.

2.a PLANTA

Servicios:
Estudio Fotográfico y realización de retratos.

Departamentos:
Confección Caballeros. Confección. Ante y Piel. Boutiques. Ropa Interior. Sastrería a Medida. Artículos de Viajes. Complementos de Moda. Zapatería. Tallas Especiales.

3.a PLANTA

Servicios:
Unidad Administrativa (Tarjeta de compra El Corte Inglés. Venta a plazos. Envíos al extranjero y nacionales. Devolución I.V.A. Post-Venta). Peluquería Caballeros y Niños. Centro de Seguros. Agencia de Viajes.

Departamentos:
Señoras. Confección. Punto. Peletería. Boutiques Internacionales. Lencería y Corsetería. Futura Mamá. Tallas Especiales. Complementos de Moda. Zapatería. Pronovias.

4.a PLANTA

Servicios:
Peluquería Señoras. Conservación de pieles.

Actividades

A. Look for these familiar-looking words in the department headings on page 439. Examine the list of merchandise included under each one and guess the best English equivalent for the heading. The best one will not be the English word it most resembles!

1. complementos
2. confección

B. Look more carefully at the lists of departments and services offered on each floor, or **planta.** Then, answer the questions.

1. What do the services and merchandise on the **cuarta planta** have in common?
2. What do the services and merchandise on the **segunda planta** have in common?
3. On which levels can you buy shoes?
4. How many hair salons (**peluquerías**) are there? Why are they located where they are?

C. Imagine that you have come to **El Corte Inglés** to buy the following items. Where do you go? For each item, write the name of the department and the **planta** on which it is located.

1. Necesitas un par de zapatos nuevos.
2. Quieres revelar tus fotografías.
3. No sabes cómo explicarle al dependiente que quieres las fotografías en colores. Necesitas un intérprete.
4. Quieres un regalo para tu hermano de 5 años.
5. Necesitas comprar fruta para el viaje en tren.

Ya llegamos

Actividades orales

A. *Mi ropa*   You and your mother go shopping. Tell her what you hope to buy and the colors and combinations you like. Work in pairs and take turns playing each role.

B. *La música*   Explain to your partner the type of music you like, the singers or groups you like to listen to, and whether you prefer cassettes or CDs. Find out your partner's preferences, too.

C. *¡Celebremos con fiesta!*   You and your classmates are organizing a Spanish Club party to celebrate the end of the school year. The class should form planning teams of three to five students each, and the team coming up with the proposal accepted by the entire class will have their tickets to the party paid for by the class.

You should plan: (1) the location of the party (private home, park, local youth club or camp); (2) the menu (snacks, picnic, or seated meal, as well as drinks); (3) the activities (team sports, swimming, sing-a-long, dancing); (4) the music (types of music represented, how delivered); and (5) what you recommend people wear (based on planned activities). Consider the maximum amount per student you will need to charge. Don't forget to allow enough in your budget to pay for the winning team members!

First, (1) discuss your group's general preferences in the five categories mentioned above; then, (2) come to an agreement and (3) set a budget for each area; and finally, (4) assign a student to be in charge of each category. Each of these students should take notes about the group's preferences and develop a list of things that need to be done or purchased. If appropriate, estimate the cost for your area(s) of responsibility.

Refine your plans as a group in the form of a presentation to the whole class. Make your presentation appealing and convincing . . . you want your team's proposal to win!

Cooperative Learning

Learning Strategies:

Organizing and revising a project, negotiating, budgeting, estimating, organizing and delivering a group presentation

Critical Thinking Strategy:

Persuading

Actividades escritas

D. Vamos de picnic   You are planning a picnic with four friends. Plan what you want to eat and drink. Decide which person will buy what. Write up the shopping list.

E. Fui de compras   Write a note to a Spanish-speaking friend describing a recent shopping trip and the various purchases you made.

F. ¿Qué vas a comprar?   Plan a shopping trip to four different stores, writing down the items that you would like to purchase at each store.

—A mí me gustan estos pantalones. ¿Qué te parece?
—Me gustan, pero no quiero comprarlos ahora.

Conexión

El tipo de cambio

AL EMPEZAR

Shopping in another country requires knowledge of that country's currency, or monetary system. The following passage discusses el **tipo de cambio**, or the exchange rate.

EL TIPO DE CAMBIO

money; currency

Cuando la gente quiere comprar algo en otros países es necesario cambiar la **moneda** de su país por la moneda del otro. El tipo de cambio determina el valor de la moneda de un país respecto a la moneda del otro, indicando la cantidad que se puede comprar. Por ejemplo, si se pueden cambiar 125 pesetas españolas por un dólar ($1) estadounidense, un español que viaja a Nueva York con 400 pesetas tiene tres dólares estadounidenses para **gastar** durante su visita. También el norteamericano que llega a Madrid con $3 sale de la casa de cambio con 400 pesetas.

spend

El tipo de cambio varia de día en día, basándose en la demanda internacional de las monedas. El siguiente esquema indica el tipo de cambio en dólares estadounidenses del 29 de abril de 1995. Se multiplica la cantidad de moneda extranjera por el tipo de cambio del mismo país para determinar el valor en dólares (U.S.).

EL TIPO DE CAMBIO

País (moneda)	Cantidad		Tipo de cambio		Valor en dólares (U.S.)
Japón (el yen):	100	X	0,01193	=	$1,19
Canadá (el dólar):	100	X	0,738	=	$73,80
España (la peseta):	100	X	0,008127	=	$00,81
México (el peso):	100	X	0,168067	=	$16,80
Argentina (el peso):	100	X	1,0000	=	$100,00
Ecuador (el sucre):	100	X	0,000407	=	$00,04
Colombia (el peso):	100	X	0,001141	=	$00,11
Venezuela (el bolívar):	100	X	0,0059	=	$00,59
Chile (el peso):	100	X	0,0025	=	$00,25
Perú (el sol):	100	X	0,444	=	$44,44

ACTIVIDAD

Paso 1: Reading a chart is not difficult if you approach the task in an organized way. Refer to the chart above.

1. ¿Cuál es el título del esquema?
2. ¿Qué hay en la primera columna? ¿la segunda? ¿la tercera? ¿la cuarta?
3. ¿Es importante el orden de las columnas? ¿Por qué?

Paso 2: Use the chart to answer the following questions.

1. ¿Cuánto valen 100 dólares canadienses en los Estados Unidos?
2. ¿Cuánto valen 100 soles peruanos en los Estados Unidos?
3. ¿Cuánto valen $16,80 (U.S.) en México?
4. ¿Cuánto valen 81 **centavos** (U.S.) en España?   cents
5. Jaime quiere gastar los 200 bolívares que tiene. ¿Dónde está Jaime?

Critical Thinking Strategies

The numbers in parentheses on pages 446–448 refer to the chapter in which the strategy is found.

Analysis

The separation of a whole into its identifiable parts

Analyzing

Examining an object or an idea, studying it from every angle to see what it is, how it works, how many similarities and differences it has from other objects or ideas, and how its parts relate or fit together.
> Analyzing (3, 7, 9, 13, 16, 17, 18)
> Analyzing differences (7)
> Analyzing degrees of commonality and difference (15)

Categorizing

Organizing information into groups with similar qualities or attributes.
> Categorizing (5, 8, 14, 17)
> Classifying (3, 7)

Comparing and contrasting

Looking for similarities and/or differences between ideas, people, places, objects, and situations.
> Comparing and contrasting (1, 2, 3, 4, 5, 6, 7, 8, 9, 10, 11, 12, 13, 14, 16, 18)
> Comparing and contrasting results from different samplings (5)
> Distinguishing between different number sets (7)

Making associations

Using an idea, person, event, or object to trigger the memory of another. Seeing relationships between two or more things.
> Making associations (3, 4, 6, 7, 9, 10, 16, 18)
> Associating personal likes and sports (16)
> Associating possessions with activities (4)

Sequencing

Arranging details in order according to specified criteria.
> Sequencing (8, 11, 12)

Synthesis

The combining of separate elements to form a unified, coherent whole

Drawing inferences

Conjecturing logical, possible explanations or reasons for choices, actions, events, or situations.
> Drawing inferences (3, 4, 18)

Hypothesizing

Making an assertion as a basis for reasoning or argument
> Hypothesizing (7)

Predicting

Expecting behavior, actions, or events based on prior experience and/or available facts.
> Predicting (1, 4, 5, 10, 11, 12, 13, 14, 15, 16, 17)

Seeing cause-and-effect relationships

Anticipating a logical result from an action or event.
> Seeing cause-and-effect relationships (6, 7, 9)

Synthesizing

Pulling together pieces of information and ideas to create a new whole.
> Synthesizing (4, 9)

Evaluation

Determination of worth; judgment; appraisal.

Determining preferences

Making personal value judgments.
> Determining preferences (4, 5)
> Expressing preferences (7, 16, 17, 18)
> Expressing opinion (17)

Evaluating

Determining worth; judging.
> Evaluating (3, 4, 7, 9, 11, 12, 13, 14, 15, 16, 17, 18)
> Evaluating based on personal taste (16)
> Evaluating preferences (14)
> Making judgments (2, 10)

Prioritizing

Establishing precedence in order of importance or urgency; determining relative value.
> Prioritizing (1, 4, 5, 8, 9, 10, 11, 12, 16, 17, 18)

Learning Strategies

Receptive Strategies

Active listening (1, 2, 7, 12)
Asking for information (7)
    Asking questions (7, 8, 13)
    Requesting information (1, 4, 5, 6, 8, 9, 10, 12, 13, 14, 17)
Drawing meaning from context and organizing information (12)
    Contextualizing (4)
    Drawing meaning from key words (9)
    Synthesizing structures and vocabulary in context (1)
    Using cognates for meaning (15)
    Using cognates and context for meaning (17, 18)
Listening for details (1, 3, 4, 5, 6, 7, 8, 9, 10, 11, 12, 13, 14, 15, 16, 17, 18)
Listening for main ideas (3, 5, 6, 8)
Previewing (1, 2, 3, 4, 5, 6, 7, 8, 9, 10, 11, 12, 13, 14, 15, 16, 17, 18)
Reading a calendar (10)
Reading a chart (6, 7, 18)
Reading a graph (5, 6, 7, 9, 12)
Reading a map (7, 8, 9, 11)
Reading a schedule (11)
Reading for cultural information (1, 3, 6, 7, 8, 9, 10, 11, 12, 14, 15, 16, 17)
Reading for details (2, 3, 4, 7, 8, 10, 11, 13, 14, 15, 16, 17)
    Reading for ideas (4)
    Scanning for cognates (16)
    Scanning for details (3, 4, 7)
Reading for main ideas (7, 13, 17, 18)
    Reading for gist (9)
    Skimming for gist (3)

Productive Strategies

Describing (18)
    Describing based on personal information (18)
    Describing spatial relationships (8)
Expressing preferences (7, 16, 17, 18)
    Expressing opinion (17)
Identifying (1)

Listing (1, 3, 4, 5, 7, 8, 9, 10, 11, 12, 13, 14, 15, 16, 17, 18)
Providing information (3, 4, 5, 6, 8, 9, 10, 12, 13, 14, 17)
Reporting (4, 5, 7, 8, 9, 12, 15, 16)
    Reporting based on personal knowledge (15, 16)
    Reporting based on visual information (4, 13, 15, 17, 18)

Organizational Strategies

Analyzing information (13)
Brainstorming (1, 3, 7, 9, 10, 11, 13, 14, 15, 16, 17, 18)
Collecting information (4, 13)
    Compiling information (9)
    Completing a chart (6, 13)
    Gathering information (4)
    Making observations from a survey (3)
    Organizing notes in a chart (2, 9)
    Recording information on a chart (4, 7, 13, 14, 16, 18)
    Taking notes (6, 8, 9, 11, 12)
    Taking notes in a chart (4, 5, 7, 10, 12, 13, 14, 15, 16)
Determining sequence (8)
Interviewing (2, 3, 5, 6, 7, 9, 10, 13, 14, 15, 16, 17)
Linking ideas in a paragraph (5)
Making plans (3, 10)
Organizing and giving directions (8, 10, 11)
Organizing ideas (1, 7, 8, 9, 10, 11, 14)
    Organizing details in a sequence (14)
    Organizing ideas and tasks (9)
    Organizing ideas in a matrix (17)
    Organizing ideas in a paragraph (15, 16)
    Organizing information (4, 5, 12)
    Organizing information in a chart (13)
    Organizing information in a letter (13)
Organizing and revising a schedule (12)
    Recording a schedule (11)
    Scheduling (9)

Multitasking Strategies

Making an oral presentation (4)
Negotiating (4, 7, 9, 10, 11, 12, 14, 16, 17, 18)
    Negotiating a response (9)
    Reaching an agreement for a report (5)
Paraphrasing (5)
Peer tutoring (4)
Persuading (9, 12)
Polling (3, 4, 5, 6, 7, 12)
Proofreading (9)
Researching (12)
Selecting and giving personal information (14)
Summarizing (5, 8)
Supporting an opinion (2, 7, 8, 12, 16, 17)
Supporting choices (7)
Verifying (11, 12)

Reading Strategies

Predicting

When you predict, you use what you already know about a topic, person, or event. Using what you already know helps you make a logical prediction which, in turn, helps you to focus on the material you are reading. You make a prediction and then you read to check if your prediction is correct. (1, 2, 6, 10, 13, 17, 18; Unit 1, 2)

Previewing

By looking over the whole reading before you start to read it, you begin to get a sense of what it may be about. There are several ways to do this.

Using the title to predict meaning

Look at the title and ask yourself questions about it. Then predict answers to your questions. (1, 2, 3, 4, 5, 6, 7, 8, 9, 10, 12, 13, 14, 17; Unit 1, 5)

Activating background knowledge

Recall what you already know about the topic. (1, 5, 8, 9, 11, 12, 14, 16, 17, 18; Unit 3, 6)

Using photos, art work, and illustrations to predict meaning

Look at the pictures and predict what the reading is about. (1, 2, 3, 4, 5, 6, 7, 8, 9, 10, 11, 12, 13, 14, 15, 16, 17, 18; Unit 1, 3, 5)

Skimming

Look quickly at the reading to get the gist of its content, determining what kind of text it is. It may be a description, a narration, a comparison, a characterization, etc. (2, 5, 6, 10, 12; Unit 1, 5, 6)

Scanning

Look quickly for specific information, letting your eyes move quickly down the page. Don't worry about every word. Slow down when you see words or phrases that might be important to you. Look for clues in the text, such as names, dates, numbers, etc., to help you see what kind of information is being presented. (1, 4, 5, 6, 7, 8, 9, 10, 11, 12, 15, 16, 18; Unit 1, 3, 4, 5, 6)

Cognate recognition

Cognates are words that look alike in two languages, for example, **hospital, universidad, moderno,** etc., shared by Spanish and English. There are cognates, however, whose meaning is not what it at first appears to be, for example **lectura** does not mean lecture but reading. (3, 4, 7, 11, 14; Unit 2, 3, 5, 6)

Finding main ideas

Main ideas are the central or most important ideas contained in a reading. It may have many related ideas, but one or two ideas are usually the most important of all. (4, 12, 13, 18; Unit 2)

Using context to guess meaning

Sometimes you can figure out the meaning of a difficult word by looking at the context, —the other words and expressions in the sentence or nearby sentences. Look at these cues to help you. (18; Unit 1, 2, 4, 6)

Paraphrasing

When you paraphrase, you put information and ideas into your own words. If you stop and paraphrase while you are reading, you can check your comprehension as you go along. Paraphrasing after you finish reading is a good way to check your understanding and help you to remember ideas and information. (9, 15; Unit 2)

Taking notes in a chart

Taking notes as you read helps you organize and remember important information. When you take notes, write down the most important information only. One type of chart you might use may have the main ideas in one column and the details in another column. (1; Unit 5)

Glossary of Functions

The numbers in parentheses refer to the chapter in which the word or phrase may be found.

Greeting / taking leave of someone

¡Hola! (1)
Buenos días. (1,2)
Buenas tardes. (1)
Buenas noches. (1)
¿Cómo estás? (1)
¿Cómo está(n) Ud(s).? (2)
¿Cómo te va? (1)
¿Qué tal? (1)
Muy bien, gracias. (1,2)
Bien gracias. ¿Y tú? (1)
(Estoy) bien, gracias. ¿Y Ud.? (2)
Más o menos. (1)
Adiós. (1)
Chao. (1)
Hasta luego. (1)
Saludos a tus padres. (2)

Introducing someone

Te presento a… (1)
Quisiera presentarle(les) a… (2)
Mucho gusto. (1)
Encantado(a). (2)
Me llamo… (4)
Se llama… (6)

Being polite

Por favor… (1)
(Muchas) gracias. (1)
De nada. (1)
Sea(n) Ud(s). … (8)
Vaya(n) Ud(s). … (8)

Talking about preferences

(No) me / te / le / les / nos gusta(n). (1,16)
Me / te / le / les / nos encanta(n). (16)
¿Cuál quieres? (17)
¿Cuál prefieres? (17)
¿Qué te gusta más? (5)
Me gusta más… (5)
Prefiero… (11)
Sí, tengo ganas de… (10,15)

Ordering / taking orders for food or drink

Vamos al café. (1)
Vamos a tomar algo. (1)
¿Qué van a pedir? (3)
¿Qué desea(n) tomar? (1)
¿Y Ud.? (1)
Yo quisiera… (1)
Voy a comer… (1)
Para mí… (1)
Aquí tiene(n). (1)
¡Un refresco, por favor! (1)

Commenting about food

¡Qué bueno(a)! (3)
¡Qué comida más rica! (3)
¡Qué picante! (3)
¡Es riquísimo(a)! (3)
¡Es delicioso(a)! (3)

Identifying personal possessions

¿De quién es / son? (4)
Es / Son de… (4)

Getting information about other people

¿De dónde eres / es? (3)
¿Dónde vive? (6)
¿Cuántos(as)… ? (6)
¿Por qué… ? (6)
¿Qué… ? (6)
¿Quién… ? (3,6)
¿Cómo es / son? (6)
Está casado(a) con… (6)
¿Cuántos años tienes? (7)
Tiene… años. (7)
Vive en… (4)
Es de… (3)
Pregúntales a los otros. (12)

Expressing frequency / time

a menudo (7)
de vez en cuando (7)
en otra oportunidad (7)

nunca (7)
rara vez (7)
una vez al año (9)
algún día (12)
como de costumbre (11)
una vez (17)
cada domingo (6)
todos los días (6)
la semana entera (11)
por unos minutos (13)
  una hora (13)
  un día (13)
  dos meses (13)
  tres años (13)

Telling time

¿Qué hora es? (9)
¿A qué hora? (9)
¿Cuándo? (9)
a las cinco de la mañana (9)
a la una de la tarde (9)
desde... hasta... (9)
entre... y... (9)
al mediodía (9)
a la medianoche (9)
ahora (9)

Asking for / giving directions

¿Cómo llego a... ? (8)
¿Dónde está... ? (8)
¿Está lejos / cerca de aquí? (8)
Allí está... (3)
Cruce la calle... (8)
Doble a la derecha. (8)
  a la izquierda. (8)
Está al final de... (8)
  al lado de... (8)
  cerca de... (8)
  delante de... (8)
  detrás de... (8)
  entre... y... (8)
  en la esquina de... (8)
  frente a... (8)
  lejos de... (8)
Tome la calle... (8)
Siga derecho por... (8)

Making plans to go out / to go into town

¿Quieres ir conmigo? (10)

¿Para qué? (10)
Tengo que... (10)
¿Cuándo vamos? (10)
¿Cómo vamos? (12)
¿Adónde vamos? (7)
Vamos a dar un paseo. (10)
  hacer un mandado. (10)
  ir de compras. (10)
  ver a un amigo. (10)
Vamos en autobús. (10)
  a pie. (10)
  en bicicleta. (10)
  en coche. (10)
  en metro. (10)
  en taxi. (10)
Vamos hoy. (10)
  esta mañana / tarde / noche. (10)
  mañana. (10)
  mañana por la mañana. (10, 11)
  el sábado por la noche. (10, 11)
¿Cuánto tarda en llegar a... ? (12)
Tarda diez minutos, como máximo. (12)

Taking the subway

Por favor, un billete sencillo. (11)
  un billete de diez viajes. (11)
  un metrotour de tres días. (11)
  un metrotour de cinco días. (11)
  una tarjeta de abono transportes. (11)
  un plano del metro. (11)
¿Dónde hay una estación de metro? (11)
¿Dónde bajamos del tren? (11)
Bajamos en... (11)
Cambiamos en... (11)
¿En qué dirección... ? (11)
¿Qué dirección tomamos? (11)
una línea (11)

Making travel plans

Quiero planear un viaje. (12)
Aquí estoy para servirles. (12)
¿En qué puedo servirles? (12)
¿Cuánto cuesta un viaje de ida y vuelta? (12)
  en avión? (12)
Es mucho—sólo tengo... pesetas. (12)
Tengo que hacer las maletas. (13)

Talking about the past

el año pasado (13)

el mes pasado   *(13)*
la semana pasada   *(13)*
el fin de semana pasado   *(13)*
el jueves pasado   *(13)*
ayer por la mañana   *(13)*
       por la tarde   *(13)*
ayer   *(13)*
anoche   *(13)*
anteayer   *(13)*
¿Cuánto hace que (no te veo)?   *(14)*
Hace (5 años) que (no te veo).   *(14)*
(José,) (no te veo) hace (5 años).   *(14)*

Talking about the present

Nos vamos ahora.   *(15)*
       ahora mismo.   *(15)*
       en este momento.   *(15)*
Estoy comiendo (estudiando, etc.).   *(15)*

Talking about the future

Pienso ir a…   *(11, 15)*
Espero hacer un viaje a…   *(13)*
Quiero…   *(15)*
Quisiera…   *(15)*
Tengo ganas de…   *(15)*
Voy a…   *(7)*
Vamos a ir de viaje esta semana.   *(11)*
              este año.   *(11)*
              este mes.   *(11)*
              la semana próxima.   *(11)*
              el mes próximo.   *(11)*
              el año próximo.   *(11)*
              mañana por la tarde.   *(10, 11)*

Expressing wishes and desires

Quiero…   *(11, 15)*
Tengo ganas de…   *(10, 15)*
Espero…   *(12, 15)*
Quisiera…   *(15)*

Making purchases

¿Cuánto cuesta(n)?   *(16)*
¿Qué precio tiene(n)?   *(16)*
¿No está en oferta?   *(16)*
A ver.   *(16)*
¡Super!   *(16)*
A sus órdenes.   *(16)*
Aquí tiene(n).   *(16)*
¿Cuántos hay?   *(4)*
¿Dónde hay…?   *(4)*

Aquí hay otro(a)…   *(3)*
No hay más.   *(16)*
¡Qué pena!   *(16)*
Voy a llevar…   *(16)*
(Tiene Ud.) buen ojo.   *(17)*
¿Qué necesita(n)?   *(16)*
Necesito(amos) un atado de…   *(17)*
              una botella de…   *(17)*
              una docena de…   *(17)*
              50 gramos de…   *(17)*
              un (medio) kilo de…   *(17)*
              una libra de…   *(17)*
              un litro de…   *(17)*
              un paquete de…   *(17)*
              un pedazo de…   *(17)*
¿Algo más?   *(16)*
Es todo por hoy.   *(16)*

Making comparisons

mayor que…   *(18)*
peor que…   *(18)*
mejor que…   *(18)*
menor que…   *(18)*
menos… que…   *(18)*
más… que…   *(18)*
tan / tanto… como…   *(18)*

Expressing disbelief

¿Verdad?   *(2)*
¿No?   *(2)*

Making plans to meet

¿Dónde nos encontramos?   *(9)*
¿A qué hora nos encontramos?   *(9)*
De acuerdo.   *(9)*
¡Claro (que sí)!   *(5, 10)*
Sí, puedo.   *(10)*
No, no puedo.   *(10)*
Lo siento.   *(7)*
Es imposible.   *(10)*

Answering the telephone

¡Bueno!   *(7)*
¡Hola!   *(7)*
¡Diga!   *(7)*
¡Dígame!   *(7)*

Verb Charts

SIMPLE TENSES

Infinitive	Present Indicative	Preterite	Commands
hablar to speak	hablo hablas habla hablamos habláis hablan	hablé hablaste habló hablamos hablasteis hablaron	habla (no hables) hable hablen
vivir to live	vivo vives vive vivimos vivís viven	viví viviste vivió vivimos vivisteis vivieron	vive (no vivas) viva vivan
Infinitive	Present Indicative	Preterite	Commands
aprender to learn	aprendo aprendes aprende aprendemos aprendéis aprenden	aprendí aprendiste aprendió aprendimos aprendisteis aprendieron	aprende (no aprendas) aprenda aprendan

COMPOUND TENSES

Present progressive	estoy estás está	estamos estáis están	hablando	aprendiendo	viviendo

SIMPLE TENSES

Infinitive Present Participle Past Participle	Present Indicative	Commands
pensar	pienso	piensa
to think	piensas	no pienses
e → ie	piensa	piense
pensando	pensamos	no penséis
pensado	penséis	piensen
	piensan	

SIMPLE TENSES

Infinitive Present Participle Past Participle	Present Indicative	Preterite	Infinitive Present Participle Past Participle	Present Indicative	Preterite
comenzar	comienzo	comencé	pagar	pago	pagué
(e → ie)	comienzas	comenzaste	to pay	pagas	pagaste
to begin	comienza	comenzó	g → gu	paga	pagó
z → c	comenzamos	comenzamos	before e	pagamos	pagamos
before e	comenzáis	comenzasteis	pagando	pagáis	pagasteis
comenzando	comienzan	comenzaron	pagado	pagan	pagaron
comenzado					

Infinitive Present Participle Past Participle	Preterite
tocar	toqué
to play	tocaste
c → qu	tocó
before e	tocamos
tocando	tocasteis
tocado	tocaron

SIMPLE TENSES

Infinitive / Present Participle / Past Participle	Present Indicative	Preterite	Commands
andar to walk andando andado		anduve anduviste anduvo anduvimos anduvisteis anduvieron	
estar to be estando estado	estoy estás está estamos estáis están	estuve estuviste estuvo estuvimos estuvisteis estuvieron	está (no estés) esté estén
hacer to make, do haciendo hecho	hago haces hace hacemos hacéis hacen	hice hiciste hizo hicimos hicisteis hicieron	haz (no hagas) haga hagan
ir to go yendo ido	voy vas va vamos vais van	fui fuiste fue fuimos fuisteis fueron	ve (no vayas) vaya id (no vayáis) vayan

Infinitive / Present Participle / Past Participle	Present Indicative	Preterite	Commands
poder can, to be able pudiendo podido	puedo puedes puede podemos podéis pueden		
querer to like queriendo querido	quiero quieres quiere queremos queréis quieren		
ser to be siendo sido	soy eres es somos sois son		sé (no seas) sea sean
tener to have teniendo tenido	tengo tienes tiene tenemos tenéis tienen	tuve tuviste tuvo tuvimos tuvisteis tuvieron	ten (no tengas) tenga tened (no tengáis) tengan

Spanish-English

The numbers in parentheses refer to the chapters in which active words or phrases may be found.

a to (1)
  a menudo frequently, often (7)
  a pesar de in spite of
  a pie on foot, walking (10)
  ¿A qué hora? At what time? (9)
  a veces sometimes (1)
  A ver. Let's see. (16)
  al to the (7)
  al lado de beside, next to (8)
abrigo *m.* coat (18)
abogado(a) *m. (f.)* lawyer (3)
abuela *f.* grandmother (6)
abuelo *m.* grandfather (6)
aburrido(a) bored, boring (6)
acabar de... to have just . . . (2)
acción *f.* action (15)
aceite *m.* oil (17)
aceite de oliva *m.* olive oil
aceituna *f.* olive (2)
acontecimiento *m.* event
¡adelante! go ahead!
además besides (17)
adiós good-bye (1)
adivino(a) *m. (f.)* fortune-teller
¿adónde? where? (7)
aeropuerto *m.* airport (7)
aficionado(a) *m. (f.)* (sports) fan
agua *f.* water (1)
ahora now (9)
  ahora mismo right now (15)
alcanzar to reach
alemán (alemana) *m. (f.)* German (3)
Alemania Germany (3)
alfombra *f.* rug, carpet (4)
algo something (1)
alguno(a) some, any
  algún día someday (12)
alimento *m.* food (17)
alpinismo *m.* mountain climbing; hiking (14)
alquilar un vídeo to rent a video (13)

alrededor around
alto(a) tall (6)
alumno(a) *m. (f.)* student (4)
allá over there (17)
allí there (4)
amarillo(a) yellow (17)
americano(a) *m. (f.)* American (3)
amigo(a) *m. (f.)* friend (2)
andar to go along, walk (13)
animal *m.* animal (5)
anoche last night (13)
antes before
antipático(a) disagreeable (6)
anunciar to announce (9)
anuncio *m.* advertisement
año *m.* year (14)
apartamento *m.* apartment (4)
apellido *m.* last name (6)
aprender to learn (5)
aquel(la) that (17)
aquél(la) *m. (f.)* that one (17)
aquí here (4)
Argentina Argentina (3)
argentino(a) *m. (f.)* Argentine (3)
arquitecto(a) *m. (f.)* architect (3)
arroz *m.* rice (3)
arte *m.* or *f.* art (5)
asistir a to attend (13)
atado *m.* bunch (17)
atún *m.* tuna (17)
aunque although
autobús *m.* bus (4)
  estación de autobuses *m.* bus terminal (7)
ave *f.* bird, fowl
avión *m.* plane (12)
ayer yesterday (13)
ayudar to help
azúcar *m.* sugar (17)

bailar to dance (1)
baile *m.* dance (9)
  baile folklórico *m.* folk dance (9)

baile popular *m.* popular dance (9)
bajar to go down, to lower (11)
bajo(a) short (6), *prep.* under
banana *f.* banana (17)
banco *m.* bank (7)
barato(a) cheap (16)
barco *m.* boat
barrio *m.* neighborhood (7)
barro *m.* clay
básquetbol *m.* basketball (5)
bastante enough
  Bastante bien. Pretty good. (1)
batalla *f.* battle
bebida *f.* drink (1)
béisbol *m.* baseball (5)
belleza *f.* beauty
beso *m.* kiss (5)
biblioteca *f.* library (7)
bicicleta *f.* bicycle (4)
bien well, fine; very (1)
billete *m.* ticket (11)
  billete de diez viajes *m.* ten-trip ticket (11)
  billete de ida y vuelta *m.* round-trip ticket (12)
  billete sencillo *m.* one-way ticket (11)
biología *f.* biology (5)
blusa *f.* blouse (18)
bocadillo *m.* sandwich (French bread) (1)
bolígrafo *m.* ball point pen (4)
Bolivia Bolivia (3)
boliviano(a) *m. (f.)* Bolivian (3)
bolsa *f.* purse (18)
bonito(a) pretty (6)
borrador *m.* eraser (4)
bota *f.* boot (18)
botella *f.* bottle (17)
boutique *f.* boutique (18)
bucear to snorkel, dive (14)
buceo *m.* snorkeling, diving (14)
bueno(a) good, well (1)
  Buenas noches. Good evening. / Good night. (1)
  Buenas tardes. Good afternoon. (1)

¡Bueno! Hello! (answering the phone) (7)

Buenos días. Good morning. (1)

burbuja *f.* bubble

buscar to look for (14)

C

caballo *m.* horse

cacahuete *m.* peanut (2)

cada each, every (17)

caer to fall

café *m.* café, coffee (1)

calamares *m.* squid (2)

calcetín *m.* sock (18)

calculadora *f.* calculator (4)

calidad *f.* quality

caliente hot (3)

calle *f.* street (8)

cama *f.* bed (4)

cámara *f.* camera (4)

camarero(a) *m. (f.)* waiter (waitress) (1)

cambiar to change (11)

cambio *m.* change, alteration (12)

caminar to walk (13)

    caminar en la playa to walk on the beach (14)

camisa *f.* shirt (18)

camiseta *f.* T-shirt (18)

campaña *f.* campaign

campo *m.* country (vs. city)

Canadá Canada (3)

canadiense *m.* or *f.* Canadian (3)

canción *f.* song

cansado(a) tired (9)

cantante *m.* or *f.* singer

cantar to sing (1)

cantidad *f.* quantity (17)

carne *f.* meat (3)

carnicería *f.* butcher shop (7)

caro(a) expensive (16)

carrera *f.* career

carril-bici *m.* bike path

carrito *m.* shopping cart (17)

carta *f.* letter

cartera *f.* wallet (4)

casa *f.* house (4)

casado(a) married (6)

casi almost†

catedral *f.* cathedral (7)

cazar to hunt

cebolla *f.* onion (17)

celebrar to celebrate (9)

cenar to have supper (13)

centro *m.* center (16)

    centro comercial shopping center (16)

cerca (de) near, close to (8)

cerrar to close

¡Chao! Good-bye! (1)

chaqueta *f.* jacket (18)

charlar to chat (1)

chico(a) *m. (f.)* boy (girl)

chile *m.* hot pepper (3)

Chile Chile (3)

chileno(a) *m. (f.)* Chilean (3)

China China (3)

chino(a) *m. (f.)* Chinese (3)

chocolate *m.* chocolate (1)

chorizo *m.* sausage (2)

ciclismo *m.* cycling (14)

cien one hundred (7)

ciencia *f.* science (5)

ciento a hundred (12)

cincuenta fifty (7)

cine *m.* movie theater (7)

cinta *f.* tape (cassette) (4)

cinturón *m.* belt (18)

cita *f.* date, appointment (10)

ciudad *f.* city

¡Claro! Of course! (5)

    ¡Claro que sí! Of course!! (reaffirmed) (10)

club *m.* club (7)

coche *m.* car (4)

cola *f.* tail

colegio *m.* school (7)

Colombia Colombia (3)

colombiano(a) *m. (f.)* Colombian (3)

comedor *m.* dining room

comentar to comment (3)

comentario *m.* commentary

comer to eat (1)

comida *f.* meal (1)

    comida mexicana Mexican food (3)

como how, as, like (11)

    como de costumbre as usual (11)

¿cómo? how?, what? (1)

    ¿Cómo es? / son? How is it / are they? (6)

    ¿Cómo está Ud.? How are you? (formal) (2)

    ¿Cómo estás? How are you? (informal) (1)

    ¿Cómo te llamas? What's your name? (4)

    ¿Cómo te va? How is it going? (1)

cómoda *f.* dresser (4)

compañía *f.* company (3)

comparación *f.* comparison (18)

compartir to share (5)

comprar to buy (13)

comprender to understand (5)

computadora *f.* computer (4)

concierto *m.* concert (13)

concurso de poesía *m.* poetry contest (9)

congelado(a) frozen (17)

conmigo with me (10)

conserva *f.* preserve, canned good (17)

construir to build

contador(a) *m. (f.)* accountant (3)

contar to tell, to count

contento(a) happy (9)

contestar to answer (1)

continuar to continue (9)

contra against

conversación telefónica *f.* telephone conversation (7)

corazón *m.* heart

correr to run (5)

corto short (in length)

cosa *f.* thing (11)

Costa Rica Costa Rica (3)

costarricense *m.* or *f.* Costa Rican (3)

costumbre *f.* custom

crema *f.* cream (17)

croissant *m.* croissant (1)

cruzar to cross (8)

cuaderno *m.* notebook (4)

cuadrado *m.* square

¿cuál? which? (17)

cualquier any (13)

¿cuántos(as)? how many? (6)

    ¿Cuántos años tienes? How old are you? (7)

    ¿Cuánto cuesta(n)? How much is it (are they)? (16)

    ¿Cuántos hay? How many are there? (4)

cuarenta forty (7)

cuarto *m.* room (4)

cuatrocientos(as) four hundred (12)

Cuba Cuba (3)

cubano(a) *m. (f.)* Cuban (3)

cuero *m.* leather (18)

cuerpo *m.* body

D

de of (3)

de acuerdo OK (we are in agreement) (9)

¿De dónde es (eres)? Where are you from? (3)

de la / del of the (8)

de nada you're welcome (3)

¿De quién es... ? Whose is it? (4)

de vez en cuando from time to time (7)

deber to owe, must, should (10)

decir to say (10)

dejar to leave, to relinquish

delante de in front of (8)

delgado(a) thin (6)

delicioso(a) delicious (3)

demás rest, remaining

dentista m. or f. dentist (3)

dentro inside

deporte m. sport (5)

deportista sportsman, sportswoman

derecha right (8)

desahogar to ease pain

desayunar to eat breakfast (13)

desayuno m. breakfast (1)

descansar to rest (9)

desconocido(a) unknown

desde from (9)

desear to want, wish for (1)

desempleo m. unemployment

desfile m. parade (9)

desierto m. desert

despacio slow (8)

despedirse to say good-bye (1)

después after (1)

detrás de behind (8)

día m. day (14)

Día de la Independencia m. Independence Day (9)

dibujo m. drawing

dibujos animados animated film, cartoon

¡Diga! / ¡Dígame! Hello! (answering the phone) (7)

dinero m. money (2)

disco compacto m. compact disc (4)

discoteca f. discotheque (7)

disculparse to apologize (7)

discutir to argue (12)

disfrutar to enjoy

divertido(a) fun, amusing (6)

divorciado(a) divorced (6)

doblar to turn (8)

docena f. dozen (17)

doctor(a) m. (f.) doctor (3)

domingo m. Sunday (10)

dominicano(a) m. (f.) Dominican (3)

¿dónde? where? (6)

¿Dónde está... ? Where is . . . ? (8)

¿Dónde hay... ? Where is / are there . . . ? (4)

doscientos(as) two hundred (12)

dueño(a) m. (f.) owner

E

Ecuador Ecuador (3)

ecuatoriano(a) m. (f.) Ecuadoran (3)

edad f. age (7)

edificio m. building (7)

ejemplo m. example

por ejemplo for example

el m. the (2)

él he (2)

El Salvador El Salvador (3)

ella she (2)

ellos(as) m. (f.) they (2)

embajador(a) m. (f.) ambassador, ambassadress

empezar to begin

en in (1)

en este momento at this moment (15)

en otra oportunidad at some other time (7)

¿En qué dirección? In which direction? (11)

¿En qué puedo servirle(s)? How can I help you (plural)? (12)

encantado(a) delighted (2)

enchilada f. soft, corn tortilla filled with cheese, meat, or chicken (3)

encontrar to find (9)

encuesta f. survey (12)

enemigo(a) m. (f.) enemy

enfermero(a) m. (f.) nurse (3)

enfermo(a) sick (9)

enojado(a) angry, mad (9)

ensalada f. salad (17)

ensalada de frutas f. fruit salad (17)

ensalada de vegetales (verduras) f. vegetable salad (17)

entero whole (11)

entonces then (9)

entrada f. entrance ticket (11)

entre between (8)

equipo m. team

escaparate m. shop window (16)

escribir to write (5)

escrito written

escritorio m. desk (4)

escuchar to listen (to) (1)

escuela f. school (4)

escuela secundaria f. high school (7)

escultura f. sculpture (5)

ese(a) that (17)

ése(a) m. (f.) that one (17)

espacio m. space

España Spain (3)

español(a) m. (f.) Spaniard, Spanish (3)

especia f. spice

especial special (11)

especie f. species

esperar to hope, to wait (12)

espíritu m. spirit

esposa f. wife (6)

esposo m. husband (6)

esquema m. chart, diagram

esquí m. ski (16)

esquí acuático m. water ski (14)

esquina f. corner (8)

en la esquina de on the corner of (8)

esta this (11)

ésta this one (3)

establecer to establish (18)

estación f. station (7)

estadio m. stadium (7)

Estados Unidos United States (3)

estadounidense m. or f. American, from the United States (3)

estante m. book shelf (4)

estar to be (8)

Está a(l) final de... It's at the end of . . . (8)

estar en forma to be in shape

este(a) this (17)

éste(a) m. (f.) this one (17)

estéreo m. stereo (4)

estrella f. star

estudiante m. or f. student (3)

estudiar to study (1)

etapa f. stage, phase

éxito m. success

expresar to express (1)

expresión f. expression (6)

F

fácil easy

falda *f.* skirt (18)
familia *f.* family (6)
famoso(a) famous (12)
farmacia *f.* pharmacy, drugstore (7)
favorito(a) favorite (16)
feo(a) ugly, plain (6)
feria *f.* fair (9)
fiesta *f.* party (9)
   Fiesta del pueblo *f.* religious festival honoring a town's patron saint (9)
fin de semana *m.* weekend (10)
finalmente finally (14)
firmar to sign
flan *m.* caramel custard (3)
flecha *f.* arrow
florería *f.* flower shop (7)
francés (francesa) *m. (f.)* French (3)
Francia France (3)
frecuentemente frequently (10)
frente a across from, facing (8)
fresa *f.* strawberry (17)
fresco(a) cool (17)
frío(a) cold
frijoles *m.* beans (3)
fruta *f.* fruit (17)
fuegos artificiales *m.* fireworks (9)
fuerza *f.* strength
fútbol *m.* soccer (5)
   fútbol americano *m.* football (5)
futuro *m.* future (15)

gafas *f. pl.* eyeglasses
galleta *f.* biscuit, cookie (17)
ganar to earn (2)
garaje *m.* garage (3)
gastar to spend, to waste
gato *m.* cat (5)
gente *f.* people
gimnasio *m.* gym (13)
globo *m.* globe, sphere, balloon (1)
gordo(a) fat (6)
grabadora *f.* tape recorder (4)
gracia *f.* grace
gracias thank you (1)
   la misa de Acción de Gracias *f.* Thanksgiving Day mass (9)
gramo *m.* gram (17)
granadina *f.* grenadine (1)
gratis free
grupo *m.* group (1)
guapo(a) handsome (6)

Guatemala Guatemala (3)
guatemalteco(a) *m. (f.)* Guatemalan (3)
guisante *m.* pea (17)
guitarra *f.* guitar (14)
gustar to like (5)
gusto *m.* taste (5)
   con mucho gusto with pleasure (1)

habilidad *f.* ability
hablar to talk (1)
hacer to do, to make (9)
   hacer la cama to make the bed (13)
   hacer ejercicio to exercise (13)
   hacer las maletas to pack (13)
   hacer un mandado to do an errand (10)
   hacer un viaje to take a trip (13)
hamburguesa *f.* hamburger (3)
harina *f.* flour (17)
hasta until (17)
   Hasta luego. See you later. (1)
hay there is / are (4)
helado *m.* ice cream (17)
hermana *f.* sister (6)
hermano *m.* brother (6)
hermoso(a) beautiful (12)
hija *f.* daughter (6)
hijo *m.* son (6)
hispano(a) *m. (f.)* Hispanic (9)
historia *f.* history, story
hoja *f.* leaf, piece of paper (16)
¡Hola! Hello! (1)
hombre *m.* man (3)
Honduras Honduras (3)
hondureño(a) *m. (f.)* Honduran (3)
hora *f.* hour (9)
horario *m.* schedule (11)
horrible horrible (3)
hospital *m.* hospital (7)
hotel *m.* hotel (7)
hoy today (10)

ida y vuelta round trip
iglesia *f.* church (7)
igual equal
igualdad *f.* equality (18)
impermeable *m.* raincoat (18)
imposible impossible (10)

indígena native
ingeniero(a) *m. (f.)* engineer (3)
Inglaterra England (3)
inglés (inglesa) *m. (f.)* English (3)
inteligente intelligent (6)
interesante interesting (6)
invierno *m.* winter
invitación *f.* invitation (12)
ir to go (7)
   ir a... to be going to . . . (10)
   ir de camping to go camping (14)
   ir de compras to go shopping (10)
   ir de pesca to go fishing (14)
   Vamos a... Let's go . . . (1)
Italia Italy (3)
italiano(a) *m. (f.)* Italian (3)
izquierda left (8)

jamón *m.* ham (1)
Japón Japan (3)
japonés (japonesa) *m. (f.)* Japanese (3)
jazz *m.* jazz (5)
joven young (18)
joya *f.* jewel
jueves *m.* Thursday (10)
jugador(a) *m. (f.)* player
jugar to play (a sport or game) (11)
   jugar al baloncesto to play basketball (14)
   jugar al hockey to play hockey (14)
   jugar al hockey sobre hierba to play field hockey (14)
   jugar al golf to play golf (14)
jugo *m.* juice (1)
juguete *m.* toy
junto together (17)
juventud *f.* youth

K

kilo *m.* kilogram (17)
   medio kilo half kilo (17)
kilómetro *m.* kilometer (17)

L

la *f.* the (4)
lácteo(a) dairy (17)
   producto lácteo *m.* dairy product (17)

lápiz *m.* pencil (4)
largo long
las *f.* the (plural) (4)
lata *f.* can, tin (17)
leche *f.* milk (1)
lechuga *f.* lettuce (17)
leer to read (5)
lejos (de) far (from) (8)
lengua *f.* language, tongue (5)
levantar pesas to lift weights (14)
leyenda *f.* legend
libra *f.* pound (17)
librería *f.* bookstore (7)
libro *m.* book (4)
licuado *m.* milkshake (1)
limón *m.* lemon (17)
limonada *f.* lemonade (1)
línea *f.* line (11)
listo(a) ready (9)
litro *m.* liter (17)
llamarse to be called (4)
   Me llamo… My name is . . . (4)
   Se llama… His or her name is . . . (6)
llave *f.* key (4)
llegar to arrive (8)
lleno(a) full (17)
llevar to take, carry (4)
llover to rain
los *m.* the (plural) (4)
luchar to fight
luego then, afterwards (14)
lugar *m.* place, location (7)
lunes *m.* Monday (10)
luz *f.* light

madre *f.* mother (6)
maíz *m.* corn (17)
mal poorly (1)
malo(a) bad (6)
mantener to maintain
mantequilla *f.* butter (1)
manzana *f.* apple (17)
mañana *f.* morning, tomorrow (10)
martes *m.* Tuesday (10)
máquina *f.* machine (4)
   máquina de escribir *f.* typewriter (4)
más more (1)
   más o menos so-so (1)
   más… que more . . . than (18)
mayonesa *f.* mayonnaise (17)

mayor older (18)
mayoría *f.* majority
mecánico(a) *m. (f.)* mechanic (3)
media *f.* stocking (18)
medianoche *f.* midnight (9)
médico *m.* doctor (3)
medio(a) half (17)
medio middle, means (4)
   medio de transporte *m.* means of transportation (4)
mediodía *m.* midday (9)
mejor better (9)
melocotón *m.* peach (1)
menor younger (18)
menos… que less . . . than (18)
mercado *m.* market (7)
   mercado al aire libre *m.* open-air market (17)
merienda *f.* snack (1)
mermelada *f.* jelly (1)
mes *m.* month (14)
metro *m.* subway (11)
   estación de metro *f.* subway station (11)
mexicano(a) *m. (f.)* Mexican (3)
México Mexico (3)
mi(s) my (plural) (4)
mí me (1)
mientras in the meantime
miércoles *m.* Wednesday (10)
mil thousand (12)
milla *f.* mile (12)
millón *m.* million (12)
minuto *m.* minute (14)
mirar to look at, to watch (2)
   ¡Mira! Look! (3)
mismo(a) same
mitad *f.* half
mochila *f.* knapsack (4)
moda *f.* style (18)
moderno(a) modern (18)
montar en bicicleta to ride a bicycle (13)
moreno(a) *m. (f.)* dark-haired, brunet(te) (6)
morir to die
motocicleta *f.* motorcycle (4)
muchísimo very much (1)
mucho(a) a lot (1)
   Muchas gracias. Thank you very much. (1)
   Mucho gusto. Nice to meet you. (1)
muerte *f.* death
mujer *f.* woman (3)
mundo *m.* world

museo *m.* museum (7)
música *f.* music (5)
   música clásica *f.* classical music (5)
   música rock *f.* rock music (5)
muy very (1)
   Muy bien, gracias. Very well, thank you. (1)

nacer to be born
nacionalidad *f.* nationality (3)
nada nothing (13)
nadar to swim (13)
nadie nobody
naranja *f.* orange (17)
natación *f.* swimming (14)
naturaleza *f.* nature (5)
necesitar to need (2)
negocio *m. (f.)* business (3)
   hombre (mujer) de negocios *m. (f.)* businessman (businesswoman) (3)
Nicaragua Nicaragua (3)
nicaragüense *m. or f.* Nicaraguan (3)
niña *f.* girl, baby
niño *m.* boy, baby
nivel *m.* level
no no (1)
noche *f.* night (9)
nombre *m.* name (6)
norte *m.* north
norteamericano(a) *m. (f.)* North American (3)
nosotros(as) *m. (f.)* we (1)
novecientos(as) nine hundred (12)
noventa ninety (7)
nuestro(a) our (4)
nuevo(a) new (12)
número *m.* number (7)
nunca never (7)

o or (12)
ochenta eighty (7)
ochocientos(as) eight hundred (12)
oferta *f.* sale (16)
   ¿No está(n) en oferta? It's not on sale? (16)
oficina de correos *f.* post office (7)
ofrecer to offer (17)

ojo *m.* eye

orden *m.* order (12)

   a sus órdenes at your service (12)

oreja *f.* ear

oro *m.* gold

otro(a) other (11)

   otra cosa *f.* another thing (11)

P

padre *m.* father (6)

   padres *m.* parents (6)

pagar to pay (12)

país *m.* country (8)

paisaje *m.* landscape

pájaro *m.* bird (5)

palabra *f.* word

pan *m.* bread (2)

   pan dulce *m.* any kind of sweet roll (1)

   pan tostado *m.* toast (1)

panadería *f.* bakery (7)

Panamá Panama (3)

panameño(a) *m. (f.)* Panamanian (3)

pantalones *m.* trousers (18)

papa *f.* potato (17)

papel *m.* paper (16)

   papel de avión *m.* air mail stationery (16)

   papel para escribir a máquina *m.* typing paper (16)

papelería *f.* stationery store (16)

paquete *m.* package (17)

para for, in order to (9)

   para que in order that

Paraguay Paraguay (3)

paraguayo(a) *m. (f.)* Paraguayan (3)

parque *m.* park (7)

   parque zoológico *m.* zoo (13)

pasar to pass (17)

   pasar tiempo to pass time (13)

paseo *m.* walk (10)

   dar un paseo to take a walk (10)

pasta *f.* pasta (17)

pastel *m.* pastry, pie (1)

patata *f.* potato (2)

   patatas bravas *f.* cooked potatoes diced and served in spicy sauce (2)

patinar to skate (14)

   patinar en ruedas to roller skate (14)

pedazo *m.* piece (17)

pedir to ask for (something), to request (8)

peine *m.* comb

película *f.* film, movie (5)

   película cómica *f.* comedy movie (5)

   película de aventura *f.* adventure movie (5)

   película de ciencia ficción *f.* science fiction movie (5)

   película de horror *f.* horror movie (5)

peligro *m.* danger

peligroso(a) dangerous

pelirrojo(a) redheaded (6)

pelota *f.* ball (16)

   pelota de tenis *f.* tennis ball (16)

pendiente *m.* earring

pensar to think (11)

peor worse, worst (18)

pequeño(a) small (6)

pera *f.* pear (17)

perder to lose (13)

perdón excuse me (8)

periodista *m. or f.* journalist (3)

pero but (1)

perro *m.* dog (5)

perseguir to persecute, to pursue

persona *f.* person (6)

Perú Peru (3)

peruano(a) *m. (f.)* Peruvian (3)

a pesar de in spite of

pescado *m.* fish (17)

picante spicy (3)

piedra *f.* stone

pimienta *f.* pepper (17)

pintura *f.* painting (5)

piscina *f.* swimming pool (7)

planear to plan (12)

plano del metro *m.* subway map (11)

planta *f.* plant, floor (4)

plata *f.* silver

plato *m.* dish

playa *f.* beach (12)

playa de estacionamiento *f.* parking lot (8)

plaza *f.* plaza, square (7)

pluma *f.* fountain pen (4), feather

poco a little (1)

poder to be able to (10)

policía *f.* police, *m. or f.* police officer (7)

   estación de policía *f.* police station (7)

política *f.* politics (5)

pollo *m.* chicken (3)

por for (11)

por eso that is why (16)

por fin finally (14)

por la mañana in the morning (11)

por la noche at night (11)

por la tarde in the afternoon (11)

por supuesto of course (9)

¿por qué? why? (6)

porque because (6)

portafolio *m.* briefcase (4)

posesión *f.* possession (4)

póster *m.* poster (4)

practicar to practice (1)

   practicar el surfing to surf (14)

   practicar la vela to sail (14)

precio *m.* price (16)

preferencia *f.* preference (17)

preferir to prefer (7)

preguntar to ask a question (9)

premio *m.* prize (9)

preocupar to preoccupy, to worry

presentación *f.* presentation, introduction (2)

presentar to present, introduce (1)

primero first (7)

primo(a) *m. (f.)* cousin (6)

producto *m.* product (17)

profesión *f.* profession (3)

profesor(a) *m. (f.)* professor, teacher (3)

pronto soon

propina *f.* tip (12)

proteger to protect

próximo(a) next (10)

prueba *f.* test

pueblo *m.* town

Puerto Rico Puerto Rico (3)

puertorriqueño(a) *m. (f.)* Puerto Rican (3)

pues then (1)

Q

que that (1)

¿qué? what? (6)

   ¿Qué día es hoy? What day is today? (10)

   ¿Qué hay? What's new? (1)

   ¿Qué hora es? What time is it? (9)

   ¿Qué pasó? What's going on? (1)

   ¿Qué tal? How are you? (1)

¡Qué... ! How . . . ! (3)

   ¡Qué bueno(a)! Great! (3)

   ¡Qué comida más rica! What delicious food! (3)

¡Qué horrible!   How terrible!   (3)
¡Qué pena!   What a pity!   (16)
quemado(a)   burned
quemar   to burn
quedar   to stay   (8)
querer   to want   (7)
   Yo quisiera…   I would like . . .   (1)
queso   *m.*   cheese   (1)
¿quién?   who?   (3)
química   *f.*   chemistry   (5)
quinientos(as)   five hundred   (12)
quiosco de periódicos   *m.*   newspaper
   kiosk   (8)

R

radio despertador   *m.*   clock radio   (4)
raqueta   *f.*   racket   (16)
rara vez   rarely   (7)
razón   *f.*   reason
rebanada de pan   *f.*   slice of bread   (1)
receta   *f.*   recipe
recibir   to receive   (5)
recordar   to remember
recuerdo   *m.*   memory   (3)
refresco   *m.*   soft drink   (1)
regalo   *m.*   gift
regatear   to bargain   (17)
regresar   to return
reina   *f.*   queen
repaso   *m.*   review   (3)
República Dominicana   Dominican
   Republic   (3)
restaurante   *m.*   restaurant   (1)
revista   *f.*   magazine
rey   *m.*   king
riquísimo(a)   delicious   (3)
rojo(a)   red   (17)
ropa   *f.*   clothes
   ropa de marca   *f.*   designer clothes
rubio(a)   blond(e)   (6)
ruido   *m.*   noise
Rusia   Russia   (3)
ruso(a)   *m. (f.)*   Russian   (3)

S

sábado   *m.*   Saturday   (10)
sacapuntas   *m.*   pencil sharpener   (4)
sacar   to obtain, to get out (something)   (14)
sal   *f.*   salt   (17)
salir (de)   to go out, leave   (13)

salir con   to go out with   (13)
salsa   *f.*   sauce, type of music   (3)
salud   *f.*   health
saludar   to greet   (2)
saludo   *m.*   greeting   (2)
salvadoreño(a)   *m. (f.)*   Salvadoran   (3)
sandalia   *f.*   sandal   (18)
sándwich   *m.*   sandwich   (1)
secretario(a)   *m. (f.)*   secretary   (3)
seguir   to follow, to continue
segundo(a)   second
seguro(a)   sure   (18)
seiscientos(as)   six hundred   (12)
semana   *f.*   week   (14)
sentido   *m.*   sense
sentir   to feel
   Lo siento.   I'm sorry.   (7)
señor   *m.*   Mr.   (1)
señora   *f.*   Mrs.   (1)
señorita   *f.*   Miss   (1)
ser   to be   (3)
   Es de…   Is from . . . , It belongs to . . .
   (4)
   Es la una y media.   It is 1:30.   (9)
   Son de…   They are from . . . , They
   belong to . . .   (4)
   Son las tres.   It is 3 o'clock.   (9)
serie   *f.*   series, sequence   (14)
serio(a)   serious   (6)
servir   to serve   (12)
sesenta   sixty
setecientos(as)   seven hundred   (12)
setenta   seventy   (7)
si   if   (12)
sí   yes   (1)
siempre   always   (1)
silla   *f.*   chair   (4)
simpático(a)   nice   (6)
sin   without
sin límite   unlimited   (11)
sino   but
sobre   *m.*   envelope   (16)
sobre   *prep., adv.*   above
soda   *f.*   soda   (1)
sol   *m.*   sun
su(s)   his, her, your, their   (4)
subir   to raise
suerte   *f.*   fortune, luck
suéter   *m.*   sweater   (18)
suficiente   enough   (16)
¡Super!   Super!   (16)
sur   *m.*   south
suroeste   *m.*   southwest

T

taco   *m.*   taco, corn tortilla filled with meat
   and other things   (3)
también   also   (2)
tampoco   neither   (2)
tan   so   (8)
   tan / tanto… como   as / as much . . .
   as   (18)
tapa española   *f.*   Spanish snack   (2)
taquilla   *f.*   booth   (11)
tarde   *f.*   afternoon, late   (9)
tarjeta   *f.*   card   (16)
   tarjeta de abono transportes   *f.*
   commuter pass   **(**11)
   tarjeta de cumpleaños   *f.*   birthday
   card   (16)
   tarjeta del Día de la Madre   *f.*
   Mother's Day card   (16)
taxi   *m.*   taxi   (7)
té   *m.*   tea   (1)
teatro   *m.*   theatre   (7)
teléfono   *m.*   telephone   (7)
televisor (a colores)   *m.*   (color) television set   (4)
temer   to fear
temporada   *f.*   (sports) season
tener   to have   (6)
   tener… años   to be . . . years old   (7)
   tener ganas de…   to feel like . . .
   (10)
   tener hambre   to be hungry   (7)
   tener que   to have to   (6)
   tener sed   to be thirsty   (7)
tenis   *m.*   tennis   (5)
tercero(a)   third
terminar   to end
terremoto   *m.*   earthquake
tía   *f.*   aunt   (6)
tiempo   *m.*   time   (14)
   tiempo libre   *m.*   free time
tienda   *f.*   store   (7)
   tienda de deportes   *f.*   sporting
   goods store   (16)
   tienda de música   *f.*   music store   (16)
   tienda de ropa   *f.*   clothing store   (18)
tierra   *f.*   earth
tío   *m.*   uncle   (6)
tocar   to touch, to play an instrument   (2)
   te toca a ti   it's your turn
todavía   still
todo(a)   all   (9)
   todos los días   *m.*   every day   (1)

tomar to drink, to take (1)

   tomar el sol to sunbathe (14)

tomate *m.* tomato (17)

tonto(a) silly, stupid, foolish (6)

torre *f.* tower

tortilla *f.* omelette (Spain) or cornmeal pancake (Mexico) (3)

trabajador(a) *m. (f.)* worker

trabajar to work (1)

trabajo *m.* work

traer to bring

tratar de to try, to endeavor

tren *m.* train (7)

   estación de trenes train station (7)

trescientos(as) three hundred (12)

triste sad (9)

tú you (familiar) (1)

tu(s) your (plural) (4)

turista *m.* or *f.* tourist (11)

un(a) a, an (1)

universidad *f.* university (7)

uno one (2)

Uruguay Uruguay (3)

uruguayo(a) *m. (f.)* Uruguayan (3)

usted (Ud.) you (formal) (1)

ustedes (Uds.) you (formal plural) (1)

usualmente usually (10)

útil useful

uva *f.* grape (17)

valiente brave

valor *m.* value

vaqueros *m.* jeans

varios(as) various (17)

vaso *m.* glass (1)

vegetal *m.* vegetable (17)

veinte twenty (7)

vendedor(a) *m. (f.)* salesman (woman) (17)

vender to sell (5)

venezolano(a) *m. (f.)* Venezuelan (3)

Venezuela Venezuela (3)

venir to come (7)

venta *f.* sale

ver to see (9)

   Nos vemos. See you. (farewell) (1)

¿verdad? right? (2)

verdadero(a) true, real

verde green (17)

vestido *m.* dress (18)

vestir to dress

vez *f.* time, instance (9)

   una vez once (17)

   una vez al año once a year (9)

vía *f.* (railway) track

viajar to travel (1)

viaje *m.* trip (12)

   agencia de viajes *f.* travel agency (12)

vida *f.* life (13)

vídeo *m.* video (16)

videocasetera *f.* videocassette player (4)

viejo(a) old (6)

viernes *m.* Friday (10)

visitar to visit (7)

vista *f.* sight

vivir to live (5)

vólibol *m.* volleyball (5)

volver to go back (13)

vosotros(as) *m. (f.)* you (familiar plural) (1)

voz *f.* voice

waterpolo *m.* waterpolo (14)

windsurf *m.* windsurfing (14)

y and (1)

yo I (1)

yogur *m.* yogurt (17)

zanahoria *f.* carrot (17)

zapatería *f.* shoe store (18)

zapato *m.* shoe (18)

   zapato de tacón *m.* high-heeled shoe (18)

   zapato de tenis *m.* tennis shoe (16)

English-Spanish

The numbers in parentheses refer to the chapters in which the words or phrases may be found.

ability **habilildad** *f.*
(to be) able to **poder** (10)
above **sobre**
accountant **contador(a)** *m. (f.)* (3)
across from **frente a** (8)
action **acción** *f.* (15)
adventure movie **película de aventura** *f.* (5)
advertisement **anuncio** *m.*
after **después** (1)
afternoon **tarde** *f.*
afterwards **luego** (14)
against **contra**
age **edad** *f.* (7)
air mail stationery **papel de avión** *m.* (16)
airport **aeropuerto** *m.* (7)
all **todo(a)** (9)
almost **casi**
also **también** (2)
alteration **cambio** *m.* (12)
although **aunque**
always **siempre** (1)
ambassador **embajador** *m.*
American **americano(a)** *m. (f.)* (3), (from the United States) **estadounidense** *m. or f.* (3)
amusing **divertido(a)** (6)
and **y** (1)
angry **enojado(a)** (9)
animal **animal** *m.* (5)
(to) announce **anunciar** (9)
another **otro(a)** (11)
another thing **otra cosa** *f.* (11)
(to) answer **contestar** (1)
any **cualquier** (13)
apartment **apartamento** *m.* (4)
(to) apologize **disculparse** (7)
apple **manzana** *f.* (17)
appointment **cita** *f.* (10)
architect **arquitecto(a)** *m. (f.)* (3)
Argentina **Argentina** (3)

Argentine **argentino(a)** *m. (f.)* (3)
(to) argue **discutir** (12)
around **alrededor**
(to) arrive **llegar** (8)
arrow **flecha** *f.*
art **arte** *m. or f.* (5)
as **como** (11)
    as / as much . . . as **tan / tanto… como** (18)
    as usual **como de costumbre** (11)
(to) ask a question **preguntar** (9)
(to) ask for (something) **pedir** (8)
at **a** (1)
    at night **por la noche** (11)
    at some other time **en otra oportunidad** (7)
    at this moment **en este momento** (15)
    At what time? **¿A qué hora?** (9)
    at your service **a sus órdenes** (12)
(to) attend **asistir a** (13)
aunt **tía** *f.* (6)

bad **malo(a)** (6)
bakery **panadería** *f.* (7)
ball **pelota** *f.* (16)
balloon **globo** *m.* (1)
banana **banana** *f.* (17)
bank **banco** *m.* (7)
(to) bargain **regatear** (17)
baseball **béisbol** *m.* (5)
basketball **básquetbol** *m.* (5); **baloncesto** *m. (14)*
battle **batalla** *f.*
(to) be **estar** (8), **ser** (3)
    to be in shape **estar en forma**
beach **playa** *f.* (12)
beans **frijoles** *m.* (3)
beautiful **hermoso(a)** (12)
beauty **belleza** *f.*
because **porque** (6)
bed **cama** *f.* (4)

before **antes**
(to) begin **empezar**
behind **detrás de** (8)
belt **cinturón** *m.* (18)
beside **al lado de** (8)
besides **además** (17)
better **mejor** (9)
between **entre** (8)
bicycle **bicicleta** *f.* (4)
bike path **carril-bici** *m.*
biology **biología** *f.* (5)
bird **pájaro** *m.* (5), **ave** *f.*
birthday card **tarjeta de cumpleaños** *f.* (16)
biscuit **galleta** *f.* (17)
blond(e) **rubio(a)** (6)
blouse **blusa** *f.* (18)
boat **barco** *m.*
body **cuerpo** *m.*
Bolivia **Bolivia** (3)
Bolivian **boliviano(a)** *m. (f.)* (3)
book **libro** *m.* (4)
bookshelf **estante** *m.* (4)
bookstore **librería** *f.* (7)
boot **bota** *f.* (18)
booth **taquilla** *f.* (11)
bored, boring **aburrido(a)** (6)
(to) be born **nacer**
bottle **botella** *f.* (17)
boutique **boutique** *f.* (18)
boy **chico** *m.*, **niño** *f.*
brave **valiente**
bread **pan** *m.* (2)
    bread, slice of **rebanada de pan** *f.* (1)
breakfast **desayuno** *m.* (1)
briefcase **portafolio** *m.* (4)
(to) bring **traer**
brother **hermano** *m.* (6)
brunet(te) **moreno(a)** (6)
(to) build **construir**
building **edificio** *m.* (7)
bunch **atado** *m.* (17)
(to) burn **quemar**
burned **quemado(a)**

bus **autobús** m. (4)
    bus terminal **estación de autobuses** m. (7)
business **negocio** m. (3)
businessman(woman) **hombre (mujer) de negocios** (3)
but **pero**
butcher shop **carnicería** f. (7)
butter **mantequilla** f. (1)
(to) buy **comprar** (13)

café **café** m. (1)
calculator **calculadora** f. (4)
(to be) called **llamarse** (4)
camera **cámara** f. (4)
can **lata** f. (17)
Canada **Canadá** (3)
Canadian **canadiense** m. or f. (3)
canned good **preserva** f. (17)
car **coche** m. (4)
card **tarjeta** f. (16)
career **carrera** f.
carpet **alfombra** f. (4)
carrot **zanahoria** f. (17)
(to) carry **llevar** (4)
cat **gato** m. (5)
cathedral **catedral** f. (7)
(to) celebrate **celebrar** (9)
center **centro** m. (16)
chair **silla** f. (4)
change **cambio** m. (12)
(to) change **cambiar** (11)
chart **esquema** m.
(to) chat **charlar** (1)
cheap **barato(a)** (16)
cheese **queso** m. (2)
chemistry **química** f. (5)
chicken **pollo** m. (3)
Chile **Chile** (3)
Chilean **chileno(a)** m. (f.) (3)
China **China** (3)
Chinese **chino(a)** m. (f.) (3)
chocolate **chocolate** m. (1)
church **iglesia** f. (7)
city **ciudad** f.
classical music **música clásica** f. (5)
clay **barro** m.
clock radio **radio despertador** m. (4)
close (to) **cerca (de)** (8)
(to) close **cerrar**
clothes **ropa** f.

designer clothes **ropa de marca**
clothing store **tienda de ropa** f. (18)
club **club** m. (7)
coat **abrigo** m. (18)
coffee **café** m. (1)
cold **frío(a)**
Colombia **Colombia** (3)
Colombian **colombiano(a)** m. (f.) (3)
comb **peine** m.
(to) come **venir** (7)
(to) comment **comentar** (3)
commentary **comentario** m.
commuter pass **tarjeta de abono transportes** f. (11)
compact disc **disco compacto** m. (4)
company **compañia** f. (3)
comparison **comparación** f. (18)
computer **computadora** f. (4)
concert **concierto** m. (13)
(to) continue **continuar** (9), **seguir**
cookie **galleta** f. (17)
cool **fresco(a)** (17)
corn **maíz** m. (17)
corner **esquina** f. (8)
cornmeal pancake (Mexico) **tortilla** f. (3)
Costa Rica **Costa Rica** (3)
Costa Rican **costarricense** m. or f. (3)
country **país** m. (8), (vs. city) **campo** m.
cousin **primo(a)** m. (f.) (6)
cream **crema** f. (17)
croissant **croissant** m. (1)
(to) cross **cruzar** (8)
Cuba **Cuba** (3)
Cuban **cubano(a)** m. (f.) (3)
custard, caramel **flan** m. (3)
custom **costumbre** f.
cycling **ciclismo** m. (14)

dairy **lácteo(a)** (17)
    dairy product **producto lácteo** m. (17)
dance **baile** m. (9)
(to) dance **bailar** (1)
danger **peligro** m.
dangerous **peligroso(a)**
date **cita** f. (10)
daughter **hija** f. (6)
day **día** m. (14)

death **muerte** f.
delicious **delicioso(a), riquísimo** (3)
delighted **encantado(a)** (2)
dentist **dentista** m. or f. (3)
desert **desierto** m.
desk **escritorio** m. (4)
(to) die **morir**
dining room **comedor** m.
disagreeable **antipático(a)** (6)
discotheque **discoteca** f. (7)
dish **plato** m.
divorced **divorciado(a)** (6)
(to) do **hacer** (9)
    (to) do an errand **hacer un mandado** (10)
doctor **médico** m., **doctor(a)** m. (f.) (3)
dog **perro** m. (5)
Dominican **dominicano(a)** m. (f.) (3)
Dominican Republic **República Dominicana** (3)
dozen **docena** f. (17)
drawing **dibujo** m.
dress **vestido** m. (18)
(to) dress **vestir**
dresser **cómoda** f. (4)
drink **bebida** f. (1)
(to) drink **tomar** (1)
drugstore **farmacia** f. (7)

each **cada** (17)
ear **oreja** f.
(to) earn **ganar** (2)
earring **pendiente** m.
earth **tierra** f.
earthquake **terremoto** m.
(to) ease pain **desahogar**
easy **fácil**
(to) eat **comer** (1)
    (to) eat breakfast **desayunar**
Ecuador **Ecuador** (3)
Ecuadoran **ecuatoriano(a)** m. (f.) (3)
eight hundred **ochocientos(as)** (12)
eighty **ochenta** (7)
El Salvador **El Salvador** (3)
(to) end **terminar**
enemy **enemigo(a)** m. (f.)
engineer **ingeniero(a)** m. (f.) (3)
England **Inglaterra** (3)

English **inglés (inglesa)** *m. (f.)* (3)
(to) enjoy **disfrutar**
enough **suficiente** (16), **bastante**
entrance ticket **entrada** *f.* (11)
envelope **sobre** *m.* (16)
equal **igual**
equality **igualdad** *f.* (18)
eraser **borrador** *m.* (4)
(to) establish **establecer** (18)
event **acontecimiento** *m.*
every **cada** (17)
    every day **todos los días** *m.* (1)
example **ejemplo** *m.*
    for example **por ejemplo**
excuse me **perdón** (8)
to exercise **hacer ejercicio** (13)
expensive **caro(a)** (16)
(to) express **expresar** (1)
expression **expresión** *f.* (6)
eye **ojo** *m.*
eyeglasses **gafas** *f. pl.*

facing **frente a** (8)
fair **feria** *f.* (9)
to fall **caer**
family **familia** *f.* (6)
famous **famoso(a)** (12)
fan (person) **aficionado(a)** *m. (f.)*
far (from) **lejos (de)** (8)
fat **gordo(a)** (6)
father **padre** *m.* (6)
favorite **favorito(a)** (16)
(to) fear **temer**
(to) feel **sentir**
    (to) feel like . . . **tener ganas de…** (10)
festival (religious) honoring a town's patron saint **Fiesta del pueblo** *f.* (9)
field hockey **hockey sobre hierba** *m.* (14)
fifty **cincuenta** (7)
(to) fight **luchar**
film **película** *f.* (5)
finally **finalmente, por fin** (14)
(to) find **encontrar** (9)
fine **bien** (1)
fireworks **fuegos artificiales** *m.* (9)
first **primero** (7)
fish **pescado** *m.* (17)
five hundred **quinientos(as)** (12)
floor **planta** *f.* (4)

flour **harina** *f.* (17)
flower shop **florería** *f.* (7)
folk dance **baile folklórico** *m.* (9)
food **alimento** *m.* (17), **comida** *f.* (3)
foolish **tonto(a)** (6)
football **fútbol americano** *m.* (5)
for **para** (9), **por** (11)
fortune **suerte** *f.*
fortune-teller **adivino(a)** *m. (f.)*
forty **cuarenta** (7)
four hundred **cuatrocientos(as)** (12)
France **Francia** (3)
free **gratis**
French **francés (francesa)** *m. (f.)* (3)
frequently **a menudo** (7), **frecuentemente** (10)
Friday **viernes** *m.* (10)
friend **amigo(a)** *m. (f.)* (2)
from **de, desde** (9)
    from time to time **de vez en cuando** (7)
frozen **congelado(a)** (17)
fruit **fruta** *f.* (17)
    fruit salad **ensalada de frutas** *f.* (17)
full **lleno(a)** (17)
fun **divertido(a)** (6)
future **futuro** *m.* (15)

garage **garaje** *m.* (3)
German **alemán (alemana)** *m. (f.)* (3)
Germany **Alemania** (3)
(to) get out (something) **sacar** (14)
gift **regalo** *m.*
girl **chica** *f.*, **niña** *f.*
glass **vaso** *m.* (1)
globe **globo** *m.* (1)
(to) go **ir** (7)
    go ahead! **¡adelante!**
    (to) go along **andar** (13)
    (to) go back **volver** (13)
    (to) go camping **ir de camping** (14)
    (to) go down **bajar** (11)
    (to) go fishing **ir de pesca** (14)
    (to) go out **salir (de)** (13)
    (to) go shopping **ir de compras** (10)
    (to be) going to . . . **ir a…** (10)
gold **oro** *m.*

good **bueno(a)** (1)
    Good afternoon. **Buenas tardes.** (1)
    Good evening. **Buenas noches.** (1)
    Good morning. **Buenos días.** (1)
    Good night. **Buenas noches.** (1)
good-bye **adiós, chao** (1)
grace **gracia** *f.*
gram **gramo** *m.* (17)
grandfather **abuelo** *m.* (6)
grandmother **abuela** *f.* (6)
grape **uva** *f.* (17)
Great! **¡Qué bueno(a)!** (3)
green **verde** (17)
(to) greet **saludar** (2)
greeting **saludo** *m.* (2)
grenadine **granadina** *f.* (1)
group **grupo** *m.* (1)
Guatemala **Guatemala** (3)
Guatemalan **guatemalteco(a)** *m. (f.)* (3)
guitar **guitarra** *f.* (14)
gym **gimnasio** *m.* (13)

half **medio(a)** (17), **mitad** *f.*
    half kilo **medio kilo** (17)
ham **jamón** *m.* (1)
hamburger **hamburguesa** *f.* (3)
handsome **guapo(a)** (6)
happy **contento(a)** (9)
(to) have **tener** (6)
    (to) have just . . . **acabar de…** (2)
    (to) have supper **cenar** (13)
    (to) have to **tener que** (6)
he **él** (2)
health **salud** *f.*
heart **corazón** *m.*
Hello! **¡Hola!** (1)
    Hello! (answering the phone) **¡Bueno!, ¡Diga! / ¡Dígame!** (7)
(to) help **ayudar**
her **su(s)** (4)
here **aquí** (4)
high-heeled shoe **zapato de tacón** *m.* (18)
high school **escuela secundaria** *f.* (7)
his **su(s)** (4)
Hispanic **hispano(a)** *m. (f.)* (9)
Honduran **hondureño(a)** *m. (f.)* (3)
Honduras **Honduras** (3)
(to) hope **esperar** (12)
horrible **horrible** (3)

horse **caballo** *m.*
hospital **hospital** *m.* (7)
hot **caliente** (3)
hot pepper **chile** *m.* (3)
hotel **hotel** *m.* (7)
hour **hora** *f.* (14)
house **casa** *f.* (4)
how **como** (11)
    how? **¿cómo?** (1)
    How are you? **¿Qué tal?** (1)
    How are you? (formal) **¿Cómo está Ud.?** (2), (informal) **¿Cómo estás?** (1)
    How can I help you (plural)? **¿En qué puedo servirle(s)?** (12)
    How is it / are they? **¿Cómo es / son?** (6)
    How is it going? **¿Cómo te va?** (1)
    how many? **¿cuántos(as)?** (6)
    How many are there? **¿Cuántos hay?** (4)
    How much is it (are they)? **¿Cuánto cuesta(n)?** (16)
    How old are you? **¿Cuántos años tienes?** (7)
    How . . . ! **¡Qué… !** (3)
    How terrible! **¡Qué horrible!** (3)
hundred **cien** (7), **ciento** (12)
(to be) hungry **tener hambre** (7)
(to) hunt **cazar**
husband **esposo** *m.* (6)

I **yo** (1)
ice cream **helado** *m.* (17)
if **si** (12)
impossible **imposible** (10)
in **en** (1)
    in front of **delante de** (8)
    in order to **para** (9)
    in order that **para que**
    in the afternoon **por la tarde** (11)
    in the meantime **mientras**
    in the morning **por la mañana** (11)
    In which direction? **¿En qué dirección?** (11)
Independence Day **Día de la Independencia** *m.* (9)
inside **dentro**
instance **vez** (7)
intelligent **inteligente** (6)
interesting **interesante** (6)
(to) introduce **presentar** (1)

introduction **presentación** *f.* (2)
invitation **invitación** *f.* (12)
It belongs to . . . **Es de…** (4)
It is 3 o'clock. **Son las tres.** (9)
It is 1:30. **Es la una y media.** (9)
It's at the end of . . . **Está a(l) final de…** (8)
It's not on sale? **¿No está(n) en oferta?** (16)
Italian **italiano(a)** *m.* *(f.)* (3)
Italy **Italia** (3)

jacket **chaqueta** *f.* (18)
Japan **Japón** (3)
Japanese **japonés (japonesa)** *m.* *(f.)* (3)
jazz **jazz** *m.* (5)
jeans **vaqueros** *m.*
jelly **mermelada** *f.* (1)
jewel **joya** *f.*
journalist **periodista** *m.* or *f.* (3)
juice **jugo** *m.* (1)

key **llave** *f.* (4)
kilogram **kilo** *m.* (17)
kilometer **kilómetro** *m.* (17)
king **rey** *m.*
kiss **beso** *m.* (5)
knapsack **mochila** *f.* (4)

landscape **paisaje** *m.*
language **lengua** *f.* (5)
late **tarde** (9)
lawyer **abogado(a)** *m.* *(f.)* (3)
leaf **hoja** *f.* (16)
(to) learn **aprender** (5)
leather **cuero** *m.* (18)
(to) leave **salir (de)** (13)
leave (something) **dejar**
left **izquierda** (8)
legend **leyenda** *f.*
lemon **limón** *m.* (17)
lemonade **limonada** *f.* (1)
less . . . than **menos… que** (18)
Let's go . . . **Vamos …** (1)
Let's see. **A ver.** (16)

letter **carta** *f.*
lettuce **lechuga** *f.* (17)
level **nivel** *m.*
library **biblioteca** *f.* (7)
life **vida** *f.* (13)
(to) lift weights **levantar pesas** (14)
like **como** (11)
(to) like **gustar** (5)
line **línea** *f.* (11)
(to) listen **escuchar** (1)
liter **litro** *m.* (17)
little, a **poco(a)** (1)
(to) live **vivir** (5)
location **lugar** *m.* (7)
long **largo**
Look! **¡Mira!** (3)
    (to) look at **mirar** (2)
    (to) look for **buscar** (14)
(to) lose **perder** (13)
lot, a **mucho(a)** (1)
(to) lower **bajar** (11)
luck **suerte)** *f.*

machine **máquina** *f.* (4)
mad **enojado(a)** (9)
magazine **revista** *f.*
(to) maintain **mantener**
majority **mayoría** *f.*
(to) make **hacer** (9)
    (to) make the bed **hacer la cama** (13)
man **hombre** *m.* (3)
market **mercado** *m.* (7)
married **casado(a)** (6)
mayonnaise **mayonesa** *f.* (17)
me **mí** (1)
meal **comida** *f.* (1)
means of transportation **medio de transporte** *m.* (4)
meat **carne** *f.* (3)
mechanic **mecánico(a)** *m.* *(f.)* (3)
memory **recuerdo** *m.*
Mexican **mexicano(a)** *m.* *(f.)* (3)
    Mexican food **comida mexicana** (3)
Mexico **México** (3)
midday **mediodía** *m.* (9)
middle **medio** *m.* (4)
midnight **medianoche** *f.* (9)
mile **milla** *f.* (12)
milk **leche** *f.* (1)
milkshake **licuado** *m.* (1)
million **millón** (12)

minute **minuto** *m.* (14)
Miss **señorita** *f.* (1)
modern **moderno(a)** (18)
Monday **lunes** *m.* (10)
money **dinero** *m.* (2)
month **mes** *m.* (14)
more **más** (1)
more . . . than **más... que** (18)
morning **mañana** *f.* (10)
mother **madre** *f.* (6)
  Mother's Day card **tarjeta del Día de la Madre** (16)
motorcycle **motocicleta** *f.* (4)
mountain **montaña** *f.*
  mountain climbing **alpinismo** *m.* (14)
movie **película** *f.* (5)
  movie, comedy **película cómica** *f.* (5)
  movie, horror **película de horror** *f.* (5)
  movie theater **cine** *m.* (7)
Mr. **señor** *m.* (1)
Mrs. **señora** *f.* (1)
much **mucho** (1)
  very much **muchísimo** (1)
museum **museo** *m.* (7)
music **música** *f.* (5)
music store **tienda de música** (16)
must **deber** (10)
my **mi(s)** (4)

name **nombre** *m.* (6)
  last name **apellido** *m.* (6)
(to be) named **llamarse** (4)
nationality **nacionalidad** *f.* (3)
native **indígena**
nature **naturaleza** *f.* (5)
near **cerca (de)** (8)
(to) need **necesitar** (2)
neighborhood **barrio** *m.* (7)
neither **tampoco** (2)
never **nunca** (7)
new **nuevo(a)** (12)
newspaper kiosk **quiosco de periódicos** *m.* (8)
next **próximo(a)** (10)
  next to **al lado de** (8)
Nicaragua **Nicaragua** (3)
Nicaraguan **nicaragüense** *m.* or *f.* (3)
nice **simpático(a)** (6)
  Nice to meet you. **Mucho gusto.** (1)

night **noche** *f.* (9)
  last night **anoche** (13)
nine hundred **novecientos(as)** (12)
ninety **noventa** (7)
no **no** (1)
nobody **nadie**
noise **ruido** *m.*
north **norte** *m.*
North American **norteamericano(a)** *m. (f.)* (3)
notebook **cuaderno** *m.* (4)
nothing **nada** (13)
now **ahora** (9)
number **número** *m.* (7)
nurse **enfermero(a)** *m. (f.)* (3)

(to) obtain **sacar** (14)
of **de** (3)
  of the **de la / del** (8)
of course **por supuesto** (9)
  Of course! **¡Claro!** (5)
  Of course!! (reaffirmed) **¡Claro que sí!** (10)
(to) offer **ofrecer** (17)
often **a menudo** (7)
oil **aceite** *m.* (17)
OK **de acuerdo** (9)
old **viejo(a)** (6)
older **mayor** (18)
olive **aceituna** *f.* (2)
  olive oil **aceite de oliva** *m.*
omelette (Spain) **tortilla** *f.* (3)
on **en** (1)
  on foot **a pie** (10)
  on the corner of **en la esquina de** (8)
once **una vez** (17)
  once a year **una vez al año** (9)
one **un(a)** (1), **uno** (2)
one hundred **ciento** (12)
onion **cebolla** *f.* (17)
open-air market **mercado al aire libre** *m.* (17)
or **o** (12)
orange **naranja** *f.* (17)
order **orden** *m.* (12)
other **otro(a)** (11)
our **nuestro(a)** (4)
over there **allá** (17)
(to) owe **deber** (10)
owner **dueño(a)** *m. (f.)*

(to) pack **hacer las maletas** (13)
package **paquete** *m.* (17)
painting **pintura** *f.* (5)
Panama **Panamá** (3)
Panamanian **panameño(a)** *m. (f.)* (3)
pants **pantalones** *m.* (18)
paper **papel** *m.* (16)
  piece of paper **hoja** *f.* (16)
parade **desfile** *m.* (9)
Paraguay **Paraguay** (3)
Paraguayan **paraguayo(a)** *m. (f.)* (3)
(to) pardon **disculpar** (7)
parents **padres** *m.* (6)
park **parque** *m.* (7)
parking lot **playa de estacionamiento** *f.* (8)
party **fiesta** *f.* (9)
(to) pass **pasar** (17)
  (to) pass time **pasar tiempo** (13)
pasta **pasta** *f.* (17)
pastry **pastel** *m.* (1)
(to) pay **pagar** (12)
pea **guisante** *m.* (17)
peach **melocotón** *m.* (1)
peanut **cacahuete** *m.* (2)
pear **pera** *f.* (17)
pen, ball point **bolígrafo** *m.* (4)
pen, fountain **pluma** *f.* (4)
pencil **lápiz** *m.* (4)
  pencil sharpener **sacapuntas** *m.* (4)
people **gente** *f.*
pepper **pimienta** *f.* (17)
to persecute **perseguir**
person **persona** *f.* (6)
Peru **Perú** (3)
Peruvian **peruano(a)** *m. (f.)* (3)
pharmacy **farmacia** *f.* (7)
pie **pastel** *m.* (1)
piece **pedazo** *m.* (17)
place **lugar** *m.* (7)
plain **feo(a)** (6)
(to) plan **planear** (12)
plane **avión** *m.* (12)
plant **planta** *f.* (4)
(to) play (a sport or game) **jugar** (11)
  (to) play basketball **jugar al baloncesto** (14)
  (to) play field hockey **jugar al hockey sobre hierba** (14)
  (to) play golf **jugar al golf** (14)
  (to) play hockey **jugar al hockey** (14)

(to) play (an instrument) **tocar** (2)
player **jugador(a)** *m. (f.)*
plaza **plaza** *f.* (7)
poetry contest **concurso de poesía** *m.* (9)
police **policía** *f.* (7)
    police officer **policía** *m.* or *f.* (7)
    police station **estación de policía** *f.* (7)
politics **política** *f.* (5)
pool **piscina** *f.* (7)
poorly **mal** (1)
popular dance **baile popular** *m.* (9)
possession **posesión** *f.* (4)
post office **oficina de correos** *f.* (7)
poster **póster** *m.* (4)
potato **papa** *f.* (17), **patata** *f.* (2)
    potatoes: cooked, diced, and served in
    spicy sauce **patatas bravas** *f.* (2)
pound **libra** *f.* (17)
(to) practice **practicar** (1)
(to) prefer **preferir** (7)
preference **preferencia** *f.* (17)
(to) present **presentar** (1)
presentation **presentación** *f.* (2)
preserve **conserva** *f.* (17)
pretty **bonito(a)** (6)
Pretty good. **Bastante bien.** (1)
price **precio** *m.* (16)
prize **premio** *m.* (9)
product **producto** *m.* (17)
profession **profesión** *f.* (3)
professor **profesor(a)** *m. (f.)* (3)
(to) protect **proteger**
Puerto Rican **puertorriqueño(a)** *m. (f.)* (3)
Puerto Rico **Puerto Rico** (3)
purse **bolsa** *f.* (4)

quality **calidad** *f.* (3)
quantity **cantidad** *f.* (17)
queen **reina** *f.*

racket **raqueta** *f.* (16)
(to) rain **llover**
raincoat **impermeable** *m.* (18)
(to) raise **subir**
rarely **rara vez** (7)

(to) reach **alcanzar**
(to) read **leer** (5)
ready **listo(a)** (9)
reason **razón** *f.*
(to) receive **recibir** (5)
recipe **receta** *f.*
red **rojo(a)** (17)
redhead **pelirrojo(a)** (6)
remember **recordar**
(to) rent a video **alquilar un vídeo** (13)
(to) request **pedir** (8)
(to) rest **descansar** (9)
restaurant **restaurante** *m.* (1)
(to) return **regresar**
review **repaso** *m.*
rice **arroz** *m.* (3)
(to) ride a bicycle **montar en bicicleta** (13)
right **derecha** (8)
    right? **¿verdad?** (2)
    right now **ahora mismo** (15)
rock music **música rock** *f.* (5)
(to) roller-skate **patinar en ruedas** (14)
room **cuarto** *m.* (4)
round-trip ticket **billete de ida y vuelta** *m.* (12)
rug **alfombra** *f.* (4)
(to) run **correr** (5)
Russia **Rusia** (3)
Russian **ruso(a)** *m. (f.)* (3)

sad **triste** (9)
(to) sail **practicar la vela** (14)
salad **ensalada** *f.* (17)
sale **oferta** *f.* (16), **venta** *f.*
salesman(woman) **vendedor(a)** *m. (f.)* (17)
salt **sal** *f.* (17)
Salvadoran **salvadoreño(a)** *m. (f.)* (3)
same **mismo(a)**
sandal **sandalia** *f.* (18)
sandwich **sándwich** *m.* (1), (French bread) **bocadillo** *m.* (1)
Saturday **sábado** *m.* (10)
sauce **salsa** *f.* (3)
sausage **chorizo** *m.* (2)
(to) say **decir** (10)
    (to) say good-bye **despedirse** (1)
schedule **horario** *m.* (11)
school **colegio** *m.* (7), **escuela** *f.* (4)

science **ciencia** *f.* (5)
science fiction movie **película de ciencia ficción** *f.* (5)
sculpture **escultura** *f.* (5)
season (sports) **temporada** *f.*
secretary **secretario(a)** *m. (f.)* (3)
(to) see **ver** (9)
    See you. **Nos vemos.** (1)
    See you later. **Hasta luego.** (1)
(to) sell **vender** (5)
sense **sentido** *m.*
sequence, series **serie** *f.* (14)
serious **serio(a)** (6)
seven hundred **setecientos(as)** (12)
seventy **setenta** (7)
(to) share **compartir** (5)
she **ella** (2)
shirt **camisa** *f.* (18)
shoe **zapato** *m.* (18)
shoe store **zapatería** *f.* (18)
(to) shop **ir de compras** (10)
shopping cart **carrito** *m.* (17)
shopping center **centro comercial** (16)
short **bajo(a)**, (in length) **corto(a)** (6)
should **deber** (10)
sick **enfermo(a)** (9)
sight **vista** *f.*
(to) sign **firmar**
silly **tonto(a)** (6)
silver **plata** *f.*
(to) sing **cantar** (1)
singer **cantante** *m.* or *f.*
sister **hermana** *f.* (6)
six hundred **seiscientos(as)** (12)
sixty **sesenta** (7)
(to) skate **patinar** (14)
ski **esquí** *m.* (16)
skirt **falda** *f.* (18)
slice of bread **rebanada de pan** *f.* (1)
slow **despacio** (8)
small **pequeño(a)** (6)
snack **merienda** *f.* (1)
    snack, Spanish **tapa española** *f.* (2)
(to) snorkel **bucear** (14)
snorkeling **buceo** *m.*
so **tan** (8)
    so-so **más o menos** (1)
soccer **fútbol** *m.* (5)
sock **calcetín** *m.* (18)
soda **soda** *f.* (1)
soft drink **refresco** *m.* (1)
some **alguno(a)**
someday **algún día** (12)

something **algo** (1)
sometimes **a veces** (1)
son **hijo** *m.* (6)
song **canción** *f.*
soon **pronto**
I'm sorry. **Lo siento.** (7)
south **sur** *m.*
southwest **suroeste** *m.*
space **espacio** *m.*
Spain **España** (3)
Spaniard **español(a)** *m. (f.)* (3)
special **especial** (11)
species **especie** *f.*
(to) spend **gastar**
sphere **globo** *m.* (1)
spice **especia** *f.*
spicy **picante** (3)
spirit **espíritu** *m.*
sport **deporte** *m.* (5)
sporting goods store **tienda de deportes** *f.* (16)
sportsman (sportswoman) **deportista** *m.* or *f.*
square **plaza** *f.* (7), (geometry) **cuadrado** *m.*
squid **calamares** *m.* (2)
stadium **estadio** *m.* (7)
stage (phase) **etapa**
star **estrella** *f.*
station **estación** *f.* (7)
stationery store **papelería** *f.* (16)
(to) stay **quedar** (8)
stereo **estéreo** *m.* (4)
still **todavía**
stocking **media** *f.* (18)
stone **piedra** *f.*
store **tienda** *f.* (7)
story **cuento** *m.*, **historia** *f.*
strawberry **fresa** *f.* (17)
street **calle** *f.* (8)
strength **fuerza** *f.*
student **alumno(a)** *m. (f.)* (4), **estu-diante** *m.* or *f.* (3)
(to) study **estudiar** (1)
stupid **tonto(a)** (6)
style **moda** *f.* (18)
subway **metro** *m.* (11)
subway map **plano del metro** *m.* (11)
subway station **estación de metro** *f.* (11)
success **éxito** *m.*
sugar **azúcar** *m.* (17)
sun **sol** *m.*

(to) sunbathe **tomar el sol** (14)
Sunday **domingo** *m.* (10)
Super! **¡Super!** (16)
sure **seguro(a)** (18)
(to) surf **practicar el surfing** (14)
survey **encuesta** *f.* (12)
sweater **suéter** *m.* (18)
sweet roll, any kind **pan dulce** *m.* (1)
(to) swim **nadar** (13)
swimming **natación** *f.* (14)
swimming pool **piscina** *f.* (7)

T-shirt **camiseta** *f.* (18)
tail **cola** *f.*
(to) take **tomar** (1), **llevar** (4)
(to) take a trip **hacer un viaje** (13)
(to) take a walk **dar un paseo** (10)
(to) talk **hablar** (1)
tall **alto(a)** (6)
tape (cassette) **cinta** *f.* (4)
tape recorder **grabadora** *f.* (4)
taste **gusto** *m.* (5)
taxi **taxi** *m.* (7)
tea **té** *m.* (1)
teacher **profesor(a)** *m. (f.)* (3)
team **equipo** *m.* (3)
telephone **teléfono** *m.* (7)
telephone conversation **conversación telefónica** *f.* (7)
television set, (color) **televisor (a colores)** *m.* (4)
(to) tell (a story) **contar**
tennis **tenis** *m.* (5)
tennis ball **pelota de tenis** *f.* (16)
tennis shoe **zapato de tenis** *m.* (16)
thank you **gracias** (1)
Thank you very much. **Muchas gracias.** (1)
Thanksgiving Day mass **la misa de Acción de Gracias** *f.* (9)
that **aquel(la), ese(a)** (17), **que** (1)
that is why **por eso** (16)
that one **ése(a)** *m. (f.)* (17)
that one over there **aquél(la)** *m. (f.)* (17)
the **el** *m.*, **la** *f.*, (plural) **los** *m.*, **las** *f.* (4)
theatre **teatro** *m.* (7)
movie theatre **cine** *m.* (7)
their **su(s)** (4)

then **entonces** (9), **luego** (14), **pues** (1)
there **allí** (4)
there is / are **hay** (4)
they **ellos(as)** *m. (f.)* (2)
thin **delgado(a)** (6)
thing **cosa** *f.* (11)
another thing **otra cosa** *f.* (11)
(to) think **pensar** (11)
(to be) thirsty **tener sed** (7)
this **este(a)** (17)
this one **éste(a)** *m. (f.)* (17)
thousand **mil** (12)
three hundred **trescientos(as)** (12)
Thursday **jueves** *m.* (10)
ticket **billete** *m.* (11)
ticket, ten-trip **billete de diez viajes** *m.* (11)
ticket, one-way **billete sencillo** *m.* (11)
time **tiempo** *m.* (14), **vez** *f.* (9)
tin **lata** *f.* (17)
tip **propina** *f.* (12)
tired **cansado(a)** (9)
to **a** (1)
to the **al** (7)
toast **pan tostado** *m.* (1)
today **hoy** (10)
together **junto(a)** (17)
tomato **tomate** *m.* (17)
tomorrow **mañana** (10)
tongue **lengua** *f.* (5)
(to) touch **tocar** (2)
tourist **turista** *m.* or *f.* (11)
tower **torre** *f.*
town **pueblo** *m.*
toy **juguete** *m.*
track (railw.) **vía** *f.*
train **tren** *m.* (7)
train station **estación de trenes** (7)
(to) travel **viajar** (1)
travel agency **agencia de viajes** *f.* (12)
trip **viaje** *m.* (12)
trousers **pantalones** *m.* (18)
true **verdadero(a)**
(to) try (endeavor) **tratar de**
Tuesday **martes** *m.* (10)
tuna **atún** *m.* (17)
(to) turn **doblar** (8)
twenty **veinte** (7)
two hundred **doscientos(as)** (12)
typewriter **máquina de escribir** *f.* (4)
typing paper **papel para escribir a máquina** *m.* (16)

ugly **feo(a)** (6)
uncle **tío** *m.* (6)
(to) understand **comprender** (5)
unemployment **desempleo** *m.*
United States **Estados Unidos** (3)
university **universidad** *f.* (7)
unknown **desconocido(a)**
unlimited **sin límite** (11)
until **hasta** (17)
Uruguay **Uruguay** (3)
Uruguayan **uruguayo(a)** *m. (f.)* (3)
useful **útil**
usually **usualmente** (10)

value **valor** *m.*
various **varios(as)** (17)
vegetable **vegetal** *m.* (17)
  vegetable salad **ensalada de vegetales (verduras)** *f.* (17)
Venezuela **Venezuela** (3)
Venezuelan **venezolano(a)** *m. (f.)* (3)
very **muy, bien** (1)
  very much **muchísimo** (1)
  Very well, thank you. **Muy bien, gracias.**
  (1)
video **vídeo** *m.* (16)
videocassette player **videocasetera** *f.* (4)
(to) visit **visitar** (7)
voice **voz** *f.*
volleyball **vólibol** *m.* (5)

(to) wait **esperar** (12)
waiter (waitress) **camarero(a)** *m. (f.)* (1)
(to) walk **caminar, andar** (13)

(to) walk on the beach **caminar en la
  playa** (14).
  a walk **paseo** *m.* (10)
walking **a pie** (10)
wallet **cartera** *f.* (4)
(to) want **desear** (1), **querer** (7)
  I would like . . . **Yo quisiera…** (1)
(to) watch **mirar** (2)
water **agua** *f.* (1)
water ski **esquí acuático** *m.* (14)
we **nosotros(as)** *m. (f.)* (1)
Wednesday **miércoles** *m.* (10)
week **semana** *f.* (14)
weekend **fin de semana** *m.* (10)
well **bien** (1)
what? **¿qué?, ¿cómo?** (1)
  What a pity! **¡Qué pena!** (16)
  What day is today? **¿Qué día es hoy?**
  (10)
  What delicious food! **¡Qué comida
  más rica!** (3)
  What's going on? **¿Qué pasó?** (1)
  What's new? **¿Qué hay (de nuevo)?**
  (1)
  What time is it? **¿Qué hora es?** (9)
  What's your name? **¿Cómo te llamas?**
  (4)
where? **¿adónde?** (7), **¿dónde?** (6)
  Where are you from? **¿De dónde es
  (eres)?** (3)
  Where is / are there . . . ? **¿Dónde
  hay… ?** (4)
  Where is . . . ? **¿Dónde está… ?** (8)
which? **¿cuál?** (17)
who? **¿quién?** (3)
whole **entero** (11)
Whose is it? **¿De quién es… ?** (4)
why? **¿por qué?** (6)
wife **esposa** *f.* (6)
store window **escaparate** *m.* (16)
winter **invierno** *m.*
(to) wish for **desear** (1)

with **con** (2)
  with me **conmigo** (10)
  with pleasure **con mucho gusto** (1)
without **sin** *m.* (16)
woman **mujer** *f.* (3)
word **palabra** *f.*
(to) work **trabajar** (1)
work **trabajo** *m.*
worker **trabajador(a)** *m. (f.)*
world **mundo** *m.*
(to) worry **preocupar**
worse, worst **peor** (18)
(to) write **escribir** (5)
written **escrito**

year **año** *m.* (14)
(to be) . . . years old **tener… años** (7)
yellow **amarillo(a)** (17)
yes **sí** (1)
yesterday **ayer** (13)
yogurt **yogur** *m.* (17)
you (familiar) **tú**, (familiar plural)
  vosotros (as) *m. (f.),* (formal)
  usted (Ud.), (formal plural) **ustedes
  (Uds.)** (1)
you're welcome **de nada** (3)
young **joven** (18)
younger **menor** (18)
your **su(s)** (18), **tu(s)** (4)
youth **juventud** *f.*

zoo **parque zoológico** *m.* (13)

Text Permissions

We wish to thank the authors, publishers, and holders of copyright for their permission to reprint the following:

p. 65 "Magia y color en Los Ángeles," from *Más* Magazine, Univisión Publications, Vol. 1, No.1 (Otoño 1989); **p. 195** Madrid city map and **p. 259** metro map reprinted from El Corte Inglés brochure with permission from El Corte Inglés; **p. 292–293** "Tarjeta joven," adapted from RENFE brochure with permission from RENFE; **p. 418** "El mercado de los aztecas que vio Hernán Cortés," adapted from "Cartas de relación," reprinted with permission from Editorial Porrúa, S.A.; **p. 439** store directory reprinted from El Corte Inglés brochure with permission from El Corte Inglés
The following articles adapted from the magazine *El sol* were reprinted with permission from Scholastic Inc., New York, NY:
p. 100 ¡Viva la bicicleta!, **p. 121** Las tortugas de las Islas Galápagos, **p. 220** Las fiestas en el mundo hispano, **p. 255** Los gustos de los jóvenes españoles, **p. 326** España joven, **p. 348** La leyenda del quetzal: un pájaro mitológico, **p. 396** Estrellas musicales latinas, **p. 436** Inés Sastre, supermodelo española

Photo Credits

Unless specified below, all photos in this text were selected from the *Heinle & Heinle Image Resource Bank*. The *Image Resource Bank* is Heinle & Heinle's proprietary collection of tens of thousands of photographs related to the study of foreign language and culture.

Photographers who have contributed to the resource bank include:
Angela Coppola
Carolyn Ross
Jonathan Stark
Kathy Tarantola

p. 121 Boyd Norton / COMSTOCK, **p. 122** Ron Levy / Liaison International, **p. 144** (all) Daniel Beltra / Gamma-Liaison, **p. 145** James Andanson / SYGMA, **p. 182** (top) M. Algaze / The Image Works, **p. 220** (left) Odyssey / Frerck / Chicago, **p. 220** (right) Odyssey / Frerck / Chicago, **p. 273** (top) Mark Antman / The Image Works, **p. 273** (bottom) Odyssey / Frerck / Chicago, **p. 289** (top) Odyssey / Frerck / Chicago, **p. 289** (bottom) Daniel Aubrey / Liaison International, **p. 290** Odyssey / Frerck / Chicago, **p. 348** Gregory G. Dimijian / Photo Researchers Inc., **p. 351** (left) Bryan Yablonsky / DUOMO, **p. 351** (middle) Reuters / Bettmann, **p. 351** (right) Mitchell Layton / DUOMO, **p. 352** Al Tielemans / DUOMO, **p. 358** (top) DUOMO, **p. 358** (bottom left) Topham-PA / The Image Works, **p. 358** (bottom right) Photonews / Gamma-Liaison, **p. 359** Photonews / Gamma Liaison, **p. 367** National Baseball Library & Archive, Cooperstown, NY, **p. 368** National Baseball Library & Archive, Cooperstown, NY, **p. 396** (left) Mangino / The Image Works, **p. 396** (middle) Essdras Suarez / Gamma-Liaison, **p. 396** (right) Paul Howell / Gamma-Liaison, **p. 397** Courtesy of Karen Records, **p. 418** Odyssey / Frerck / Chicago, **p. 436** (left) William Stevens / Gamma-Liaison, **p. 436** (right) Carlo Buscemi / Gamma-Liaison, **p. 437** Courtesy of The Ford Agency